Meinert A. Meyer (Hrsg.)
Fremdsprachenunterricht in der Sekundarstufe II

Athenäum Taschenbücher
Erziehungswissenschaft

Meinert Arnd Meyer (Hrsg.)

Fremdsprachenunterricht in der Sekundarstufe II

Ein Modell

Athenäum
1980

‚Studien zur Kollegschule'
herausgegeben von der Wissenschaftlichen Begleitung Kollegstufe
NW in Verbindung mit dem Kultusminister des Landes Nordrhein-
Westfalen

Diese Arbeit wurde mit Mitteln des Bundesministers für Bildung und
Wissenschaft gefördert.

Quellenverzeichnis:
Die auf den Seiten 101–113 reproduzierten Texte und Abbildungen sind
der Zeitschrift TIME entnommen.

CIP-Kurztitelaufnahme der Deutschen Bibliothek

Fremdsprachenunterricht in der Sekundarstufe II
[zwei] : e. Modell / Meinert Arnd Meyer (Hrsg.)
Königstein/Ts. : Athenäum, 1980.
  (Athenäum-Taschenbücher ; 3159 : Erziehungswiss.)
  (Studien zur Kollegschule)
  ISBN 3–7610–3159–9

NE: Meyer, Meinert [Hrsg.]

Gesamtherstellung: F. Pustet, Regensburg
Printed in Germany
ISBN 3–7610–3159–9

V

Inhalt

VI

Herwig Blankertz

Studien zur Kollegschule – Vorbemerkungen zu einer Schriftenreihe

Die Bildungskommission des Deutschen Bildungsrates kritisierte in ihrem „Strukturplan" von 1970 die Höherbewertung rein schulischer Allgemeinbildung gegenüber theoretischer wie praktischer Berufsausbildung. Die Frage, unter welchen Bedingungen eine demokratische Bildungsreform, die von der Vorschulerziehung bis zur Gesamthochschule reichen muß, daran etwas ändern kann, führt auf Probleme der Sekundarstufe II, also der Altersstufe der 16- bis 19jährigen. Das gegenwärtige Bildungssystem in der Bundesrepublik stellt für diese Jugendlichen verschiedene Institutionen der Berufsvorbereitung und der Berufsausbildung sowie der gymnasialen Oberstufe als Angebot zur Verfügung. Möglichkeiten zur Verbindung der bisher getrennten berufsqualifizierenden und studienbezogenen Lehrgänge werden diskutiert unter den Bezeichnungen „Integrierte Sekundarstufe II", „Kolleg", „Kollegstufe", und „Kollegschule".

Der Herausgeber dieser Studien zur Kollegschule ist die Wissenschaftliche Begleitung des nordrhein-westfälischen Modellversuches. Dieser Versuch beabsichtigt zunächst noch nicht eine Reform *aller* Einrichtungen der Sekundarstufe II, sondern beschränkt sich auf die Schule. Der Deutsche Bildungsrat führte dafür den Ausdruck „Lernort Schule" ein, während er mit „Kolleg" die zu einer Einheit des Bildungswesens zusammengefaßten Lernorte bezeichnete. Das ist einleuchtend und konsequent, weil auch eine vollständige Reform der Sekundarstufe II in Zukunft neben der Schule andere Lernorte haben wird: sicher Lehrwerkstätten und ähnliche Einrichtungen systematischer Ausbildung, sehr wahrscheinlich den betrieblichen Arbeitsplatz, vielleicht auch ein Zentrum für Spiel und Gestaltung.

Der nordrhein-westfälische Modellversuch erprobt, ob und inwieweit es möglich ist, eine Institution zu schaffen, die innerhalb der Sekundarstufe II den Lernort Schule darstellt. Dementsprechend sieht das Programm vor, Berufsschule, Berufsgrundschule, Berufsfachschule, Fachoberschule und gymnasiale Oberstufe zu einer organisatorisch selbständigen, neuen Jugendschule zusammenzufassen. Innerhalb des Schulwesens ist sie dann die Oberstufe, innerhalb der Sekundarstufe II der Lernort Schule – Nordrhein-Westfalen nennt das Kollegschule.

Auf den ersten Blick mag das Programm[1] als extravagant, verstiegen und als unrealisierbare Projektemacherei erscheinen. Indessen, bei näherer, nüchterner Analyse zeigt sich, daß die Möglichkeiten der beabsichtigten Integration in den systemimmanenten Reformtendenzen des Gymnasiums und der Berufsausbildung selber enthalten sind. Das Integrationsmodell hat also seine Ausgangspunkte in den Problemen des gegenwärtigen Bildungswesens. Und es besteht durchaus eine produktive Kontinuität zwischen dem, was gegenwärtig an vielen Stellen unseres Bildungswesens als veränderungs- und verbesserungswürdig herausgearbeitet wird, und der antizipativen Perspektive eines Modellversuchs, der die kommende Schule sichtbar macht.

Aus diesem Sachverhalt folgt, daß begleitende Untersuchungen, Studien und Forschungen zum Modellversuch weder auf Themen beschränkt sind, die unmittelbar dem Versuchsaufbau entstammen, noch bei Erörterung spezieller Aspekte des Integrationskonzeptes allein für dieses Konzept von Interesse wären. Vielmehr steht das gesamte für die Reform der Sekundarstufe II verwendbare Instrumentarium zur Debatte: Lernzielbestimmung, Curriculum-Entwicklung, Wissenschaftspropädeutik, Systemplanung und Sozialisationsforschung ebenso wie Evaluation und bildungspolitische Legitimationsfragen. Es ist die Absicht der Reihe, die Erfahrungen, die im Umkreis des nordrhein-westfälischen Modellversuchs gemacht werden, und die Kompetenz, die sich durch intensive und am Reformziel orientierte Zusammenarbeit von Wissenschaft und Schulpraxis ergeben mag, allgemein zugänglich zu machen. Dieser Gesichtspunkt ist dem Modellversuch nicht äußerlich. Denn die Reform kann, wenn sie ihren demokratischen Charakter durchhalten will, nur über eine projektspezifische Lehrerfortbildung gelingen, über ein Fortbildungsprogramm, das den wie auch immer bedingten Widerspruch der Betroffenen gegen manche Innovationen ernst nimmt, das die Gymnasiallehrer und Berufsschullehrer nicht funktional verfügbar machen will, sondern ihnen durch die freilich administrativ gesicherte Zusammenarbeit eine neue Kompetenz eröffnet. Unsere Reihe soll demnach auch Instrument und Dokumentation dieser Lehrerfortbildung sein. Sie soll deutlich machen, daß die von ihr geförderte Kompetenz ein unbefangenes, nämlich von dem Verdacht des Überrumpeltseins freies Verhältnis zum Reformansatz ermöglichen will. Kompetenz heißt hier freilich wie auch sonst: Ermächtigung zu Kritik und Distanz, zu produktiver Teilhabe und Verantwortung. Es ist nicht anzunehmen, daß Lehrer, die die Rolle eines aktiven Faktors für eine Reform angenommen haben, nur zu Ergebnissen kommen werden, wie sie sich die Auftraggeber wünschen mögen. Die daraus resultierenden Konflikte sollten aber soweit als möglich argumentativ ausgetragen werden. In diesem Sinne wissen sich die „Studien zur Kollegschule" an einem Interesse engagiert, das kritische Erziehungswissenschaft mit aufgeklärter Schulpraxis verbindet.

Anmerkung

1 Kollegstufe NW, Band 17 der Schriftenreihe des Kultusministers zur Strukturförderung im Bildungswesen des Landes Nordrhein-Westfalen, Düsseldorf-Ratingen 1972

Meinert A. Meyer

Zu diesem Buch:

„Flüchtige Bekannte" nennt der Zeichner, Buchegger, diesen Cartoon. Es ist das Ziel des vorliegenden Buches, die beiden Gestalten, „Theorie" und „Praxis", einander etwas näher zu bringen.

Das Buch ist deshalb mit Bedacht so angelegt, daß – nach einer bildungstheoretischen Grundlegung und der Darstellung des fremdsprachlichen Bildungsgangkonzeptes der Kollegschule (Teil 1) – zunächst die am Kollegschulversuch beteiligten Lehrer, die „Praktiker", Kurskonzepte für diesen Bildungsgang vorstellen (Teil 2). Danach werden – von den „Theoretikern" bzw. von „theoretisierenden Praktikern" – einzelne fachdidaktische Probleme behandelt, die für das Programm einer Integration beruflicher und allgemeiner Bildung besonders wichtig sind (Teil 3), und es wird erörtert, wie der Brückenschlag vom Schulunterricht zur beruflichen Verwertung fremdsprachlicher Kenntnisse zuwege zu bringen ist (Teil 4). Der letzte

Beitrag befaßt sich mit der Erfolgskontrolle („Evaluation") fremdsprachlicher Bildung (Teil 5).

Im Jahre 1975 publizierte Konrad SCHRÖDER für die Bildungskommission des Deutschen Bildungsrates ein Gutachten mit dem Titel „Fremdsprachenunterricht in der Sekundarstufe II". Hier wurden die Ziele des Fremdsprachenunterrichts unter besonderer Berücksichtigung des Verhältnisses von allgemeinbildendem und berufsbildendem Bereich erörtert. Daran schließt der vorliegende Band an und entwickelt für die Zielvorstellung der curricularen Integration der beiden Bereiche ein konkretes Modell; das Buch wendet sich an alle Fremdsprachenstudenten, Referendare, Fremdsprachenlehrer und Fremdsprachendidaktiker, die an einer Weiterentwicklung der Sekundarstufe II interessiert sind.

Bei dem Versuch, Theorie und Praxis des neusprachlichen Unterrichts einander näher zu bringen, wird in diesem Buch nicht etwa vom Stand der fachdidaktischen Forschung ausgegangen, der allemal nur kontrovers fixiert werden könnte. Vielmehr ist die Ausgangsfrage, wie man den alltäglichen Fremdsprachenunterricht in der Sekundarstufe II bewältigen und auch verbessern kann. Für diesen Unterricht ist nach der Reform der gymnasialen Oberstufe von 1972 die *Kursplanung* besonders wichtig. Sie steht im Mittelpunkt des Readers. Erst in ihrem Rahmen ergibt sich dann die Frage, an welchen Stellen hierfür fachdidaktische Hilfestellungen möglich und nützlich sind. Die Problematik eines solchen Vorgehens sollte nicht verschwiegen werden. Die Beiträge bleiben teilweise aus fachdidaktischer Perspektive hinter dem „Stand" der Forschung zurück. Die Konsequenz daraus ist aber nicht, sie von der Präsentation auszuschließen, sondern die sichtbar werdende Differenz zum Ausgangspunkt für kritische Rückfragen an die Produzenten wissenschaftlicher Texte zu machen – im Hinblick auf die Bedeutung dieser Texte für den alltäglichen Unterricht. Von einer so motivierten Fragestellung ausgehend, ergibt sich dann auch ein entschiedenes Interesse an didaktischen Positionen, die sich um die Transformation ihrer Intentionen in den Schulalltag selbst bemühen.[1]

In einigen Projektregionen des nordrhein-westfälischen Kollegschulversuchs hat inzwischen die Hauptphase begonnen; es gibt eine Reihe von Kollegschulen. An zweien von ihnen wird der im vorliegenden Reader diskutierte Bildungsgang bereits erprobt; die ersten Abiturienten wird es 1980 geben. An weiteren Kollegschulen ist die Einrichtung des Bildungsgangs geplant. Berichte über den Erfolg des Fremdsprachenunterrichts („Evaluationsberichte") werden jedoch erst in späteren Veröffentlichungen folgen. In diesem Band geht es um das didaktische Konzept des fremdsprachlichen Bildungsgangs, um das Curriculum und um fachdidaktische Probleme, die für den Bildungsgang bedeutsam sind.

XII

Anmerkung

1 Vgl. zu diesem Problem Th. HANISCH/M. A. MEYER/E. TERHART: Probleme der Transformation neuer didaktischer Konzeptionen in den Schulalltag. In: H. Geißler (Hg.): Unterrichtsplanung zwischen Theorie und Praxis. Stuttgart 1979, S. 180–192

Reform des Fremdsprachenunterrichts unter dem Aspekt der Integration beruflicher und allgemeiner Bildung

Herwig Blankertz

Fremdsprachliche Bildung und die Tradition ihrer Theorie

Anstelle einer Einleitung zu den modernen sprachdidaktischen Entwürfen dieses Bandes scheint mir ein pädagogischer Rückverweis angebracht zu sein. Die Kenntnis fremder Sprachen, erst recht ein literarisches Urteil, gelten alltäglich-umgangssprachlichen Auffassungen zufolge als besonders aussagekräftige Kennzeichen für Bildung. Wer als Naturwissenschaftler, Techniker oder Ökonom bei internationalen Kontakten Verständigungsschwierigkeiten in Englisch oder Französisch hat, sucht das zu verheimlichen oder entschuldigt sich für „Bildungslücken". Ein Literaturkenner hingegen gibt Ignoranz gegenüber elementaren, der Welt der Natur oder der Technik zugrunde liegenden Kausalzusammenhängen freimütig zu, ohne mit solchem Eingeständnis seinen Status als „Gebildeter" gefährdet zu glauben. Pädagogische Theorien der Bildung bringen demgegenüber eine differenzierte Einschätzung zur Geltung. Der Bildungssinn nichtsprachlicher Lebensbereiche ist gut gesichert; die Theorie der technischen Weltbeherrschung war und ist für die Entwicklung des öffentlichen Unterrichtswesens in Industrieländern von entscheidender Bedeutung; die Überbewertung rein sprachlicher Leistungen für den Erfolg in weiterführenden Schulen unterliegt in der Bundesrepublik vielfältiger Kritik und wird seit einigen Jahren Schritt für Schritt abgeschwächt. Insofern erscheint das oben angedeutete naive Verständnis von Bildung als zurückgebliebenes Bewußtsein. Aber die unreflektierte Bindung unseres Bildungsverständnisses an Sprache verweist zugleich auf einen unhintergehbaren Wahrheitskern. Denn keine Theorie menschlicher Bildung ist vorstellbar, in der Sprache ignoriert würde. Theorien im Kontext der europäischen Bildungstradition müssen ihr sogar eine zentrale Bedeutung einräumen, selbst dann, wenn die Bedingungen der technisch-wissenschaftlichen Zivilisation bejaht, nicht nur kulturpessimistisch konterkariert werden sollen. Sprachgedankliche Bewältigung der Welt als kritisches Verständnis des Menschlichen und seiner Darstellung *ist* Koinzidenzpunkt aller Bildung seit der Antike. Denn die Paideia, die griechische Erziehung des Menschen zu seiner wahrhaften Bestimmung, wurde auf die in der Sprache aufgehobene vernünftige Sinnesart des Menschen und damit auf ein rhetorisches Bildungsideal konzentriert: Sprache erschien als das Kriterium, durch das sich der Mensch vom Tier, der Grieche vom Barbaren, der Gebildete vom Ungebildeten schied. Indessen: So unerläßlich es für den Barbaren war, das

Griechische zu erlernen, wenn er an der hellenistischen Bildung teilhaben wollte, so wenig kam es dem Griechen in den Sinn, um der Paideia willen eine fremde Sprache – und das konnte für ihn nur heißen: ein barbarisches Idiom – lernen zu müssen. Die Auszeichnung der Sprache als Siegel der Bildung galt also der griechischen Sprache als Muttersprache. Wer sie als Fremdsprache erlernte, erwarb damit die Voraussetzung zur Teilhabe an der Paideia, nicht aber erschien Fremdsprachenkenntnis für sich genommen bemerkenswert. Gleichwohl waren die Bedingungen für eine pädagogische Auszeichnung fremdsprachlicher Bildung schon hier angelegt. Denn das rhetorische Bildungsideal der Griechen implizierte, daß die menschliche Gesittung prinzipiell lernbar sei über Sprache und Literatur, daß mit einer solchen Aristokratie des Geistes die des Blutes und der politischen Ordnung überboten werden könne. Diese Prämisse macht verständlich, wie das Griechentum übergehen konnte zu einer Weltkultur. Das dafür erforderliche Bewußtsein einer Distanz zu den Vorbildern erbrachte erstmalig die römische Rezeption durch Cicero. Cicero wollte die handgreiflichen römischen Tugenden, die vordem durch den selbstverständlichen Bezug auf das Erbe der Väter gesichert gewesen, dann aber in den Sturz der Republik mithineingerissen und problematisch geworden waren, durch ein vergeistigendes Prinzip stabilisieren. Die Kanonisierung der hellenistischen, literarisch-ästhetischen Bildung eignete sich dafür in doppelter Hinsicht. Einerseits konnte so der Vorstellungskreis des jungen Römers aus dem verunsicherten Normenhorizont der eigenen, blutmäßig verbürgten Tradition eingeführt werden in eine unangefochtene, abgeklärte Sphäre von Ahnen des Geistes. Andererseits aber waren diese (griechischen) Lehrmeister für die Römer die (politisch-militärisch) Schwächeren, so daß die im Prozeß der Aneignung aktualisierte Humanität immer zugleich zu bewähren war im Respekt vor den Unterworfenen. Von da an verläuft der Königsweg der Geistesbildung über Mehrsprachigkeit, gehören Fremdsprachen in jedes intellektuell anspruchsvollere Curriculum. Für die europäische Pädagogik ist der Vorrang fremdsprachlicher Bildung in der Substanz durch den Humanismus verbürgt. Die Selbstdistanzierung des Menschen in der Nötigung, sich eine fremde Sprache als geistige Wirklichkeit zu erschließen, drückt sehr genau das Verhältnis aus, welches dem humanistischen Topos zufolge zwischen vollendetem Menschentum und seiner Vergegenwärtigung über die in bezug auf eben dieses Menschentum als klassisch definierte Literatur besteht. So wiederholten sich während der Renaissance die Wirkungen, die die Orientierung der Römer an den Griechen gebracht hatte. Wie der Römer Cicero dank seines Studiums der Griechen der lateinischen Sprache die Form hatte geben können, die den Humanisten dann als klassisch galt, so führte das humanistische Studium des ciceroianischen Lateins zu einer Blüte der neuzeitlichen romanischen Sprachen und Literaturen.

Eine entsprechende Wirkung auf die deutsche Sprache und Literatur beförderte der Neuhumanismus von der Mitte des 18. Jahrhunderts an.

Die Strukturen des Bildungswesens in Deutschland und die Stellung des fremdsprachlichen Unterrichts sind bis heute mitbestimmt von der neuhumanistischen Reform des preußischen Unterrichtswesens 1809–1819 und deren Wirkungsgeschichte. Der neue Humanismus war im Gegensatz zu dem vorausgegangenen romanischen Humanismus ein griechisch-deutscher. Die Nachwirkungen aber sind nicht so sehr an der zunächst so charakteristisch erscheinenden Bevorzugung der griechischen Sprache abzulesen, sondern an einer wissenschaftstheoretischen Leistung: Der Neuhumanismus führte die Beschäftigung mit Sprache und Literatur von einem instrumentalen oder imitierenden in ein historisch-reflektierendes, d. h. in ein philologisches Verständnis. Das hatte weitreichende schulpädagogische Folgen. Denn die überlieferte humanistische Didaktik einer engen Verbindung, ja Gleichsetzung von gelehrter Bildung und Propädeutik auf wissenschaftliche Studien konnte so – an der Schwelle zum industriellen Zeitalter – mit einer ganz unerhörten Konzentration auf die alten Sprachen durchgehalten werden. Der Neuhumanismus machte mit der philologischen Wendung die Altertumswissenschaft zu einer Speerspitze der Wissenschaftsentwicklung: Alle modernen philologisch-historischen Disziplinen haben sich erst im Laufe des 19. Jahrhunderts im Gefolge dieses Ansatzes entwickelt. Gleichzeitig damit ermöglichte der Neuhumanismus die Verselbständigung des Berufsstandes der Gymnasiallehrer. Vor dem Neuhumanismus und vor der preußischen Reform hatte es keine eigene Lehrerbildung gegeben, war vielmehr das Amt des Latein-Schullehrers eine Durchgangsfunktion für Theologen gewesen – (nur verkrachte Existenzen, die es zu keiner Pfarrstellte brachten, blieben ihr Leben lang in der Schule). Daß ein eigener Berufsstand von Gymnasiallehrern sich als der der „Philologen" und d. h. wörtlich, als der von Sprachliebhabern konstituierte und diesen Titel auch bis heute festgehalten hat, obschon die meisten Gymnasiallehrer heute keine Sprachlehrer mehr sind und schon ganz bestimmt keine Altphilologen mehr, wäre ohne den Neuhumanismus nicht möglich gewesen. Dies umso weniger, als die Aufklärungspädagogik des 18. Jahrhunderts das Programm einer weltoffenen, utilitär auf Stand und Beruf bezogenen Erziehung entwickelt hatte, die zugleich die Tendenzen einer Wissenschaft antizipierte, die eine technische Weltbeherrschung ermöglichen sollte und ganz andere Perspektiven eröffnet hätte, nämlich den Lehrer als den Fachmann der Realien, das hieß auch: der modernen Sprachen und der wissenschaftlich gesicherten Erziehung. Demgegenüber setzte sich durch der Gymnasiallehrer als Lehrer der alten Sprachen. Dabei muß freilich mitgedacht werden, daß Wilhelm von Humboldt die Pädagogik als in den klassischen Studien enthalten verstand. Um dieser impliziten Pädagogie willen

– und nicht etwa im Sinne einer Fachlehrerausbildung – sollten alle Gymnasiallehrer die Altertumswissenschaften studieren. Denn die klassische Philologie erschien in ihrem Kern als eine Gymnasium und Universität verbindende Bildungswissenschaft. Diese Möglichkeit einer universalen Bildungslehre wurde von der Altertumswissenschaft, die sich schon bald zur Einzeldisziplin „Klassische Philologie" entwickelte, nicht realisiert. Von daher kann (und muß) die Frage nach den Wirkungen für die fremdsprachliche Bildung insgesamt gestellt werden.

Das heutige Gymnasium in der Bundesrepublik wird häufig in einer institutionellen Kontinuität gesehen, deren Anfang durch die Humboldt-Süvernsche Reform von 1810 markiert erscheint. Unter didaktischem Gesichtspunkt muß dann freilich präzisiert werden, daß im Humboldtschen Gymnasium die *alten* Sprachen eine absolute Monopolstellung hatten: Allein die Unterrichtsfächer Griechisch und Latein nahmen schon mehr als die Hälfte des gesamten Stundenvolumens ein; rechnet man noch Deutsch und Mathematik hinzu, so blieb für alles andere weniger als ein Viertel der insgesamt zur Verfügung stehenden Zeit übrig. Gleichwohl wäre es eine Fehlinterpretation, die neuhumanistische Bildungstheorie – in ihrem systematischen Kern ebenso wie in ihrer Wirkungsgeschichte – als eine Doktrin der alleinigen Bildungskraft der alten Sprachen zu sehen, gegen deren Widerstand sich der Bildungsanspruch moderner Fremdsprachen habe durchsetzen müssen. Denn die der Reform des preußischen Unterrichtswesens von Wilhelm von Humboldt zugrunde gelegte Bildungslehre war zunächst einmal eine Theorie der Individualität, die die objektive Bedeutung der Aufgaben, die dem Menschen im Interesse seiner Bildung angewiesen werden, zurücktreten ließ hinter der Art ihrer Bewältigung. „*Jede* Beschäftigung", so lautete eine zentrale Aussage Humboldts, „vermag den Menschen zu adeln, ihm eine bestimmte, seiner würdige Gestalt zu geben". So stellte er einer beiläufigen Bemerkung, ein wenig Griechisch gelernt zu haben, sei auch für einen Tischler nicht unangebracht, wie selbstverständlich die Bedeutung an die Seite, die das Tischlern gelernt zu haben für einen Gelehrten ausmachen könne – der Bildungswert wurde als gleich vorausgesetzt. Dennoch war im Kontext solcher Gleichwertigkeit aller Weltinhalte der Sprache – nicht einer bestimmten Sprache, auch nicht der griechischen, sondern der Sprache schlechthin – eine besondere Stellung zugewiesen. Sprachliche Grundformen wurden in Humboldts Bildungstheorie zwar in einem ersten Schritt – genauso wie alle anderen Weltinhalte – als die Schranke eingeschätzt, an der sich die Subjektivität des Lernenden abarbeiten muß. Im Unterschied zu allen anderen Weltinhalten aber wurde dasjenige, was in der Sprachform den Menschen beschränkt und bestimmt, erkannt als in die Sprache hineingekommen aus menschlicher, mit der Subjektivität des Lernenden innerlich zusammenhängender Natur –

Fremdheit nur für die ungeformte individuelle, nicht für die „ursprünglich wahre Natur des Menschen".

Die an diese Einsicht unmittelbar anschließende Deutung jeder besonderen Sprache als einer spezifischen Sicht der Welt mußte die pädagogische Auszeichnung der Sprachbildung sogleich erweitern auf fremdsprachliche Bildung als dem authentischen Instrument der Selbstdistanzierung. Nicht aber ist damit die Frage beantwortet, warum Humboldt bei der Gymnasialreform die in den Schulkonzeptionen der Aufklärungspädagogik schon angelegte Tendenz zum neusprachlichen Unterricht ignorierte, die fremdsprachliche Bildung vielmehr allein den alten Sprachen und hier in erster Linie dem Griechischen übertrug. Jede Antwort darauf hat zwei Gesichtspunkte zu berücksichtigen: Der eine Gesichtspunkt erinnert daran, daß am Ende des 18. Jahrhunderts in Deutschland eine Griechenbegeisterung dominierte, die den griechischen Charakter als den ursprünglichen Charakter der Menschheit feierte. Humboldt teilte diese Auffassung uneingeschränkt. Da er die Sprache aber nicht nur konstitutiv für die menschliche Bildung ansah, sondern auch als Ausdruck der Seele der Nation, mußte er in der Sprache eines so zur Norm erhobenen Volkes wie des griechischen das Zentrum aller Bildungsmöglichkeiten vermuten. Das aber konnte als theoretische Aussage nicht das letzte Wort sein: Die menschliche Klassizität des Altertums konnte (und sollte!) einmal in einer Klassik der eigenen Muttersprache aufgehoben sein. Dementsprechend nannte es Humboldt auch eine „genievolle Idee', als Schiller ihm an den Rand einer Abhandlung zum Altertumsstudium notiert hatte, es werde die Zeit kommen, da wir die Griechen nicht mehr nötig haben. Daß im Gymnasium neben den alten Sprachen auch dem Deutsch-Unterricht, den es vordem an gelehrten Schulen überhaupt nicht gegeben hatte, der Charakter eines Hauptfaches eingeräumt wurde, war schon eine erste Konsequenz des Bewußtseins von diesem Zusammenhang.

Der Rückgriff auf ein im Bewußtsein der historischen Distanz relativiertes Vorbild war nur der eine Gesichtspunkt, der den alten Sprachen im 19. Jahrhundert eine zeitbedingte Vorrangstellung einräumte. Der zweite Gesichtspunkt gründete in der didaktischen Zielsetzung des Gymnasiums, insbesondere seiner Oberstufe, die gelehrte Bildung zugleich als Wissenschaftspropädeutik realisieren zu wollen. Unter den verschiedenen fremden Sprachen kamen dafür aber nur die alten in Betracht, weil, wie oben schon erinnert, die erneuerte Altertumswissenschaft die Entwicklung von Philologien einleitete. Die didaktische Bevorzugung der alten Sprachen wurde zunächst auch gar nicht in Konkurrenz zu den modernen Fremdsprachen gesehen. Denn die modernen europäischen Kultursprachen, vorab das Französische, lernte ein Sohn aus gutem Hause im 17. und 18. Jahrhundert selbstverständlich von klein auf im lebendigen Umgang mit Gouvernanten und Hofmeistern, auf Reisen und in Pensionaten; man konnte die neuen Sprachen flüssig sprechen und schreiben, war Mitglied einer internationalen Kultursphäre, einer kleinen, kosmopolitisch orientierten Gesellschaftsschicht, deren spezifische Erziehung den ganzen Kreis des Benehmens, der Gesittung und des Briefstils so gut umfaßte wie eben die Sicherheit in der Sprache. Moderne Fremdsprachen lernte man wie Tanzen, Fechten, Reiten, Voltigieren: instrumentell, nicht über Wissenschaften. Das Gymnasium aber orientierte seine Lehrinhalte an Wissenschaften, weil Wissenschaftspropädeutik als eine Propädeutik auf das Reich der Freiheit erschien, als die Möglichkeit, den Menschen – wenigstens während der Zeitspanne seiner systematisch-schulischen Bildung – vom Anpassungsdruck und von gesellschaftlicher Deformation relativ zu entlasten. Nun schlossen an die in der Altertumswissenschaft eingeleitete philologische Entwicklung bald Philologien der modernen Sprachen an, zuerst die Germanistik, dann Romanistik, später auch Anglistik und Slawistik. In dem Maße, in dem die Wissenschaftsentwicklung der Philologien fortschritt, konnte das didaktische Prinzip des wissenschaftspropädeutischen Unterrichts auch auf moderne Fremdsprachen angewandt werden. Im Gymnasium war für moderne Sprachen freilich kaum Platz. Aber der sozialstrukturelle Druck der politisch-ökonomischen Entwicklung im 19. Jahrhundert, die in wenigen Jahrzehnten vollzogene Transformation eines von und auf dem Lande lebenden Bauernvolkes in eine verstädterte Industriegesellschaft ließ neben dem Gymnasium zwei konkurrierende Formen höherer Schulen entstehen: einmal das Realgymnasium, welches noch Latein lehrte, nicht aber mehr Griechisch, sondern anstelle dessen moderne Sprachen, und das dann im 20. Jahrhundert in den neusprachlichen Typ des Gymnasiums überging, zum anderen die Oberrealschule, die als Vorläufer des mathematisch-naturwissenschaftlichen Gymnasialtyps angesehen werden darf und deren Lehrplan kein Latein mehr vorsah, sondern den fremdsprachlichen Unterricht auf Englisch und Französisch beschränkte. Im Jahre 1900 hatten diese höheren Realanstalten das Gymnasialmonopol definitiv gebrochen: Ihre Abiturzeugnisse wurden formal (in bezug auf die Zulassung zu allen universitären Studien) als gleichberechtigt mit dem Abschluß des Gymnasiums anerkannt.

Der in der ganzen zweiten Hälfte des 19. Jahrhunderts ausgetragene Kampf um das Gymnasialmonopol braucht hier nicht nachgezeichnet zu werden. Denn für fremdsprachlichen Unterricht ist daran nur ein Aspekt von wirklich durchschlagendem Interesse, nämlich daß der bildende Wert des neusprachlichen Unterrichts in stetem Bezug, in Analogie oder in Kopie des altsprachlichen Unterrichts durchgesetzt wurde. Das hat mit dazu beigetragen, daß sich das Humanismus-Verständnis von den alten Sprachen ablösen konnte. Unter einem bestimmten, allerdings nicht allein von den

Fremdsprachen her zu erklärenden Gesichtspunkt, ist diese Ablösung selber noch bildungsgeschichtlich als ein Triumph des humanistischen Prinzips deutbar. Indessen kann auch eine solche positive Auslegung der Konkurrenz von alt- und neusprachlichem Unterricht nicht die beiden negativen Nebenwirkungen übersehen: Die eine Nebenwirkung betraf die didaktische Legitimation des altsprachlichen, die andere die Praxis des neusprachlichen Unterrichts.

Einmal in die Defensive gedrängt, begründeten viele Latein-Lehrer die pädagogische Bedeutung ihres Unterrichtsfaches nur noch damit, an der lateinischen Grammatik würde das logische Denken ausgebildet. Dieser Aspekt war freilich nicht willkürlich gesetzt. Die logische Bildungskraft von Sprachen mit entwickelter Flexion und Syntax gehörte durchaus zu den Argumentatitionsfiguren neuhumanistischer Theorie. Und noch im Jahre 1900 notierte Wilhelm Dilthey, es sei *keine* Frage, „daß die modernen Sprachen eine viel geringere disziplinierende Kraft üben" – („Eselsbrücken an Hilfswörtern oder an regelmäßiger Folge der Satzteile aufeinander im Satz") – und daß es demgegenüber die alten Sprachen (und die Mathematik) seien, die allein den menschlichen Geist disziplinierten durch ihre strenge Zucht. Die in solchem Urteil enthaltenen, weitreichenden Transfer-Annahmen können hier unberücksichtigt bleiben. Denn selbst wenn sie zutreffen würden, wäre der altsprachliche Unterricht, abgelöst von der großen, menschlich bedeutsamen Überlieferung, kraft derer er über Jahrhunderte hinweg die pädagogische Repräsentanz von Humanismus zu sein vermochte, auf eine im Ton aggressive oder hochmütige, in der Sache aber kleinmütige Didaktik ohne pädagogische Perspektive reduziert. Der große Atem für eine Strategie der Sicherung des altsprachlichen Unterrichts auch unter den Bedingungen der technischen Zivilisation kann von daher gewiß nicht erwartet werden. Die Überanstrengung des möglichen Bildungssinns der alten Sprachen zum pädagogischen Schlüssel für jede Form gelehrter Bildung erwies sich vielmehr als das Haupthindernis, die Bedeutung einer Berührung mit der Antike für die Selbstbehauptung des Menschen nach der industriellen Revoultion herauszuarbeiten.

Noch folgenreicher für fremdsprachliche Bildung aber war die zweite Nebenwirkung. Durch die zunächst imitierende Orientierung des neusprachlichen Unterrichts am Vorbild des altsprachlichen wurden die kulturellen Konsequenzen des europäischen Nationalismus im 19. Jahrhundert verstärkt: Das Verhältnis der Menschen zu den Nachbarvölkern wurde ein vorwiegend literarisches. Als im Jahre 1928 der damalige Reichsaußenminister Gustav Stresemann nach Verhandlungen in London einen Vorbehalt behauptete, den die Engländer bestritten, erklärte der britische Botschafter den Widerspruch damit, es sei überhaupt schwierig zu entscheiden, was Herr Stresemann tatsächlich geäußert habe, weil er ein so schlechtes

Englisch spräche. Herman Nohl, der in dem gleichen Jahr Abhandlungen über den Bildungswert fremder Kulturen und moderner Sprachen schrieb, erklärte den Vorfall damit, daß Gustav Stresemann das Kind der höheren Schule des 19. Jahrhunderts sei: er habe fremde Sprachen in der Schule gelernt und könne sie *infolgedessen* nicht sprechen. Was Stresemann als Politiker gewollt und in der berühmt gewordenen Metapher vom „Silberstreif am Horizont" antizipiert hatte, nämlich eine neue Gemeinsamkeit der europäischen Völker in nachnationalistischer Zeit, fordert Bewährung in unmittelbarer, nicht nur literarisch vermittelter Kommunikation. Aber die so angezeigte politisch-historische Aufgabe ist heute nicht mehr mit dem älteren kosmopolitischen Konzept fremdsprachlicher Schulung lösbar. Pädagogisch gesehen versperren zwei Gründe den einfachen Rückgriff auf dieses Konzept: Zunächst einmal sind die europäischen Völker nicht nur unter schmerzlichen Erfahrungen durch den Nationalismus hindurchgegangen, sondern sie haben sich in jeweils nationaler Bildung geeint und gesellschaftlich homogenisiert. Die neue geistig-kulturelle Gemeinsamkeit der europäischen Völker ist daher nicht mehr wie im vornationalistischen Kosmopolitismus des 17. und 18. Jahrhunderts Sache einer kleinen exklusiven Bildungsschicht, sondern von gesamtgesellschaftlichem Charakter. Für den fremdsprachlichen Unterricht folgt daraus eine Nötigung, die Humboldt freilich schon für die Schulorganisation insgesamt postuliert hatte: „. . . nirgends einzelne Teile der Nation, sondern ihre ganze ungetrennte Masse vor Augen" zu haben.

Dann aber – und das ist der zweite Grund, der eine einfache Wiederaufnahme der kosmopolitischen Konzeption eines rein instrumentellen und auf unmittelbaren Umgang bezogenen Unterrichtes verbietet – kann fremdsprachliche Bildung nicht mehr hinter die Didaktik der Wissenschaftspropädeutik zurück. Insofern steht sie in der Traditionslinie neuhumanistischer Bildungstheorie. Aber gerade diese Orientierung hatte, wie zuvor angedeutet, der modernen fremdsprachlichen Bildung einen so literarischen Charakter gegeben, daß in ironischer Überspitzung der gymnasiale Unterricht geradezu als der Grund dafür angegeben wurde, warum die erlernte Fremdsprache nicht gesprochen werden konnte. Wenn sich diese Konsequenz notwendigerweise aus dem Konzept einer Didaktik der Wissenschaftspropädeutik ergäbe, müßte das Gegenkonzept eines kommunikationsdidaktischen Unterrichts in Legitimationsnöte geraten. Tatsächlich erscheint es in bildungspolitischen, aber auch in wissenschaftlichen Diskussionen oft als problematisch, ob ein fremdsprachlicher Unterricht, der die Fähigkeit zur direkten Kommunikation im lebendigen Umgang mit Menschen einer anderen Sprachgemeinschaft, ja mehr noch, sogar die berufliche Verwertung fremdsprachlicher Kenntnis für das Übersetzen und Dolmetschen, für Handelskorrespondenz und Sprachlehrberufe in seine

Zielperspektive aufnimmt, dem hier erläuterten Zusammenhang von wissenschaftspropädeutischer Didaktik und bildungshumanistischer Legitimation überhaupt zugehören kann.

Nach der problemgeschichtlichen Vergegenwärtigung ist die Antwort nicht mehr so schwierig: Die neuhumanistisch inaugurierte Bildungstheorie band die Didaktik der gelehrten Bildung und damit auch die der fremden Sprachen an Wissenschaftspropädeutik, um den Widerstand der Pädagogik gegen die gesellschaftliche Funktionalisierung des Menschen zu sichern. Nur deshalb tendierte der Neuhumanismus dazu, berufliches Qualifikationswissen aus bildender Lehre zu verbannen, ohne indessen vom Prinzip her einen möglichen Bildungssinn berufsqualifizierender Lernleistungen leugnen zu können. Denn Humboldts These von der pädagogischen Mediatisierung aller Weltinhalte (d. h. daß es pädagogisch primär um den Menschen als Subjekt zu tun ist) und der daraus gefolgerten Gleichwertigkeit der Bildungsinhalte für die Personwerdung mußte, wie für das Leben überhaupt, so auch für Bewährung in Arbeit und Beruf, Ökonomie, Politik und Gesellschaft gelten. Gleichwohl blieb eine Ambivalenz in den angemessenen Folgerungen. Die Einsicht, daß das Kriterium für die Bildung des Menschen nicht an bestimmte Inhalte, sondern an die Bedingungen ihrer Vermittlung gebunden ist, war überdeckt von der Gewißheit, durch Wissenschaft als Medium des Bildungsprozesses das didaktische Auswahlproblem auch inhaltlich gelöst zu haben, eben deshalb, weil Wissenschaft ihre Verbindlichkeit durch den Appell an die Vernunft geltend macht und damit demjenigen, der sich in unmündiger Abhängigkeit befindet, den Weg zur Selbstbestimmung ebnet. Diese Konstellation bildungstheoretischer Ambivalenz begünstigte die Ideologie der sogenannten Allgemeinbildung, d. h. den Versuch, unter dem sozialstrukturellen Druck der industriellen Entwicklung einerseits immer neue inhaltlich definierte Sachfelder (moderne Sprachen, Naturwissenschaften, Sozialwissenschaften, Ökonomie, Technik) als „allgemeinbildend" auszuweisen, andererseits diese dann für weiterführende Schullaufbahnen zu reservieren und von der Berufsausbildung der unterprivilegierten Mehrheit abzugrenzen. Die industrielle Gesellschaft aber hat nun gerade die Verwertung von Wissenschaft als einer Produktivkraft und damit zugleich auch den Wissenschaftscharakter berufsqualifizierender Technologien hervorgebracht. Damit sind alle Hilfskonstruktionen für die Legitimation von Unterrichtsfächern, die schon allein durch ihre Inhalte als „allgemeinbildend" auswiesen wären, entfallen; das bildungshumanistische Prinzip ist auf sich selber zurückverwiesen: Die Wissenschaftslage unter den Bedingungen der technischen Zivilisation ermöglicht, die Integration von allgemeiner und beruflicher Bildung in der Sekundarstufe II humanistisch zu legitimieren. Denn das Bildungsdenken der europäischen Tradition mit seinem Postulat der Distanzierung von Anpassungsdruck ist didaktisch nunmehr in die Wissenschaftspropädeutik selber hineinverlegt; es verlangt hier die politische Kritik von Wissenschaft und Technik auch als Instrumente gesellschaftlicher Herrschaft. Eine Differenzierung in Allgemein- und Berufsbildung ist dann sinnvoll nicht mehr möglich, vielmehr ist gerade umgekehrt dem als Wissenschaftspropädeutik angelegten fremdsprachlichen Unterricht um der Bildung willen der berufspragmatische Bezug nahegelegt. Ob und inwieweit die Beiträge dieses Bandes dahingehende Erwartungen erfüllen, ist eine Frage, die gewiß nicht nur für den Modellversuch Kollegschule, in dessen Rahmen sie entstanden ist, von Interesse sein wird.

Meinert A. Meyer

Allgemeine und berufliche Orientierung im Fremdsprachenunterricht. Zum Bildungsgang „Fremdsprachenkorrespondent/Allgemeine Hochschulreife" im Kollegschulversuch Nordrhein-Westfalen

(1) Zur Möglichkeit einer beruflichen Orientierung des Fremdsprachenunterrichts in der Sekundarstufe II

Traditionell und bis in unsere Zeit wird der Unterricht in den neuen Fremdsprachen als allgemeinbildend verstanden. Diese Funktionsbestimmung wird für die Gymnasien mit dem generellen Anspruch auf Studienvorbereitung und derart mit einer breiten Orientierung auf akademische Berufe gleichgesetzt. Inhaltlich wird dieser Anspruch durch das Ziel konkretisiert, den Schülern eine allgemein verwertbare rezeptive und produktive Kommunikationsfähigkeit in den fremden Sprachen zu vermitteln.

Aus einer Reihe von Gründen vertrete ich die Auffassung, daß die allgemeinbildenden Zielsetzungen des Fremdsprachenunterrichts *in der Sekundarstufe II* eine berufliche Orientierung nicht ausschließen; im Gegenteil, eine berufliche Orientierung läßt es eher wahrscheinlich erscheinen, die angestrebten Ziele erreichbar zu machen. Berufliche Orientierung steht weder im Widerspruch zu allgemeiner Bildung noch zu Wissenschaftspropädeutik. Dies ist im folgenden näher zu erläutern.

Die Einführung der „differenzierten" gymnasialen Oberstufe aufgrund der Bonner Vereinbarung der Kultusminister zur Neugestaltung der gymnasialen Oberstufe in der Sekundarstufe II vom 7. Juli 1972 hat die Unterscheidung von Haupt- und Nebenfächern, die durch die Existenz verschiedener Gymnasialtypen schon lange verwässert worden war, aufgegeben. Die Schüler können in der Oberstufe einen individuellen Schwerpunkt setzen. Sie wählen zwei Leistungsfächer (1. und 2. Abiturfach) und zwei weitere Fächer, die sie als Grundkursfolgen belegen (3. und 4. Abiturfach). Eines der beiden Leistungskursfächer muß eine Fremdsprache oder Mathematik oder eine Naturwissenschaft sein. Die insgesamt in der Oberstufe zu belegenden Kurse werden nach einem komplizierten Schlüssel dem sprachlich-literarisch-künstlerischen, dem gesellschaftswissenschaftlichen, dem mathematisch-naturwissenschaftlich-technischen Aufgabenfeld und den Fächern Sport und gegebenenfalls Religionslehre zugeordnet.

Im Gefolge der KMK-Oberstufenreform kamen zahlreiche, bis dahin in allgemeinbildenden Schulen unbekannte Fächer in das Gymnasium, so z. B. Informatik, Technik, Psychologie, Soziologie, Erziehungswissenschaft. Die traditionelle Vorstellung, *bestimmte* Fächer könnten die allgemeinbildende, studienvorbereitende Zielsetzung des Gymnasiums realisieren, läßt sich angesichts dieses Faktums nicht mehr plausibel vertreten. (Der Vorschlag der Westdeutschen Rektorenkonferenz aus dem Jahre 1979, wieder zu einem festen Fächerkanon größeren Umfangs für *alle* Schüler der gymnasialen Oberstufe zurückzukehren, würde im Falle der Realisierung einen Zustand herstellen, wie er schon im 19. Jahrhundert nicht mehr bestanden hat.)

Die Ausweitung des Fächerkanons in der gymnasialen Oberstufe könnte den Eindruck erwecken, als sei die KMK-Reform von 1972 die letzte Etappe in der Auflösung des ursprünglich auf nur ganz wenige Hauptfächer konzentrierten Kanons allgemeinbildender Gymnasialfächer, als habe die in der historischen Entwicklung unaufhaltsam fortgeschrittene Vermehrung des Fächerkanons schließlich das Kanon-Prinzip selber zerstört. Dieser Eindruck bleibt aber an der Oberfläche, und zwar sowohl in positiver wie in negativer Bewertung des Sachverhalts. Die negative Bewertung, daß jetzt die „allgemeine Bildung" preisgegeben sei, ist nicht zutreffend, weil „Allgemeinbildung" im traditionellen Sinne – auf die Bedingungen *unserer* Zeit ausgelegt – sehr wohl auch ein differenziertes Curriculum legitimieren kann. Die positive Bewertung aber, daß nach der Befreiung des gymnasialen Oberstufenunterrichts von den Fesseln des Kanons nun endlich eine perspektivenreiche Bildungsgangplanung beginnen könne, erscheint übertrieben und irreführend, weil die Reform der gymnasialen Oberstufe keine pädagogischen Kriterien an die Stelle des aufgegebenen Kanons setzte, vielmehr nur administrativ handhabbare „Pflichtbindungen" der Schüler. Darauf komme ich gleich wieder zurück. Vorerst ist festzuhalten, daß alle Fächer, die in der gymnasialen Oberstufe als Leistungs- und Grundkursfolgen angeboten werden, also auch die neuen Fremdsprachen, durch die Ausweitung des Fächerkanons unter Legitimationsdruck geraten.

Daß ein Unterricht in den neuen Fremdsprachen allgemeinbildend sei, erscheint vielen heute selbstverständlich. Bei Gründung des modernen Gymnasiums durch Wilhelm von Humboldt während der preußischen Schulreform (1810) war das aber keineswegs selbstverständlich gewesen. Das Gymnasium begann vielmehr in ausdrücklicher Abkehr vom aufklärungspädagogischen Votum für die „Realien", worunter auch die neuen Fremdsprachen fielen. Die Fixierung des Gymnasiums auf die alten Sprachen war dabei einerseits in der neuhumanistischen, reflexiven Rückwendung zur Klassik griechisch-römischer Kultur und Gesittung begründet, andererseits in dem bildenden Wert der Einarbeitung in die fremden Sprachen, Griechisch und Lateinisch, durch die sich diese Kultur allererst erschließt, damit aber in dem fremdsprachlich zu vermittelnden Verständnis für Sprachform überhaupt (vgl. z. B. HUMBOLDT, Werke II, S. 21 und BLANKERTZ in diesem Band). Es kam Humboldt gerade auf die *Art* des Zugriffs an, durch den sich die griechisch-römische Welt dem Schüler erschließen sollte: nicht durch eine gelehrte Schilderung des klassischen Altertums, sondern durch die eigene Einarbeitung in die zunächst verschlossene fremde Sprache und Kultur.

Die Selbsttätigkeit und Selbstbestimmung in der Auseinandersetzung mit klassischer Sprache und Kultur erschien Humboldt nun zugleich als konstitutiv für die Welt der Wissenschaften. Die Wissenschaften waren für ihn ein Reich der Freiheit, der Selbstbestimmung, der moralischen Kultur, ähnlich wie die Künste und die Philosophie. Sein Bildungskonzept für das Gymnasium war deshalb zugleich *wissenschaftspropädeutisch*, d. h., auf ein wissenschaftliches Studium vorbereitend (vgl. MENZE 1975, S. 260–279).

Heute ist nun aber Wissenschaft nicht mehr als ein „Reich der Freiheit" interpretierbar, das den Menschen auszurüsten vermöchte, um den Zwängen der gesellschaftlichen und beruflichen Anforderungen ohne Selbstpreisgabe standhalten zu können. Zwar ist Wissenschaft noch immer, wie zu Humboldts Zeiten, auf methodisches Streben nach Wahrheit und gültiger Erkenntnis verpflichtet, aber sie ist zugleich ein strategisch eingesetztes Kalkül gesellschaftlicher Verwertung. Vielleicht gibt es heute überhaupt keinen anderen Lebensbereich neben der Welt der Wissenschaften, der so nachdrücklich und unübersehbar ein „Reich der Notwendigkeit" darstellt. Das gilt nicht nur für die Natur- und Ingenieurwissenschaften, für Medizin und Wirtschaftswissenschaften, sondern auch für alle Human- und Sozialwissenschaften, für alle Geisteswissenschaften, damit aber auch für die historischen und die philologischen Disziplinen. Deshalb kann die in der europäischen Bildungstradition antizipierte Freiheit des Menschen zu eigenem Urteil und kritischer Distanz nicht mehr von der bildenden Begegnung mit der reinen, zweckfreien Wissenschaft erhofft werden. Die Entgegensetzung von freier Wissenschaft und gebundenen Berufsanforderungen ist gegenstandslos geworden. Der produktive Sinn dieser Unterscheidung kann aber dennoch in einem wissenschaftspropädeutischen Unterricht in der Sekundarstufe II eingehalten werden, sofern und soweit dieser Unterricht die gesellschaftliche Funktion der Wissenschaften nicht verdrängt, sondern zur Sprache bringt.

Der wissenschaftspropädeutische Unterricht in der Sekundarstufe II sollte demnach dreierlei berücksichtigen:

– Der Unterricht muß die für die Wissenschaften insgesamt typische, parallel zur gesellschaftlichen Arbeitsteilung entstandene Spezialisierung curricular angemessen aufnehmen. Der Versuch, in der Schule eine *allgemeine* Wissenschaftspropädeutik zu installieren, ist den Wissenschaften *in toto* unangemessen. Vielmehr müssen in einer gründlichen Bedingungsanalyse die für das jeweilige Schulfach relevanten Bezugswissenschaften ermittelt werden, und es ist dann zu fragen, in welcher Weise sie curricular berücksichtigt werden können.

– Die jeweiligen Bezugswissenschaften der verschiedenen Schulfächer dürfen für die Schüler nicht nur als statisch fixierte Gefüge von Methoden, gesicherten Erkenntnissen und undiskutierten Erkenntniszielen erfahrbar werden. Vielmehr sollten die Dynamik der Forschungsprozesse, der Kampf der Schulen und Meinungen, die Erfolge aber auch die Mißerfolge der Wissenschaftler und ihr wissenschaftlicher Alltag verständlich werden.

– Die Beziehungen der Wissenschaften zur Lebenswirklichkeit dürfen nicht im Unterricht ausgeblendet werden. Erst über diesen Bezug läßt sich eine substantiell gehaltvolle Reflexion der Funktion von Wissenschaften in unserer heutigen, durch wissenschaftliche Technologie geprägten Lebenswelt leisten. Gerade für Schüler, die nach dem Abitur kein wissenschaftliches Studium aufnehmen, sondern direkt in die Berufswelt eintreten, erscheint diese Art der Auseinandersetzung mit der Welt der Wissenschaften unerläßlich, wenn sie nicht einer naiven Wissenschaftsgläubigkeit anheimfallen sollen.

Dabei muß deutlich werden, daß für die verschiedenen Schulfächer und dementsprechend für die verschiedenen, in unserem Hochschulsystem existierenden Bezugswissenschaften jeweils der wissenschaftsexterne Bezugspunkt zu fixieren ist, an dem sich die wissenschaftspropädeutische Reflexion brechen kann. Dieser Bezugspunkt ist für den Bereich der neuen Fremdsprachen der *gesamtgesellschaftliche Bedarf an Fremdsprachenkenntnissen*. Die ökonomische Basis für die auf Freiheit von Forschung und Lehre verpflichtete Hochschule ist der gesellschaftliche Bedarf an Fremdsprachenunterricht, an Dolmetsch- und Übersetzungsdienstleistungen. Dieser Bedarf hat allererst zur heutigen Gestalt der Bezugswissenschaften und zu ihrem quantitativ beachtlichen Umfang geführt.

Die wissenschaftlich produzierte und gesteuerte internationale Kommunikation und die in der wissenschaftlich erzeugten Fremdsprachenlehre ermöglichte Bildung der ganzen Bevölkerung im Medium der Fremdsprachen müssen deshalb im Fremdsprachenunterricht der Sekundarstufe II selbst erfahrbar werden, wenn dieser Unterricht rechtens beanspruchen soll, die Schüler auf die wissenschaftlich bestimmte Lebenswelt vorzubereiten. Dies heißt weiter, daß die im Fremdsprachenunterricht der Sekundarstufe II zu behandelnden Themen substanziell fremdsprachenpolitisch, gesellschaftlich und wissenschaftspropädeutisch zu erweitern sind und daß dabei das für den Unterricht relevante Feld von Bezugswissenschaften auch selbst im Unterricht erfahrbar werden muß: neben den klassischen neuphilologischen Disziplinen mit Literaturwissenschaften und Sprachwissenschaft in ihrem Rahmen dürfen Kommunikationsforschung, Übersetzungswissenschaft, Sprachlehr- und Sprachlernforschung, Psycho- und Soziolinguistik, angewandte Linguistik und Sprachdidaktik nicht ausgeschlossen werden. Sie alle sind legitime Bezugsgrößen für einen wissenschaftspropädeutisch ausgelegten Fremdsprachenunterricht in der Sekundarstufe II.

Gegen meine Argumentation liegt der Einwand nahe, daß ich hier ein Programm der Wissenschaftspropädeutik entfalte, das so anspruchsvoll ist, daß es noch nicht einmal in einem neuphilologischen *Studium* realisiert wird. Wieviel vermessener muß es also sein, dies schon für die Sekundarstufe II zu verlangen? Ich würde gegen diese Argumentation einwenden, daß die Fachdidaktik des Fremdsprachenunterrichts selbst diesen Überschritt in eine Reflexionsebene verlangt, die jenseits der engen Fachgrenzen liegt und derart allererst eine Kritik der Fachwissenschaften ermöglicht. Wenn BLIESENER/SCHRÖDER (1977, S. 10-18) zwischen *fachlegitimierenden* (auf Sprachkönnen bezogenen), *fächerübergreifenden* (Literatur, Landeskunde, internationale Kommunikation) und *fachunabhängigen* bzw. nicht fachgebundenen *Zielsetzungen* des Fremdsprachenunterrichts in der Sekundarstufe II (Kritikfähigkeit, eigene Meinungsbildung, Entscheidungsfähigkeit, das Durchschauen von Bevormundung, die Einsicht in eigene Grenzen und Schwächen, die Bereitschaft zu Kooperation und sinnvoller Leistung, letztlich Emanzipation bzw. Mündigkeit) unterscheiden und wenn sie weiter erläutern, daß erst derjenige Fremdsprachenunterricht „optimale Effizienz" beanspruchen darf, der alle drei Zielsetzungen kombiniert, dann muß *auch* für die dritte Ebene der Zielsetzungen gezeigt werden, wie sie im Fremdsprachenunterricht erreicht werden können. Meine Vorschläge, die traditionell akzeptierte Wissenschaftspropädeutik neuphilologischer Provenienz im Unterricht zu einer Wissenschaftspropädeutik zu erweitern, die der Funktion der Wissenschaften in unserer heutigen Welt gemäß ist und nicht die gesellschaftlich-politische Dimension ausblendet, dienen dem Ziel, eben dies planbar zu machen.

Der in einer fachspezifischen Wissenschaftspropädeutik zu reflektierende gesellschaftlich-politische Einfluß auf den Fremdsprachenunterricht ist im historischen Rückblick besonders deutlich. Der Umfang der verlangten fremdsprachlichen Kenntnisse, dem zuvor die Wahl der in der Schule anzubietenden Fremdsprachen und die Sprachenfolge, sogar die fachimmanenten Zielsetzungen veränderten sich unter veränderten gesellschaftlichen bzw. politischen Bedingungen. Dies gilt zum Beispiel für die Vorrangstellung des Englischen gegenüber dem Französischen als erster

Fremdsprache in der Bundesrepublik; es gilt für die Stellung von Russisch und Englisch in der DDR; es galt für den Streit zwischen den neuen und den alten Sprachen im 19. Jahrhundert und bis in unsere Zeit. Es gilt vor allem für die inhaltliche Orientierung des Fremdsprachenunterrichts in der gymnasialen Oberstufe auf Literatur, deren lange Zeit unbefragte Selbstverständlichkeit wohl bildungstheoretisch abgestützt wurde, die aber gar nicht realisierbar gewesen wäre, wenn sie nicht mit Bezug auf „Nationalliteratur" Ausdruck des sich entwickelnden europäischen Nationalismus gewesen wäre. Unter dem gesellschaftlich-politischen Blickwinkel kann auch deutlich werden, warum die das Gymnasium bestimmende Fixierung eines Lehrkanons, der doch die Humboldtsche Perspektive für eine „allgemeine" Bildung des Menschen realisieren sollte, wirkungsgeschichtlich mißverstanden wurde. Der Kanon erschien so, als ob er aus der Bildungstheorie deduziert sei, als ob er einen rein pädagogischen Rechtsgrund habe. Tatsächlich beruhte er aber keineswegs nur auf pädagogischen Erwägungen, sondern auch auf der Realität der politisch-gesellschaftlichen Erwartungen an die Schule. Der Versuch, Umfang und Inhalt des neusprachlichen Unterrichts in der Sekundarstufe II rein pädagogisch über ihren bildenden Wert zu legitimieren, ist naiv.

Was folgt nun aus den Erläuterungen zur Wissenschaftspropädeutik und zur gesellschaftlich-politischen Abhängigkeit des Fremdsprachenunterrichts? Es folgt, daß bei der Erstellung eines Curriculums für die neuen Fremdsprachen der gesellschaftlich-objektive *Fremdsprachenbedarf* mit Bezug auf die relevanten *Einzelwissenschaften* (Anglistik, Romanistik, Literaturwissenschaft, Linguistik, Übersetzungswissenschaft, Sprachlehr- und Sprachlernforschung, Didaktik usw.) im Interesse und unter Berücksichtigung der *individuellen Bildungsansprüche* der jugendlichen Schüler *vermittelt* werden muß. Diese Vermittlungsleistung ist nun aber gerade eine *fachdidaktische*, durch die die Verantwortung der Fachlehrer für den Bildungsprozeß ihrer Schüler konstituiert wird. (Es gibt in der Sekundarstufe II nur Fachunterricht, Bildungsansprüche müssen sich im Fachunterricht realisieren lassen.) Das heißt, die Fremdsprachenlehrer und indirekt auch die Fremdsprachendidaktiker haben für ihre individuell höchst verschiedenartigen, unterschiedlich interessierten und begabten Schüler eine im Fachunterricht selbst zu realisierende pädagogische Verantwortung zu übernehmen, sie haben die gesellschaftlichen Anforderungen, die sich in der Aufnahme ihrer Fächer in den Fächerkanon der Schule verwirklichen, mit den Interessen der heranwachsenden, selbständig werdenden Generation zu vermitteln. In der Formulierung von BLIESENER/SCHRÖDER (1977, S. 1):

„Schule als Funktion von Gesellschaft muß gesellschaftlichen Entwicklungen und gesellschaftspolitischen Problemstellungen angepaßt werden, wobei freilich im Rahmen einer Gesellschaftsordnung, die nicht drauf aus ist, alle Individuen gleichzuschalten, der notwendige Freiraum für individuelle Entfaltung und gegebenenfalls Dissens mit eingeplant werden muß."

Wenn man nun diese allgemeine Aussage auf den Fremdsprachenunterricht bezieht, ergibt sich m. E. eine erste didaktische Maxime für die Entwicklung des Curriculums. Die Verwertbarkeit bzw. Verwendbarkeit der in der Schule zu vermittelnden Fremdsprachenkenntnisse und -kompetenzen muß ermittelt, sie muß weiter auf ihre pädagogische Realisierbarkeit und Wünschbarkeit hin analysiert, und sie muß über das Instrument der relevanten Bezugswissenschaften didaktisch gefiltert werden. Die im traditionellen Fremdsprachenunterricht verdrängte Frage nach der Verwertbarkeit der vermittelten Kenntnisse und Kompetenzen ist die didaktische Antwort auf die These vom gesellschaftlichen Einfluß auf eben diesen Unterricht.

Von H. Blankertz und anderen ist für die Aufgabe der Vermittlung von gesellschaftlichem Bedarf, subjektiven Schüleransprüchen und allgemeiner Wissenschaftsorientierung vorgeschlagen worden, *fachdidaktische Strukturgitter* zu entwerfen.

BLANKERTZ schreibt (1973, S. 12):

„Didaktische Strukturgitter entstehen [. . .], indem grundlegende Sachverhalte eines Gegenstandsfeldes mit den Mitteln und Ergebnissen einer dieses Feld auslegenden Wissenschaft auf die edukative Intentionalität bezogen und eben dadurch zu Curriculuminhalten konstituiert werden.

[. . .]

Erfolgen Interpretation und Relevanzbestimmung der bezeichneten Grundstrukturen unter dem für die beabsichtigten Lernprozesse maßgeblichen Interesse, so ist das aber keinesfalls so zu verstehen, als ob vorliegende Sach- und Wissenschaftsstrukturen gleichsam in einem zweiten Arbeitsgang pädagogisch-didaktisch auszulegen wären. Die Strukturbestimmung selbst gelingt nur auf Grund von Bedingungsanalysen, die von vornherein beide Seiten berücksichtigen. Das aber bedeutet, daß in diesem Vorgehen weder den jeweils fraglichen Fachwissenschaften gegenüber einer didaktischen Analyse die Qualität unbezweifelbarer Vorgegebenheit konzediert wird, noch die Didaktik als eine Superinstanz zur Richterin über alle Einzeldisziplinen bestellt ist. Vielmehr wird der Versuch unternommen, die Frage der Lehrbarkeit einer Disziplin, ihrer politisch-gesellschaftlichen Funktion wie ihrer möglichen Relevanz in einem Lehrgefüge an ihren eigenen Strukturen zu diskutieren, einen wissenschafts-didaktischen Prozeß anzuregen, der im Wechselspiel von Disziplinarität und Interdisziplinarität Veränderungen nicht nur im Schulunterricht, sondern im ganzen Sachfeld und d. h. auch in der Wissenschaft selbst bewirkt."

Strukturgitter stellen sozusagen methodisierte Diskursmodelle dar. Die gesellschaftlichen Anforderungen, die nur über eine wissenschaftliche Aufarbeitung dieser Anforderungen „lehrbar" werden, müssen nochmals mit den individuellen Selbstentfaltungsansprüchen der Schüler vermittelt werden. Die Vermittlung stellt sicher, daß weder eine erschlichene Deduktion der Lehrinhalte und Zielsetzungen aus den Bezugswissenschaften noch aus dem objektiv-gesellschaftlichen Bedarf erfolgt. Allerdings kann das Ergebnis nicht mehr als eine *Strukturierung* der für den Fachunterricht relevanten Probleme sein.

Das Strukturgitter für den Fremdsprachenunterricht auf S. 20 stellt einen ersten Versuch dar, zu einem abgewogenen Gesamtspektrum fachdidaktischer Problemstellungen für die Erstellung eines neusprachlichen Curriculums im Kollegschulversuch zu gelangen. Man hat mit ihm noch keine didaktischen Entscheidungen getroffen, insofern die Eintragungen in die Felder *Fragen* darstellen. Jedoch ist bekannt, wie wichtig die richtige Fragestellung ist. Eben dies müßte deshalb eigentlich problematisiert werden: Wie kommt man für die Kursplanung in der Sekundarstufe II zu den Fragen, die einem besonders wichtig erscheinen? Der Rekurs auf die eigene Erfahrung hilft hier nicht weiter, da diese Erfahrung durch unreflektierte Vorverständnisse verbaut sein kann. Im Idealfall ist ein Strukturgitter deshalb die auf den Begriff gebrachte Fachwissenschaft und zugleich die objektiv ermittelte Bedarfslage in der Gesellschaft und die durch allgemeine Bildungstheorie und Lernpsychologie abgestützte Unterrichtstheorie. Dieses Ideal kann im vorliegenden Strukturgitter nicht erreicht werden.

Wenn man die These vom gesellschaftlichen Einfluß auf den Unterricht und die didaktische Antwort, nämlich die Frage nach der Verwertbarkeit fremdsprachlicher Kenntnisse, akzeptiert, dann wird es erforderlich, eine Reform des herkömmlichen Fremdsprachenunterrichts in curricularer Hinsicht vorzuschlagen. Denn der fremdsprachliche Unterricht wurde traditionell als allgemeinbildend definiert und das hieß gerade, daß eine systematische Inbezugsetzung des Unterrichts zu den gesellschaftlichen Verwertungs- bzw. Verwendungssituationen nicht erfolgte. Es erschien nicht nötig, die vermittelten fremdsprachlichen Kenntnisse und Kompetenzen auf konkretere kommunikative Zielsituationen zu beziehen; Sprachkompetenz sollte universal sein, sich in beliebigen fremdsprachlichen Kommunikationssituationen verwerten lassen.

Daß dies eine Idealvorstellung war, wußte man natürlich. In der Schule wird fast nie eine fremdsprachliche Kompetenz erreicht, die der universalen Kompetenz in der Muttersprache nahekommt. Faktisch mußte deshalb an diesem Punkt der Curriculum- und Lernzieltradition des Fremdsprachenunterrichts ein „heimliches Curriculum" wirksam werden und die Legitimation der Methoden, Inhalte und Zielsetzungen des Fremdsprachenunterrichts ersetzen. Dieses heimliche Curriculum ist die Verwertbarkeit des Erlernten für ein zukünftiges neuphilologisches Studium. Der Fremdsprachenunterricht in der gymnasialen Oberstufe wird heute immer noch weitgehend so angelegt, als ob die Schüler nach dem Abitur ein neuphilologisches Studium anfangen wollten. Damit ist man jedoch in einem

Strukturgitter für den Fremdsprachenunterricht

	Sprachen-vielfalt	qualitativer und quantitativer Umfang fremdsprach-licher Kenntnisse	fremdsprachliche Fertigkeiten ("skills")	Sachbereiche internationaler Kommunikation und Sprachmittlung	Gesamtspektrum der Textsorten	kommunikative Zielsituationen
edukative Intentiona-lität im Hin-blick auf die individuellen Bildungsansprüche der Schüler — *objektiver, durch Bezugswissenschaf-ten erfaßbarer Be-darf an fremdsprach-lichen Kenntnissen und Kompetenzen*						
Zukünftige Verwertbarkeit der vermittelten Kenntnisse und Kompetenzen in Beruf, Öffent-lichkeit und privater Welt (Gesellschaft und Schüler)	Probleme der Spra-chenwahl und Spra-chenfolge	"Threshold-level"-Pro-bleme	Gleichwertig-keit oder Un-gleichwertig-keit der skills (ein-schließlich Übersetzen und Dolmetschen)	Stellenwert der Litera-tur, Landes-kunde, Sprach-theorie/Sprach-reflexion, All-tagswelt, Kul-tur, Wirtschaft usw.	Opposition von fiktionaler und nicht-fiktionaler Literatur, von Text u. Dis-kurs usw.	Schwerpunktbildung oder allgemeine Fremdsprachenkom-petenz? Fachsprach-liche Kompe-tenz? Literatur-sprachliche Kompe-tenz? Literaturre-zeption oder Alltags-kommunikation?
Lernprobleme der Schüler beim Fremdsprachenerwerb	Interfe-renz und Transfer	Einbettung ins Gesamt-curriculum, kognitive und imita-tive Anfor-derungen	Ist eine Pro-gression in der Vermitt-lung der fremd-sprachlichen Fertigkeiten möglich? Ist sie nötig?	Kommt es zur Integration oder zur Ab-schottung der sprachlichen und der sach-lichen Kennt-nisse u. Kompe-tenzen der Schüler?	Gibt es eine Progression von einfachen zu schwierigen Textsorten? Gibt es Krite-rien für die Auswahl unter-schiedlicher Textsorten?	Progression oder Regression der Lernfortschritte der Schüler auf-grund des Lehr-/ Lernprogramms, Interim-Sprachen-Konzeption oder Standardsprache?
curriculare Machbarkeit des Lehr-Lern-Programms (Lehrer und Schüler)	Lehrmög-lichkeiten für selte-nere Fremd-sprachen; Leitspra-chen; Nach-barschafts-sprachen etc.	native spea-ker/foreign speaker; Interim-Sprachen	Trennschärfe d. Skilldifferen-zierung im all-täglichen Un-terricht; Inte-gration von Übersetzen und Dolmetschen als Fertigkeiten und nicht nur als Übungsfor-men	Unterschiedli-cher Umfang der curricularen Aufbereitung (z.B. einer-seits für Li-teratur, ande-rerseits für Wirtschafts-fragen)	Was für Text-sortenkompeten-zen (rezeptiv wie produktiv) soll man über-haupt vermit-teln?	Wie weit ist eine Antizipation der zukünftigen Ver-wertbarkeit fremd-sprachlicher Kennt-nisse und Kompeten-zen durch die Fixi-rung kommunikativer Zielsituationen für den Unterricht über-haupt möglich?

verhängnisvollen, nicht legitimierbaren Regelkreis (vgl. BENEKE in diesem Band): In der Sekundarstufe II macht man, was für ein Studium der Anglistik, Romanistik usw. nützlich ist; und was man im anglistischen bzw. romanistischen Studium erlernt, gelangt dann über eine Reihe von Transformationen wieder in die Schule, wenn die ehemaligen Schüler selbst Lehrer geworden sind. Das heißt, die Schule entwickelt ihre eigene, nicht reflektierte Tradition. Und in dieser Tradition wird der Verwertbarkeit insgesamt und erst recht der beruflichen Verwertbarkeit fremdsprachlicher Kenntnisse außerhalb dieses Regelkreises fast keine Beachtung geschenkt. Die fachdidaktische Analyse der beruflichen Verwertung fremdsprachlicher Kenntnisse in der Bundesrepublik steckt deshalb auch erst in zaghaften Anfängen (vgl. BAUSCH u. a. 1978, SCHRÖDER/LANGHELD/ MACHT 1979, CHRIST/LIEBE/SCHRÖDER 1979 und einige Literaturhinweise in BÖNIG u. a. 1976, S. 366–399). Das Ergebnis der ersten Untersuchungen zum Fremdsprachenbedarf in Handel, Industrie und Verwaltung ist jedoch sehr interressant: Der Fremdsprachenbedarf ist generell wesentlich differenzierter, wesentlich umfangreicher und qualitativ anspruchsvoller, als traditionell im Schulbereich registriert worden ist. Er bezieht sich vorrangig auf Englisch und Französisch, daneben auf ein weites Spektrum seltenerer Fremdsprachen; er schließt den produktiven wie den rezeptiven, den mündlichen wie den schriftlichen Bereich fremdsprachlicher Kommunikation ein.

Mit diesen traditionell vernachlässigten Bereich fremdsprachlicher Kenntnisse und Kompetenzen beschäftigt sich der vorliegende Reader. Es sei angemerkt, daß der Fremdsprachenunterricht in der Schule in dieser Hinsicht keine Sonderstellung im Vergleich zu den anderen geisteswissenschaftlichen Fächern hat. Die Berufsaussichten für Geisteswissenschaftler außerhalb der Schule sind in der Schule weitgehend unbekannt (vgl. PINKERNEIL (Hg.) 1973). Wenn nun in den Beiträgen dieses Readers das Schwergewicht auf der Verwendung fremdsprachlicher Kenntnisse außerhalb der Fremdsprachenlehre selbst liegt, dann darf darüber nicht vergessen werden, daß erstens die Fremdsprachenlehre zu den Berufen hinzugehört, die für die neuen Sprachen ausgewiesen werden können und daß zweitens des Gesamtspektrum denkbarer Verwertungs- bzw. Verwendungssituationen fremdsprachlicher Kenntnisse und Kompetenzen weiter ist als die Verwendung in der Berufs- und Arbeitswelt.

W. HÜLLEN (1976, S. 183/184) gliedert dieses Gesamtfeld wie folgt:

(1) *Nichtberufliche Verwendungssituationen:*
a) Verwendungssituationen im Bereich der Freizeit (Urlaub, Reisen, Verkehr, Besichtigungen, Theater, Nachtleben, Gaststätten, „Hobby" usw.);
b) Verwendungssituationen im Bereich persönlich angestrebter Bildung (Literatur, Theater, Filme, Museen, popularwissenschaftliches Schrifttum, allgemein inter-

essierende Vorträge, historische Häuser, Denkmäler und Dokumente, Institutionen usw.);

c) Verwendungssituationen im Bereich persönlich angestrebter politischer Orientierung (Zeitungen, Magazine, Rundfunk und Fernsehen, Wahlveranstaltungen, Verlautbarungen politischer Parteien, Diskussionen usw.);

d) Verwendungssituationen im Bereich „allgemeiner Urbanität" (allgemeine Konversation, Höflichkeitsfloskeln, Erkundigungen, Briefwechsel, Informationsmöglichkeiten, Verständnis sprachlicher Entwicklungen im eigenen Land, Modeerscheinungen, Zufallskontakte usw.).

(2) *Berufliche Verwendungssituationen:*

a) Berufe, deren Ausübung nicht direkt an Fremdsprachenkenntnisse gebunden ist, in denen solche aber sinnvoll eingesetzt werden können. Es handelt sich hierbei um fast alle Berufe mit wissenschaftlichem Hintergrund, insbesondere wenn für ihre Ausübung eine hohe Qualitätsstufe angestrebt wird.

b) Berufe, zu deren Ausübung Fremdsprachenkenntnisse als Arbeitsmittel zwar gehören, deren Tätigkeiten selbst jedoch außerhalb des sprachlichen Bereiches liegen. Als Beispiele seien genannt: Manager, Journalisten, Politiker, Betriebswirte, Ingenieure, Techniker.

c) Berufe, deren Ausübung in der Verwendung von Fremdsprachen besteht. Als Beispiel seien genannt: Übersetzer, Dolmetscher, Fremdsprachenkorrespondenten, Fremdsprachenlehrer, Sprachwissenschaftler.

Es dürfte einleuchten, daß eine berufliche Orientierung des Fremdsprachenunterrichts in der Sekundarstufe II nur sinnvoll ist, wenn die Schüler auch schon auf dieser Stufe eine curriculare Schwerpunktsetzung vornehmen können, die im Hinblick auf die berufliche Verwertbarkeit präzisiert ist. Hierfür ist im Kollegschulversuch ein Gesamtsystem von 17 Schwerpunkten entwickelt worden. Ich gehe darauf an dieser Stelle nicht näher ein (vgl. SCHENK 1981). Der größere Teil der Schwerpunkte bezieht sich auf die erste und die zweite der von Hüllen genannten Berufsgruppen, also auf Berufe, die nicht direkt an Fremdsprachenkenntnisse gebunden sind bzw. nur diese Kenntnisse implizieren.

Der Bildungsgang „Fremdsprachenkorrespondent/Allgemeine Hochschulreife" gehört dagegen der dritten Berufsgruppe an. Er wird im Schwerpunkt 16 des Gesamtsystems, „Sprache und Literatur", angeboten. Die teils geplanten, teils realisierten Bildungsgänge dieses Schwerpunktes sind:

– Assistent an Bibliotheken (Ausbildungsberuf, mit der Möglichkeit zur Doppelqualifikation)
– Literaturwissenschaft (AHR)
– Sprachwissenschaft (AHR)
– Fremdsprachenkundige Stenotypistin (berufsqualifizierender Bildungsgang, dem derzeit kein anerkannter Ausbildungsberuf entspricht)
– Fremdsprachenkorrespondent

– Neue Fremdsprachen (AHR)/Fremdsprachenkorrespondent (als Doppelqualifikation)
– Alte Sprachen (AHR)

Ich hatte oben die Reform der gymnasialen Oberstufe von 1972 als scheinbar letzte Etappe der Auflösung eines inhaltlich fixierten Kanons allgemeinbildender Fächer beschrieben. Ich kann jetzt verdeutlichen, warum sie es nur scheinbar ist. Sie erlaubt zwar den Schülern die individuelle Schwerpunktsetzung und kommt so oberflächlich betrachtet ihren berechtigten Bedürfnissen nach optimaler Studien-und Berufsvorbereitung entgegen, sie liefert ihnen jedoch keine Kriterien dafür, *wie* sie sich auf die gesellschaftlichen Anforderungen vorbereiten sollen, die nach Abschluß der Schule auf sie zukommen. Dabei war es gerade ein Motiv für die Einführung der Wahlfreiheit und des Kurssystems der KMK-Oberstufe gewesen, den Schülern durch die individuelle Schwerpunktsetzung eine berufliche bzw. zunächst eine aufs Studium bezogene Perspektive zu eröffnen. Dies findet zum Beispiel darin seinen Niederschlag, daß BLIESENER/ SCHRÖDER (1977, Kapitel 3) ein Kursprogramm für die neuen Sprachen vorgestellt haben, das erstmals für den Fremdsprachenunterricht in der Oberstufe des Gymnasiums die Anforderungen der Berufs- und Arbeitswelt zu integrieren versucht. Sie unterscheiden zwischen Kursen mit vorwiegend sprachlicher Zielsetzung, mit landeskundlicher und mit literarischer Zielsetzung. Im Rahmen des Kursangebots mit sprachlicher Zielsetzung werden beispielhaft Kurse für Wirtschaftsenglisch bzw. -französisch, für technisches Englisch, Russisch für Naturwissenschaftler usw. vorgesehen. Darüberhinaus sind Übersetzungs- und Dolmetschkurse und Kurse zur Neuerlernung einer Fremdsprache eingeplant (BLIESENER/ SCHRODER 1977, S. 123/124). So positiv nun unter dem Aspekt der Integration beruflicher und allgemeiner Bildung diese Systematisierung von nichtberuflichen und beruflich orientierten Kursen ist, sie ist doch noch nicht curricular angemessen institutionalisiert. Denn selbst wenn eine Schule in der Lage wäre, alle ausgewiesenen Kurse für eine Reihe von Fremdsprachen anzubieten, wüßten die Schüler noch nicht, *welche* Kurse sie sinnvollerweise besuchen sollen, weil sie gar keine Zielvorstellung haben können, wofür sie mit Abschluß der Sekundarstufe II fachlich-beruflich vorbereitet sein sollen. Das heißt, Kurse für Wirtschaftsenglisch oder für technisches Französisch, Übersetzungs- und Dolmetschkurse wären für die Schüler ebenso beliebig in ihrer Zielsetzung wie die traditionell landeskundlichen und literarischen Kursangebote; sie wären für sie in diesem Sinne also auch „allgemeinbildend".

Dieses Dilemma der individuellen Beliebigkeit der Kurswahl ist nur dann lösbar, wenn man den Schülern die Wahl von *Bildungsgängen* ermöglicht, die jeweils in sich curricular abgestimmt sind, damit aber auch die Schüler

– von einem Wahlbereich abgesehen – binden. Diese Schwerpunktsetzung ist im derzeitigen Regelsystem der differenzierten gymnasialen Oberstufe nur in Ausnahmefällen möglich. Viel öfter verlangt dieses System von den Schülern ein zusammenhangloses Lernen in einer Vielzahl von Kursen und Fächern, die nicht aufeinander Bezug nehmen. Nun könnte man diabolisch so argumentieren, daß eben dies die Schüler auf das Leben vorbereite und deshalb didaktisch gut sei, wenn damit nicht eine vagabundierende Lernbereitschaft der Schüler gefördert würde, die dann auch nur zu einer vagabundierenden, sich selbst pervertierenden Kritikfähigkeit und Mündigkeit führen kann.

Dagegen steht im Kollegschulversuch die These, daß derjenige Schüler eine allgemeine Bildung erreichen kann, der in einem ausgewiesenen, begrenzten Spezialbereich kompetent geworden ist. Es ist deshalb festgelegt worden, daß es die Zielvorstellung bei der Auslegung von Bildungsgängen sein soll, den Schülern eine *fachliche Kompetenz* zu vermitteln, die eine berufliche Spezialisierung darstellt und zugleich wissenschaftsorientiert ist.

Ich kann nun meine Ausgangsfrage nach der Möglichkeit einer beruflichen Orientierung des Fremdsprachenunterrichts als These formulieren:

Die berufliche Orientierung des Fremdsprachenunterrichts in unterschiedlichen Bildungsgängen verschiedener Schwerpunkte erleichtert es den Schülern, die Realisierung der allgemeinbildenden Zielsetzung der Sekundarstufe II mit den gesellschaftlichen Ansprüchen der Berufsvorbereitung zu vermitteln.

Diese These ist im folgenden curricular zu konkretisieren. Es versteht sich, daß die Betätigung der These nur in einem gründlichen Evaluationsprogramm geleistet werden kann, das in seiner Gestalt und seinen Fragestellungen über die herkömmliche Leistungsmessung im Fremdsprachenunterricht hinausgehen muß (vgl. dazu den Beitrag von KORDES in diesem Band). Vorschläge zur Bestimmung der Zielsetzungen des Fremdsprachenunterrichts in Bildungsgängen anderer Schwerpunkte (Naturwissenschaften, Wirtschaftswissenschaft, Erziehung und Soziales) sind an anderer Stelle gemacht worden (M. A. MEYER 1980).

(2) Argumente gegen die berufliche Orientierung des Fremdsprachenunterrichts

Argumente gegen die berufliche Orientierung beziehen sich nicht so sehr auf die bildungstheoretische Plausibilität als vielmehr auf die curriculare Machbarkeit des Reformvorschläge. Drei Argumente scheinen mir besonders wichtig. Ich beziehe mich bei ihrer Erörterung auf ein Gutachten von

W. HÜLLEN (1976): „Zum Problem des berufsorientierten Fremdsprachenunterrichts in der Sekundarstufe II".

Erstes Gegenargument:
Selbst wenn eine berufliche Orientierung des Fremdsprachenunterrichts
bildungstheoretisch legitimiert sein sollte und deshalb als realisierenswert
erachtet werden kann, sind doch die für einen derart veränderten Fremd-
sprachenunterricht qualifizierten Lehrer nicht vorhanden.
Dies Argument ist insofern richtig, als heute tatsächlich die für einen beruflich orientierten Fremdsprachenunterricht qualifizierten Lehrer selten sind. Auch wenn ein Lehrer die Fakultas für z. B. Englisch und Ökonomie oder Französisch und ein naturwissenschaftliches Fach haben sollte, sein Fremdsprachenunterricht läuft in Bahnen, die inhaltlich mit dem Ökonomieunterricht oder dem naturwissenschaftlichen Unterricht nichts zu tun haben. Das Argument ist dennoch insofern irreführend, als es für jeden Reformvorschlag gilt, daß dadurch der *status quo* geändert werden muß; sonst wäre es ja gar kein Reformvorschlag. Das heißt konkret: In dem Ausmaße, in dem es gelingt, Fremdsprachenlehrer davon zu überzeugen, daß eine berufliche Orientierung für ihren Unterricht eine Verbesserung darstellt, wird man sie auch dazu motivieren können, sich in die neuen Sachbereiche einzuarbeiten. Daß eine solche Einarbeitung – durch Lehrerfortbildungsmaßnahmen und als Reform des Lehrerstudiums und des Referendariats – nicht möglich ist, wäre eine unsinnige Annahme. Sie implizierte, daß sich der Fremdsprachenunterricht überhaupt nicht bewußt steuernd verändern läßt, obwohl er sich doch – im historischen Rückblick – ständig verändert hat.

Zweites Gegenargument:
In der Kollegschule muß man sich viel zu früh, nämlich schon in der Klasse
11, für einen inhaltlichen, zugleich berufs- und studienbezogenen Schwer-
punkt entscheiden; am Gymnasium erhält man dagegen die „allgemeine
Hochschulreife" ohne eine solche Entscheidung.
Auch dieses Argument findet bei Hüllen seine konkrete Anwendung auf den Fremdsprachenunterricht:

„Da eine präzise und endgültige Berufsentscheidung nur in den seltensten Fällen drei Jahre vor dem Abitur erfolgt, kann die Wahl der Berufsorientierung innerhalb des Englischunterrichts der Sekundarstufe II kaum jemals begründet sein. Konkrete Berufe durch allgemeine Berufsfelder wie Technik, Wirtschaft, Gestaltung, Hauswirtschaft und Sozialarbeit zu ersetzen, löst das Dilemma nur unvollkommen."
(HÜLLEN 1976, S. 202)

Hiermit hat Hüllen sicherlich recht, wenn er mit der Sekundarstufe II die differenzierte gymnasiale Oberstufe meint. Denn was sollte es schon nüt-

zen, in einer Grundkurs- oder Leistungskursfolge einen Kurs Wirtschaftsenglisch oder Technisches Französisch anzubieten (s. o.), solche Kurse
hingen für die Schüler in der Luft. Allerdings ist in Hüllens Argumentation
nach meiner Meinung ein Fehler. Daß die Schüler in der gymnasialen
Oberstufe nicht berufsorientiert ihr Curriculum anlegen, muß ja nicht
daran liegen, daß diese Entscheidung in der Klasse 11 zu früh ist. (Immerhin muß die Mehrheit der Jugendlichen, die Hauptschul- und Realschulabsolventen etc., schon nach der Klasse 9 bzw. 10 eine solche Entscheidung treffen.) Der Grund kann auch darin liegen, daß die Schüler
aufgrund der Organisationsstruktur der gymnasialen Oberstufe dazu gedrängt werden, die Berufsorientierung aus dem Blick zu verlieren, obwohl
sie eigentlich ein Bedürfnis dazu haben. Denn wer sich zu Ende der Jahrgangsstufe 11.1, nachdem er ein relativ breites Grundkursangebot absol-
viert hat, für zwei Leistungskursfächer (als 1. und 2. Abiturfach) und zwei
weitere Grundkursfächer (als 3. und 4. Abiturfach) entscheidet, hat damit
in der Regel auch schon die Weichen für seinen nachschulischen Werdegang
gestellt. Eben dies muß im Unterricht expliziert werden. Nicht, daß Kurskorrekturen unmöglich wären – das sind sie natürlich auch bei einem beruflich orientierten Unterricht nicht – aber sie bedeuten für den Schüler allemal einen erheblichen zusätzlichen Arbeitsaufwand, um den Anschluß an
den Kenntnis- und Kompetenzstand der Mitschüler wieder zu erreichen.
Die Thematisierung der nach der Schule anstehenden Studien- bzw. Be-
rufswahl schon in der Klasse 11, besser noch in der Klasse 10, ist deshalb
sinnvoll und nicht nur die Thematisierung sondern auch die Erarbeitung
eines die einzelnen zu belegenen Fächer bestimmenden Gesamtcurricu-
lums.

Drittes Gegenargument:
Die Ausrichtung auf berufliche Qualifikationen im Fremdsprachenunter-
richt stellt eine Einengung gegenüber dem traditionell breiten Lernangebot
der Gymnasien dar.
Hüllen stellt fest, daß bis zur Erstellung seiner Arbeit die Berufsorientierung für den Bereich der Fremdsprachen fast überhaupt noch nicht in An-
griff genommen worden ist, obwohl die Argumente, die vom DEUT-
SCHEN BILDUNGSRAT (1970) zur Neuordnung der Sekundarstufe II
vorgebracht worden sind, dies eigentlich nahelegen müßten. Auch 1980 hat
sich, so müssen wir hinzufügen, daran nicht viel geändert. (Die Ausnahme,
BLIESENER/SCHRÖDER 1977, habe ich oben erörtert.)
    HÜLLEN (1976, S. 176/177) schreibt:

„Es darf als sicher angenommen werden, daß die Forderung nach beruflicher Orientierung der Curricula der Sekundarstufe II auf ein allgemeines Unbehagen ant-
wortet, das gegenüber der bisherigen Konzeption des gymnasialen Schulwesens ent-

standen ist. Sein Selbstverständnis als wissenschaftspropädeutische Schule schloß eine Hinwendung zu beruflichen Tätigkeiten aus, ja lehnte Aufgaben im Sinne einer solchen Vorbereitung strikt ab. Die darin eingeschlossene Behauptung, auf diesem Wege werde zu allen Berufen, die eine wissenschaftliche Vorbereitung erfordern, gleichermaßen hingeführt, erwies sich in der Praxis nur zu oft als unrealistisch. Die allenthalben beklagten, bis zu politischer Brisanz angeschwollenen Schwierigkeiten beim Übergang von der Schule zur Universität legen hierfür beredtes Zeugnis ab.

Umso erstaunlicher ist es, daß die vorliegenden Entwürfe für neue Curricula der gymnasialen Sekundarstufe II dem Grundgedanken einer Integration von wissenschaftspropädeutischen und berufsorientierten Lehrplänen kaum Rechnung tragen."

Hüllen fragt dann nach den Ursachen und stellt fest, daß sich das Unbehagen am traditionellen Fremdsprachenunterricht vor allem darin auswirkte, daß die Vorrangstellung der Literatur, „bisher deutlichstes Symptom der a-praktischen Gymnasialkonzeption", in allen Entwürfen für Curricula und Kurskonzepte gebrochen sei, daß an ihre Stelle aber nicht etwa eine „praktisch-berufsorientierte Perspektive" trat, sondern eine Orientierung an Themen, die ein Interesse an „Tagesaktualitäten" verrät und kaum berufsvorbereitenden Charakter hat. Den Grund dieser Flucht in die Tagesaktualitäten sieht Hüllen darin, daß ein berufsorientierter Fremdsprachenunterricht in der Oberstufe als nicht machbar und auch für die Mehrheit der Curriculumplaner gar nicht wünschbar empfunden wird:

„Wissenschaftspropädeutik über die begrenzte Thematik eines berufsorientierten Fremdsprachenunterrichts anzustreben, hat sich offenbar als zu schwierig für die Curriculum-Planer – deren Wille zu Innovationen nicht bezweifelt wird – erwiesen und prallt auch gegen die derzeit unbeantwortete Frage, welcher Lehrer einen solchen Unterricht erteilen soll. Es ist in diesem Zusammenhang auch von nicht zu unterschätzender symptomatischer Bedeutung, daß sich hier das allgemeine Interesse an den Lebensformen und den Problemen jener Menschen, deren Sprache man erlernt, durchsetzt gegenüber einer Unterrichtsplanung, die diese fremde Sprache ausschließlich – oder auch nur vorwiegend – entweder als Vehikel der Mitteilung oder als Vorbereitung auf wissenschaftliche Studien betrachtet."
HÜLLEN 1976, S. 178)

Die Berufsorientierung wird von vielen Gymnasiallehrern und Fachdidaktikern als *einengende Begrenzung* empfunden. Sprache werde zu einem bloßen „Vehikel der Mitteilung". Es fragt sich also, was dieser umfassendere Bildungsanspruch ist, den der Fremdsprachenunterricht traditionell erhoben hat. Hüllen sieht diesen Anspruch darin, daß die Geschichte des Fremdsprachenunterrichts „immer wieder bestimmt gewesen [ist] von einer didaktischen Konzeption, die den Unterricht in einer fremden Sprache als erweiterte Lebenserfahrung begreift" (HÜLLEN 1976, S. 179). Die Frage, ob eine berufliche Orientierung des Fremdsprachenunterrichts aufgrund der in der Schule zu leistenden Prüfungsvorbereitungen und beruflichen Qualifikationen zu einer Beschränkung oder zu einer Ausweitung der

Erfahrungsmöglichkeiten der Schüler führen wird, ist deshalb m. E. von zentraler Bedeutung für die längerfristigen Erfolgschancen des in diesem Reader vorgestellten Bildungsgangs.

Eine Antwort auf die Frage kann an dieser Stelle nicht erfolgen. Die Zielvorstellung ist jedoch klar: Bildungsgänge, in denen berufliche und allgemeine Bildung integriert werden, sind dann als erfolgreich und curricular gelungen zu betrachten, wenn die einbezogene berufliche Qualifikation nicht als lästig und künstlich aufgepfropft erscheint, sondern als positive Materialisierung der in den allgemeinen Zielsetzungen des Fremdsprachenunterrichts implizierten Erweiterung der Erfahrungsmöglichkeiten.

(3) Das Konzept der Doppelqualifikation im Rahmen des Kollegschulversuchs

Doppeltqualifizierend sind im Rahmen des Kollegschulversuchs u. a. Bildungsgänge, die zugleich eine anerkannte Berufs- *und* eine Studienqualifikation vermitteln. Der doppeltqualifizierende Bildungsgang „Fremdsprachenkorrespondent/Allgemeine Hochschulreife" vermittelt zugleich die Qualifikation des Fremdsprachenkorrespondenten und er erfüllt die Anforderungen für die Allgemeine Hochschulreife entsprechend den Vorschriften der KMK-Oberstufe. Doppelqualifikation ist also wesentlich mehr als nur die berufliche Orientierung des Unterrichts; sie ermöglicht es nach dem Abitur, entweder den Beruf auszuüben, für den man sich qualifiziert hat oder ein Studium anzuschließen. Es muß deshalb erläutert werden, inwiefern die Doppelqualifikation „Fremdsprachenkorrespondent/Allgemeine Hochschulreife" als *Modell* für den Fremdsprachenunterricht in der Sekundarstufe II überhaupt gelten kann.

Aus den Argumentationen des ersten Abschnittes meines Beitrags sollte deutlich geworden sein, daß die Integration beruflicher und allgemeiner Bildung nicht additiv erfolgen darf, wenn sie sich nicht selbst pervertieren soll. Denn während für die beruflichen Anforderungen des Fremdsprachenkorrespondenten, teilweise auch für die im Tertiärbereich in unterschiedlichen Fremdsprachenstudiengängen zu leistende Qualifizierung zum Fremdsprachenlehrer, inhaltliche Aussagen darüber gemacht werden können, was für Kenntnisse und Kompetenzen erforderlich sind, ist dies für die allgemeinbildende Seite so nicht möglich, es sei denn, man gibt die pauschale Auskunft, daß den Schülern eine *kommunikative Kompetenz* in den fremden Sprachen zu vermitteln sei. Höchst verschiedenartige Kenntnisse und Kompetenzen können als Zielsetzungen des allgemeinbildenden Fremdsprachenunterrichts ausgewiesen werden und sind auch ausgewiesen worden. Allerdings ist für den Schüler diese Beliebigkeit nicht so offensichtlich: im Zeitraum von drei Jahren wird er in der KMK-Oberstufe mit einem bestimmten Kursangebot konfrontiert, das ihm realiter nur beschränkte Alternativen eröffnet; wir haben das oben erörtert. Die Spezialisierung im Bildungsgang „Neue Fremdsprachen/Fremdsprachenkorrespondent" ist deshalb aus der Schülerperspektive zunächst einmal ebenso speziell wie irgendeine andere der in der KMK-Oberstufe denkbaren Fächerkombinationen und Kursfolgen.

Dagegen bedarf die im Bildungsgang angestrebte Berufsqualifikation einer tiefergehenden Begründung. Wir haben uns dafür entschieden, den Schülern, die sich besonders für neue Fremdsprachen interessieren, die Qualifikation zum Fremdsprachenkorrespondenten anzubieten, weil sie die erste berufliche Qualifikation im Bereich des Übersetzungs- und des Dolmetschwesens darstellt und derart sinnvollerweise eine weitere berufliche Qualifikation nach Abschluß der Kollegschule anschließen kann, wenn die Schüler nicht direkt in ihren Beruf als Fremdsprachenkorrespondent eintreten wollen. Sie können in einem dualen, kaufmännischen Ausbildungsgang die Ausbildung zum Fremdsprachenkaufmann anstreben; sie können auch ein Diplomstudium für Dolmetscher oder Übersetzer anschließen.

Viel wichtiger ist jedoch ein zweites Argument für die Berufsqualifikation. Wenn der Fremdsprachenunterricht in der Sekundarstufe II in Zukunft stärker als bisher die tatsächlichen Verwertungssituationen fremdsprachlicher Kenntnisse und Kompetenzen curricular berücksichtigen soll, dann müssen die Lehrer, die einen derart erweiterten Fremdsprachenunterricht – an allen Schultypen und nicht nur in der Sekundarstufe II – erteilen sollen, auch die Möglichkeit erhalten, einmal aus dem Regelkreis der Schule herauszukommen. *Die Orientierung des Fremdsprachenunterrichts in der Sekundarstufe II auf fremdsprachliche Handelskorrespondenz, Übersetzen und Dolmetschen ist so zugleich eine notwendige Berufspropädeutik für zukünftige Fremdsprachenlehrer.*

Eine Entscheidung für die Doppelqualifikation erscheint uns deshalb auch dann sinnvoll, wenn für einen oder – wie das heute der Fall ist – sogar für beide Berufsbereiche das zu erwartende Angebot an qualifizierten Bewerbern viel größer als die Zahl der angebotenen freien Stellen ist.

Im nachfolgenden Bildungsgangskonzept sind die von den Schülern zu belegenden Fremdsprachen zunächst Englisch und Französisch. Es besteht im Wahlbereich eine beschränkte Möglichkeit, Spanisch- oder Russischkurse zu belegen. Bei entsprechendem Interesse sollen auch Spanisch oder Russisch als Leistungskursfächer angeoboten werden. Die Prüfung zum Fremdsprachenkorrespondenten wird vor einer Industrie- und Handelskammer abgelegt; sie setzt kein Ausbildungsverhältnis voraus.

Was wird nun von Fremdsprachenkorrespondenten, Übersetzern und Dolmetschern einerseits, von Fremdsprachenlehrern andererseits in der Zukunft an fremdsprachlichen Berufsqualifikation erwartet? Diese Frage zu beantworten, ist – wie gesagt – schwierig. Einfacher als eine langfristige Bedarfsprognose ist die Ermittlung des Ist-Standes der Anforderungen für die beiden Qualifikationen, die im Bildungsgang „Fremdsprachenkorrespondent/Allgemeine Hochschulreife" vermittelt werden sollen. Zugleich ist aber die Verwertung dieser Analyse problematischer, denn ich hatte ja gerade so argumentiert, daß eine Orientierung an den beruflichen Verwertungsmöglichkeiten fremdsprachlicher Kenntnisse für zukünftige Fremdsprachenlehrer nötig ist, frage nun aber, was traditionell als allgemeinbildend ausgewiesen wird, um es mit beruflich orientierten Zielsetzungen zu vermitteln. Dieser „Rückschritt" ist jedoch konsequent, wenn über die Ausarbietung des Reformvorschlags nicht der Kontakt zur Realität, zum alltäglichen Fremdsprachenunterricht, verloren gehen und dadurch der Modellcharakter des Bildungsgangs gefährdet werden soll (vgl. HANISCH/M. A. MEYER/TERHART 1979).

Unsere Frage lautet deshalb: Was wird von einem Schüler erwartet, der sich bei einer Industrie- und Handelskammer zur Fremdsprachenkorrespondentenprüfung meldet? Und was wird gängigerweise von einem Schüler erwartet, der sich für das Abitur die beiden Leistungskursfächer Englisch und Französisch gewählt hat?

Curriculare Orientierungswerte sind dabei für die Allgemeine Hochschulreife vor allem die Regelungen zur Aufgabenstellung in der schriftlichen und in der mündlichen Abiturprüfung in Nordrhein-Westfalen für die beiden Kernfächer des Schwerpunktbereichs, Englisch und Französisch (vgl. Runderlass des Kultusministers vom 7. 12. 1976: schriftlich Englisch, Az. III A 1.36–20/0 Nr. 3242/76; vom 29. 6. 1976: mündlich Englisch, Az. III A 1.36–2O/0 Nr. 2057/76; vom 13. 12. 1976: schriftlich Französisch, Az. III A 1.36–20/0 Nr. 3283/76; und vom 22. 10. 1976: mündlich Französisch, AZ. III A 1.36–20/ Nr. 2772/76). Für die Erfüllung der berufsqualifizierenden Anforderungen richtet sich unser Bildungsgang nach der Prüfungsordnung der Industrie- und Handelskammer zu Düsseldorf vom 15. 11. 74 (vgl. NÖLKEN in diesem Band).

Für die Aufgabe der *fremdsprachlichen Handelskorrespondenz* (als der ersten Stufe einer beruflichen Qualifizierung im Bereich des Dolmetsch- und Übersetzungswesens) sind alle Arten der intra- und interlingualen *Textverarbeitung* wichtig. Als Aufgaben lassen sich ausweisen: Aufnahme von Gesprächen in den fremden Sprachen, Telefonverkehr, Diktate bzw. Stichwortdiktate, Hinüber- und Herübersetzung von Geschäftsbriefen (Anfragen, Bestellungen, Mahnungen), Übersetzung von Betriebsanleitungen, Urkunden, Protokollen, Sichtung von Sachtexten und Fachliteratur, Erstellung von Abstracts, standardisierte, thematisch abgegrenzte Fachgespräche, Informationsweitergabe in der Muttersprache wie in den Fremdsprachen einschließlich Dolmetschen, Anfertigung von Notizen, Mitschriften usw.

Für die Aufnahme eines *philologischen Studiums* sind primär Techniken der *Textinterpretation* und damit *literatur- und sprachwissenschaftliche Kenntnisse* erforderlich, weiter die Fähigkeit zur *Diskussion* und zur *argumentativen Darstellung*. Hinzu kommen Lesetechniken, allgemeine Studienfertigkeiten wie ein kritischer Umgang mit wissenschaftlichen Texten, *Essay writing*, usw..

Bei einer genaueren Analyse der zunächst offensichtlich unterschiedlichen Anforderungen für philologische und für sprachmittelnde Berufe im engeren Sinne läßt sich nun zeigen, daß die traditionellen Abituranforderungen für die berufliche Qualifikation ausgenutzt werden können und daß umgekehrt die berufsqualifizierenden Anforderungen der Auslegung des auf das Abitur bezogenen Curriculums eine Perspektive geben, die zu einem vertieften Verständnis fremdsprachlicher Kommunikation und zugleich zu einer erweiterten fremdsprachlichen kommunikativen Kompetenz führen.

Dies sei mit drei Beispielen verdeutlicht:

(1) Das Diktat wird im Gymnasium traditionell für die Oberstufe gering bewertet, selbst wenn es von vielen Praktikern eingesetzt wird, weil sich damit der Stand der Vokabel- und Satzstrukturkenntnisse der Schüler überprüfen läßt. In der Ausbildung zum Fremdsprachenkorrespondenten hat dagegen das Diktat seinen festen Platz. Es gehört zu den alltäglichen Aufgaben einer Fremdsprachenkorrespondentin, Diktate aufzunehmen bzw. auf einer anspruchsvolleren Stufe stichwortartig Briefentwürfe aufzunehmen und dann diese Diktate in die standardisierte Briefform umzuschreiben. In der Kollegschule kann die gymnasiale Funktion des Diktats, Kontrollinstrument sein, mit der beruflichen Verwertungsfunktion vermittelt werden.

(2) Im Bereich der mündlichen Kommunikation ist im berufsbildenden Bereich die Konversation, das sozial angemessene Gespräch wichtig, und zwar sowohl in *face-to-face*-Kommunikation wie über das Telefon. Dagegen stehen in der Oberstufe des Gymnaisums die Darstellung, Diskussion und Argumentation landeskundlicher, politischer o. a. Themen im Vordergrund. Im Kollegschulversuch kann als Integrationstyp dieser beiden mündlichen Kommunikationsformen die Gesprächsvermittlung und – anspruchsvoller – die Gesprächsführung stehen. Die Schüler können dann erlernen, sich sprachmittelnd-strategisch in Kommunikationssituationen so zu verhalten, daß sie ihre eigene kommunikative Zielsetzung realisieren: Diese mag etwa – im einfachsten Falle – darin bestehen, wortgetreu zu übersetzen, was zwischen einem Angehörigen der Fremdsprache und einem Deutschen verhandelt wird; sie kann aber soweit gehen, daß die Schü-

ler selbst versuchen, etwa einen zunächst bestehenden Dissens in einen Konsens zu verwandeln, der ihnen selbst akzeptabel erscheint, daß sie selbst ein Gespräch mit mehreren Beteiligten „führen".

(3) Für den Bereich schriftlicher Kommunikation ist insgesamt die Bewältigung des Geschäftsverkehrs als zentrale Aufgabe der Fremdsprachenkorrespondenz anzusehen, und das heißt vor allem, die Befähigung zur Produktion einer Vielzahl von mehr oder weniger standardisierten Brieftypen (Anfragen, Angebote, Mahnungen, Zahlungsanweisungen usw.). Für den Bereich der gymnasialen Oberstufe stehen dagegen die philologische Textinterpretation und die Entfaltung eines gegebenen Themas nach eigenen Kriterien (Bericht, Bewertung, Argumentation usw.). im Vordergrund. Die Erledigung des Geschäftsverkehrs, die Textinterpretation und die Themaentfaltung stellen unterschiedliche Arten des Umgangs mit Texten, und das heißt, Arten der Textverarbeitung dar. Während dabei nun im berufsbildenden Bereich die standardisierte Textverarbeitung zu lasten der reflexiven Analyse geht, wird im Gymnasium der Aspekt der Sprachmittlung zurückgedrängt: Die Themenentfaltung und die Interpretation werden so geübt, wie sie letztlich auch im Deutschunterricht stattfinden könnten. Die im engeren Sinne linguistischen und die sozio-kulturellen Differenzen zwischen Muttersprache und Fremdsprache kommen gar nicht als Kommunikationsprobleme in den Blick. Sie können in der Kollegschule in einer Sprachmittlung und reflexive Interpretation integrierenden Textverarbeitung ins Zentrum gerückt werden.

Die Qualifikationsanforderungen für das Abitur in den neuen Fremdsprachen und für die fremdsprachliche Korrespondenz lassen sich also, das ist die These, weitgehend zur Deckung bringen, wenn man bereit ist, das jeweils Spezifische auch für den anderen Bereich anzuerkennen. Je besser also im Schulversuch die Integration der Anforderungen für die Abiturprüfung mit den Anforderungen für die Prüfung zum Fremdsprachenkorrespondenten gerät, um so leichter fällt den Schülern die Doppelqualifiaktion (vgl. dazu M. A. MEYER 1977, S. 185).

(4) Die curriculare Auslegung eines doppeltqualifizierenden Bildungsgangs „Fremdsprachenkorrespondent/Allgemeine Hochschulreife"

Nach der Erörterung der Frage, ob eine Doppelqualifikation beruflicher wie studienqualifizierend-allgemeinbildender Natur im Bereich der neuen Fremdsprachen möglich ist, möchte ich im folgenden vier Kriterien der Kursplanung darstellen und dann die konkrete Kursplanung für den Bildungsgang „Fremdsprachenkorrespondent/Allgemeine Hochschulreife" des Kollegschulversuchs erörtern.[1]

Die vier Kriterien sind:
- fremdsprachliche Fertigkeiten („skills")
- Sachbereiche und Themen
- Texte und Textsorten
- kommunikative Zielsituationen, die zu bewältigen die Schüler erlernen sollen.

(Vgl. dazu die Ausführungen von oben zu einem „Strukturgitter" für den Fremdsprachenbereich und M. A. MEYER 1981).

Fremdsprachliche Fertigkeiten:
Die Notwendigkeit, die fremdsprachlichen Fertigkeiten des Hörens (Hörverstehens), Sprechens, Lesens (Leseverstehens) und Schreibens zunächst isoliert und dann auch integrierend im Fremdsprachenunterricht der Sekundarstufe II und nicht etwa nur im Anfangsunterricht in der Sekundarstufe I zu fördern, ist heute wohl unbestritten; auch wenn die Schüler den „fundamentalen Spracherwerb" schon abgeschlossen haben, kann nicht davon ausgegangen werden, daß ihre fremdsprachlichen Fertigkeiten ausreichend entwickelt seien und nur noch im Literatur-, Sprachunterricht, in der Landeskunde usw. integriert gefördert werden müßten.

Die Orientierung des Unterrichts auf fremdsprachliche Fertigkeiten erlaubt eine systematische Progression von den mündlichen zu den schriftlichen Kommunikationsformen und vom Rezeptiven zum Produktiven; sie erlaubt es, zum Beispiel gezielt unterschiedliche Lesetechniken (globales, detailliertes, selektives Leseverstehen) oder unterschiedliche Schreibtechniken (Aktennotiz, Bericht, Komposition und Korrektur usw.) zu vermitteln, die für eine spätere Lektüre wissenschaftlicher Fachliteratur oder die Erstellung eigener Hausarbieten nützlich werden können; sie macht es möglich, die berufsrelevanten Fertigkeiten der Hinüber- und Herübersetzung und – ansatzweise – auch des Dolmetschens zu fördern und zu thematisieren und nicht etwa nur, wie in der Vergangenheit üblich, mündliches und schriftliches Übersetzen als Übungsformen einzusetzen (vgl. dazu BAUSCH 1977 und 1979). Die Kurstafel auf S. 38 deutet die intendierte *skill*-Progression an. Nach einer Diagnose und ersten Förderung aller vier fremdsprachlichen Grundfertigkeiten (mit oder ohne Einbezug des Übersetzens und Dolmetschens) in der Jahrgangsstufe 11.1 werden zunächst kombiniert Hörverstehen und Sprechen in 11.2 und dann in der Jahrgangsstufe 12.1 das Schreiben (als „Resultat-skill") gefördert; danach werden in den Jahrgangsstufen 12.2 bis 13.2 die fremdsprachlichen Fertigkeiten in die umgreifenden Zielsetzungen der Textinterpretation, Textverarbeitung, Gesprächsführung usw. integriert.

Sachbereiche und Themen:
Sinnvolle Kommunikationssituationen sind immer thematisch bestimmt.
Man spricht *über* etwas, auch wenn man eine fremde Sprache erlernt. Für
einen Bildungsgang mit beruflicher Orientierung ist die Auswahl der zu
behandelnden Sachbereiche angesichts der Mannigfaltigkeit insgesamt
möglicher Themen besonders wichtig.

Die folgenden Themenfelder/Sachbereiche sollen in den fremdsprachlichen Kursfolgen des Bildungsgangs Berücksichtigung finden:
1. *Sozio-ökonomischer Bereich:*
   Wirtschaft
   Politik, Recht und Verwaltung
   Technologien und Naturwissenschaften
2. *Sozio-kultureller Bereich, Teilbereich Sprache und Literatur:*
   Literatur
   Sprache
   Film, Funk, Fernsehen
3. *Sozio-kultureller Bereich, Teilbereich öffentliche und private Lebenswelt:*
   kulturelles Leben, Gesellschaft, Geschichte
   Freizeit
   private Alltagswelt.

Zwei Aspekte der Bildungsgangplanung erscheinen dabei besonders wichtig. Zum einen kann die gegenseitige Abstimmung der Kursthemen das traditionell unvermittelte Nebeneinander verschiedener Fremdsprachen auf-
heben. Zum anderen kommen dem Sachbereich Wirtschaft für die
berufliche Orientierung auf die sprachmittelnden Berufe und den Sachbereichen Sprache (Reflexion über Sprache, Sprachtheorie) und Literatur im
Hinblick auf die Vorbereitung eines neuphilologischen Studiums besondere Bedeutung zu.

Wie die nachfolgenden Kursauslegungen zeigen, ermöglicht die berufliche Orientierung des Bildungsgangs dabei zugleich eine plausible Strukturierung der „allgemeinbildenden" Anteile. So erscheint etwa Literatur als
Sachbereich mit Bezug auf die Rolle des Schriftstellers in der Gesellschaft
bzw. unter dem Aspekt der Produktion, Distribution und des Konsums
von Literatur; andererseits wird das Thema Sprache im Hinblick auf eine
spätere berufliche Tätigkeit als Fremdsprachenlehrer unter dem Aspekt der
Schwierigkeiten beim Erlernen einer Fremdsprache („Learning a Foreign
Language: What are the Difficulties, and Why?") bzw. unter dem für die
standardisierte Kommunikation der Geschäftswelt ebenso wie für die
Sprachlehre wichtigen Aspekt der Sprachnorm („Langue et Norme") behandelt.

Texte und Textsorten:

Maßgeblich vorangetrieben durch die lebhafte Entwicklung der Linguistik und in ihrem Rahmen der Sprechakttheorie und Sprachpragmatik entstand auch im neusprachlichen Bereich ein umfassenderes und fundierteres Verständnis für Texte und Texttheorien, als es die traditionelle Unterscheidung literarischer Gattungen zuließ (vgl. neben anderen: WERLICH 1974, WERLICH 1976, ROTTER/BENDL 1979).

Die sprachliche Analyse von Texten läßt sich auf drei Ebenen fixieren. Erstens, Texte (schriftlicher Bereich) bzw. Gespräche und Diskurse (im Englischen *discourse*, mündlicher Bereich) sind im Hinblick auf die Beziehung einzelner Zeichen zueinander – in der semiotischen Theorie ist das die Ebene der Syntaktik –, auf die Beziehung zwischen den Zeichen und der sprachlich konstituierten oder sprachlich abgebildeten Realität – dies ist die Ebene der Semantik – und im Hinblick auf die Verwendung der Zeichen durch die Zeichenbenutzer – die Ebene der Pragmatik – zu unterscheiden. Zweitens, es ist in einer transphrastischen (den isolierten Satz überschreitenden) Analyse zu untersuchen, wie der Zusammenhang einzelner Sätze ein Ganzes generiert, das als in sich geschlossener Text verstanden werden kann (Extension und Delimitation der Texte). Drittens, die Texte sind im Hinblick auf ihre Zugehörigkeit zu unterschiedlichen Textsorten zu beschreiben: darstellende Texte, Überredungstexte, Texte stärker expressiver Natur, das weite Spektrum literarischer Gattungen und Texte aus der Berufswelt. In welchem Umfang die Kenntnis dieser Texte rezeptiv oder auch produktiv verlangt werden kann, ergibt sich wiederum aus der intendierten Verwertung der fremdsprachlichen Kenntnisse. Es ist offensichtlich, daß bei der Auslegung eines doppeltqualifizierenden Bildungsgangs insgesamt eine Erweiterung des Spektrums behandelter Textsorten zu verzeichnen ist, nicht eine Einengung.

Kommunikative Zielsituationen:

Oben wurde schon von den Verwertungs- bzw. Verwendungssituationen gesprochen, *für die* fremdsprachliche Kenntnisse und Kompetenzen in der Schule vermittelt werden sollten. Der Terminus „kommunikative Zielsituationen" deutet die fachdidaktische Transformation dieses Schlüsselbegriffs der intendierten Neuorientierung des Fremdsprachenunterrichts an. Was für Kommunikationssituationen fremdsprachlich-sprachmittelnder Art sollen die Schüler zu meistern lernen?

Die denkbaren kommunikativen Zielsituationen, auf die hin die Beschäftigung mit den verschiedenen Sachbereichen und den ihnen entsprechenden Textsorten bzw. Diskurstypen in unserem Bildungsgang erfolgen kann, sind breit gefächert. Die folgende Liste soll vor allem diese Breite andeuten; sie ist nicht als vollständige Aufzählung mißzuverstehen.

36

TEXTSORTEN, DISKURSTYPEN:	KOMMUNIKATIVE ZIELSITUATIONEN:
Geschäftsbriefe	Geschäftsverkehr (hier: Export und Import)
Fachaufsätze	Fremdsprachliche Informationsentnahme (hier: für bestimmte Wirtschafts- und Industriezweige; soziologische und politikwissenschaftliche Analysen; fachwissenschaftliche Information)
Berichte, Aufsätze, Reportagen in Zeitungen und Zeitschriften	Private Informationsentnahme; gezielte Informationsentnahme für berufliche Zwecke (Wirtschaft, Verwaltung und Industrie)
Facharbeiten/Referate Kommentare	Rezeptiv: Information und Meinungsbildung (hier: zu Fragen, die die Länder der jeweiligen Zielsprache betreffen); produktiv: Stellungsnahme zu bestimmten Fragestellungen
Diktate	Kommunikative Dienstleistungen: Erstellung von Geschäftsbriefen, Aktennotizen, etc.
Gespräche	Kontaktaufnahme, Kundengespräch über bestimmte Sachprobleme, private Kommunikation
Interviews	Information, speziell über die Meinung/Stellungnahme, den Informationsstand des Gesprächspartners
Diskussion, Argumentation, Debatte	(Strategische) Kommunikation zum Zwecke der Überzeugung des Gesprächspartners mit unterschiedlichen Freiheitsgraden im Hinblick auf die Eingrenzung des Themas und die Verwendung der kommunikativen Mittel
Fiktionale und nicht-fiktionale Literatur	Literarität und Fiktionalität von Texten verstehen und solche Texte selbst produzieren, soweit das nötig ist (vgl. RÜCK in diesem Band: Literarität als kommunikative Dimension in vielen Bereichen menschlicher Verständigung).

Ein Problem scheint mir im Zusammenhang der Erörterung der Textsorten, Diskurstypen und kommunikativen Zielsituationen besonders klärungsbedürftig. Es ist dies der Anteil und der Ort der Fachsprachen bzw. der fachsprachlichen Kommunikation in einem fremdsprachlichen Curriculum. Daß bei einer beruflichen Orientierung des Fremdsprachenunterrichts die Fachsprachen irgendwie berücksichtigt werden müssen, scheint einleuchtend, sind doch auch das für die Interpretation literarischer Texte erforderliche Vokabular und entsprechende Register fachsprachlich. Es fragt sich nur, wann und wie stark in den verschiedenen Fremdsprachen in der Sekundarstufe II die fachsprachliche Orientierung einsetzen soll. Dabei ist das Argument *gegen* die fachsprachliche Orientierung zu berücksichtigen, daß man sich, sofern eine gute allgemeinsprachliche Ausbildung erfolgt ist, ein fachsprachliches, spezifisches Additum relativ leicht im Beruf aneignen könne, daß dies aber umgekehrt von der Fachsprache zur Gemeinsprache hin nicht so leicht möglich sei; außerdem läßt sich das jeweils am konkreten Arbeitsplatz benötigte Fachvokabular sowieso nicht in der Schule antizipieren (vgl. BAUSCH u. a. 1978 und BENEKE in diesem Band). Andererseits kann eben dies Argument auch *für* eine stärkere fachsprachliche Orientierung sprechen, wenn man sich nämlich fragt, wie für die Schüler die Anforderungen im Bereich der Fremdsprachen erleichtert werden können. Wer zum Beispiel in dem Sachbereich Wirtschaft schon kompetent ist, etwa weil das Fach Wirtschaftswissenschaft – wie in unserem Bildungsgang – eins der Abiturfächer ist, dem wird es leichter fallen, in der fremden Sprache über Probleme aus diesem Bereich zu kommunizieren.

Ich habe jetzt mehr Probleme aufgeworfen als Probleme gelöst, meine aber, daß viele der Fragen, die zunächst in unterschiedliche Richtungen zu drängen scheinen, bei einer wohlüberlegten curricularen Planung eine positive Lösung des Integrationsproblems zulassen. Insgesamt soll im Bildungsgang „Fremdsprachenkorrespondent/Allgemeine Hochschulreife" versucht werden, die Schüler von iher *präkommunikativen* Stufe der Förderung einzelner fremdsprachlicher Fertigkeiten zur im engeren Sinne *kommunikativen Stufe* der Verwendung der fremden Sprachen in unterschiedlichen beruflich wie nicht-beruflich geprägten Kommunikationssituationen bis zur *meta-kommunikativen Stufe* des reflektierten Einsatzes der verfügbaren fremdsprachlichen Kenntnisse und Kompetenzen als *foreign speaker* zu führen und so die im Humboldtschen Konzept der allgemeinen Bildung im Medium der fremden Sprachen erstmals angelegte, nicht fachgebundene Zielsetzung der Mündigkeit, Kritikfähigkeit, Kooperationsbereitschaft und Leistungsbereitschaft in inhaltlicher Spezialisierung auf den Bereich der Fremdsprachen zu realisieren.

Wenn man sich nun darüber einig geworden ist, welche Elemente in einen doppeltqualifizierenden Bildungsgang aufgrund der beruflichen Orientierung aufgenommen werden müssen und welche Elemente dementsprechend auch in der Abiturprüfung und in der IHK-Prüfung Berücksichtigung finden sollten, dann besteht die letzte Aufgabe darin, diese Elemente in eine sinnvolle Progression umzulegen.

Auf S. 38 folgt – der Übersichtlichkeit halber – die Stundentafel mit denjenigen Fächern des Bildungsgangs, die für die Entwicklung der fachlichen Kompetenz der Schüler zentral sind. Die weiteren Kurse des Bildungsgangs entfallen auf die Fächer, die erforderlich sind, um die allgemeinen Anforderungen der KMK-Oberstufe abzudecken, zum.Teil im Kollegschulversuch in dem obligatorischen Lernbereich strukturiert. Außerdem gibt es noch einen Wahlbereich, der allerdings bei doppeltqualifizierenden Bildungsgängen mager ausfällt. Trotzdem sollen hier die Schüler auf die Möglichkeit

Stundentafel mit zentralen Fächern für die Entwicklung der fachlichen Kompetenz

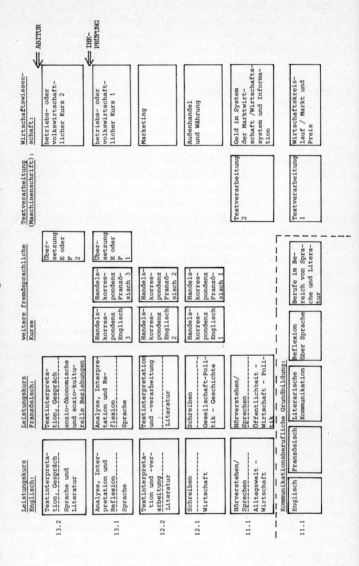

und den Nutzen einer dritten Fremdsprache (Spanisch, Russisch, Latein) hingewiesen werden.

Kommunikationsberufliche Grundbildung

Die Schüler des Schwerpunktes „Sprache und Literatur" erhalten in der gemeinsamen kommunikationsberuflichen Grundbildung in der Jahrgangsstufe 11. 1 einen Einblick in das Berufsfeld von Sprache und Literatur, ein Verständnis für den Umgang mit Texten und sie machen erste Übungen zur Reflexion über Sprache; ihre Leistungen in den beiden Fremdsprachen werden im Hinblick auf die verschiedenen Fertigkeiten diagnostiziert und, soweit im ersten Halbjahr der Kollegschule möglich, gefördert (vgl. GRUSS-KOCH u. a. 1978). Dabei hängt der Fremdsprachenunterricht von der Sprachenwahl und dem Umfang fremdsprachlicher Kenntnisse in der Sekundarstufe I ab. Unser Modell ist für den Regelfall ausgelegt: Englisch ab Klasse 5 und Französisch ab Klasse 7 oder 9.

Die folgenden fünf Grundkurse sind dafür entwickelt worden:

Berufe im Bereich von Sprache und Literatur
Zilsetzungen:
Erkundung der Berufswelt, Förderung der Berufswahlreife, Reflexion über die Funktion der Kommunikationsberufe in der arbeitsteiligen Welt

Literarische Kommunikation
Zielsetzungen:
Verständnis für Produktion, Distribution und Rezeption von Literatur und für den Zusammenhang dieser Bereiche; Interpretation fiktionaler und nicht-fiktionaler Literatur

Reflexion über Sprache
Zielsetzung:
Kommunikationschwierigkeiten aufgrund eigener Erfahrungen analysieren und auf Sprach- und Kommunikationsmodelle beziehen können

1. Fremdsprache:
Englisch
Zielsetzungen:
Einübung, Diagnose und teilweise Therapie fremdsprachlicher Fertigkeiten (Hörverstehen, Sprechen, Leseverstehen, Schreiben, Übersetzen und ansatzweise Dolmetschen)

2. Fremdsprache:
Französisch
Zielsetzung:
Einübung, Diagnose und teilweise Therapie fremdsprachlicher Fertigkeiten (Hörverstehen, Sprechen, Leseverstehen, Schreiben und ansatzweise Übersetzen)

Die Erkundungen zur kommunikationsberuflichen Arbeitswelt werden im weiteren Verlauf des Bildungsgangs „Fremdsprachenkorrespondent/Allgemeine Hochschulreife" in der Jahrgangsstufe 13.1 durch ein Betriebspraktikum ergänzt.

Die Leistungskursfolgen Englisch und Französisch

Nach der für alle Schüler des Schwerpunkts „Sprache und Literatur" gemeinsamen Grundbildung erfolgt in den nachfolgenden zweieinhalb Jahren die Einarbeitung in den engeren Spezialisierungsbereich, hier also in das Feld der neuen Fremdsprachen. Die beiden Leistungskursfolgen Englisch und Französisch stellen das Kernstück des Bildungsgangs dar, sind aber insofern unselbständig, als die generelle Zielsetzung der Wissenschaftspropädeutik über eine berufliche Spezialisierung erst durch das gesamte Kursangebot im Bildungsgang gesichert werden kann.

Die Auslegung der Leistungskurse wird durch die analytische Unterscheidung und systematische Inbezugsetzung der fremdsprachlichen Fertigkeiten, der Textsorten, der Sachbereiche und der kommunikativen Zielsituationen strukturiert.

Obwohl in strenger Systematik das Verständnis jedes einzelnen dieser vier Strukturierungskriterien zu jedem anderen abgehandelt werden müßte, ist es sinnvoll, einerseits die sprachlichen Fertigkeiten und die kommunikativen Zielsituationen und andererseits die Textsorten und Sachbereiche zusammenzufassen, weil die ersten beiden Kriterien die stärker subjektive Seite des Lernprogrammes erfassen (welche Fertigkeiten, Kenntnisse und Einsichten erwerben die Schüler?), während die beiden anderen Kriterien die stärker objektive Seite erfassen (mit Hilfe welcher Texte und in welchen Sachbereichen werden diese Fertigkeiten, Kenntnisse und Einsichten vermittelt?).

Es folgt der Rahmenplan für die Auslegung der beiden Kursfolgen:

Englisch 11.2
Skills und kommunikative Zielsituationen:
　　　　　　Hörverstehen/Sprechen: Developing Communicative Strategies; Leseverstehen: globales, selektives und detailliertes Lesen
Sachbereich:　Alltagswelt – Wirtschaft:
　　　　　　Themenvorschläge: Everday Life; World Politics, World Economy, and World Nutrition

Französisch 11.2
Skills und kommunikative Zielsituationen:
Hörverstehen/Sprechen/Leserverstehen/Schreiben: Compréhension et expression écrite
Sachbereich: – Wirtschaft – Politik
          Themenvorschlag: La condition ouvrière au vingtième siecle

Englisch 12.1
Skills und kommunikative Zielsituationen:
          Schreiben: Writing for Various Purposes
Sachbereiche: Wirtschaft – Gesellschaft – Literatur
          Themenvorschlag:
          Living in the Consumer's World

Französisch 12.1
Skills und kommunikative Zielsituationen:
          Schreiben
Sachbereiche: – Politik – Geschichte
          Themenvorschläge:
          Soziale Unruhen
          Das Familienleben in Frankreich
          Bildungssystem und Bildungschancen
          Etre Jeune

Englisch 12.2
kommunikative Zielsituationen:
          Textinterpretation und Textverarbeitung: How to Interprete Literature, and Why?
Sachbereich: Literatur
          Themenvorschläge:
          The Literary Scene in the English Speaking Countries
          Science Fiction and Mass Media

Französisch 12.2
kommunikative Zielsituationen:
          Textinterpretation und Textverarbeitung
Sachbereich: Literatur
          Themenvorschläge:
          Literatur und literarischer Markt
          Literatur und Aufklärung
          Der realistische Roman im 19. Jahrhundert
          L'Ecrivain dans la Société

Englisch 13.1
kommunikative Zielsituationen:
Analyse, Interpretation und Reflexion von Texten, die sich mit Sprache selbst beschäftigen
Sachbereich: Sprache
Themenvorschläge:
Learning a Foreign Language: What are the Difficulties, and Why?
International Communication: The Dominance of the English Language, Advantages and Disadvantages
Linguistic Relativity

Französisch 13.1
kommunikative Zielsituationen:
Analyse, Interptretation und Reflexion von Texten, die sich mit Sprache selbst beschäftigen
Sachbereich: Sprache
Themenvorschläge:
Probleme der Sprachmittlung
Fachsprachen
Sprache als Zeichensystem und sprachliches Handeln: Strukturen und Funktionen von Sprachen im Sprachvergleich
Sprachnormen
Grammatikmodelle für den Fremdsprachenerwerb

Englisch 13.2
kommunikative Zielsituationen:
Interpretation von Texten (literarisch wie sprachlich), zusammenhängende schriftliche Darstellung von Problemen/Sachverhalten; vorbereitetes und freies sachbezogenes Gespräch
Sachbereiche: Sprache und Literatur
Themenvorschlag:
Rhetoric: Argumentation and Persuasion
Poetry: Linguistic and Literary Analysis

Französisch 13.2
kommunikative Zielsituationen:
Interpretation und Analyse überwiegend nicht-fiktionaler Texte, zusammenhängende schriftliche Darstellung von Problemen/Sachverhalten; mündliches vorbereitetes und freies sachbezogenes Gespräch

Sachbereiche: Sozio-ökonomischer und sozio-kultureller Bereich: La Civilisation Française
Themenvorschläge:
Les Rapports Franco-Allemands
Vivre en Europe

Im Teil 2 des Readers werden zwei der Leistungskurse vorgestellt. Der eine Kurs, Englisch Jahrgangsstufe 12. 1, kann verdeutlichen, daß die Wahl der Thematik – *Consumer's World,* also ein wirtschaftswissenschaftlich orientiertes Thema –, nicht mit den allgemeinbildend-wissenschaftspropädeutischen Zielsetzungen der Leistungskursfächer in der differenzierten gymnasialen Oberstufe in Konflikt zu geraten braucht, sie vielmehr eher realisierbar erscheinen läßt. Der andere Kurs, *Langue et Norme,* Französisch Jahrgangsstufe 13. 1, kann zeigen, daß eine typisch studienqualifizierende sprachtheoretisch-linguistische Thematik die Verwertbarkeit für den berufsqualifizierenden Bereich nicht ausschließt. Für eine anspruchsvolle Bewältigung fremdsprachlicher Handelskorrespondenz ist gerade ein Verständnis für die Normativität und Standardisierung vor allem schriftlicher Kommunikation erforderlich. Diese Normativität nicht nur als Zwangsjacke sondern auch in ihrer fachsprachlich-präzisierenden, disambiguierenden Funktion zu verstehen, ist eines der Kursziele.

Wenn der zur Verfügung stehende Platz es erlaubt hätte, wäre die Darstellung des Leistungskurses Englisch, Jahrgangsstufe 13. 1, nützlich gewesen: *Learning English as a Foreign Language.* Das Thema kann am ehesten für zukünftige Fremdsprachenlehrer als berufspropädeutisch angesehen werden und demonstriert dabei zugleich, wie bei einer beruflichen Orientierung des Fremdsprachenunterrichts Bezugswissenschaften, hier nämlich die Sprachlehr- und Sprachlernforschung, angewandte Linguistik und Sprachdidaktik, im Fremdsprachenunterricht der Sekundarstufe II selbst gewinnbringend thematisiert werden können.

Die Kursfolgen zur fremdsprachlichen Handelskorrespondenz und zum Übersetzen
Die Handelskorrespondenz- und Übersetzungskurse dienen der speziellen Vorbereitung auf die Prüfung zum Fremdsprachenkorrespondenten vor einer Industrie- und Handelskammer. Sie eröffnen zugleich die Grundlage für eine im Anschluß an die Kollegschule denkbare Ausbildung zum Fremdsprachenkaufmann oder für Studiengänge zum staatlich geprüften Übersetzer und Dolmetscher bzw. zum Diplomübersetzer und Diplomdolmetscher.

Die Kurse in fremdsprachlicher Handelskorrespondenz sind mit 3 Wochenstunden je Sprache in den Jahrgangsstufen 12. 1 bis 13. 1 ausgelegt. Die

Übersetzungskurse sind mit zwei Wochenstunden in den Jahrgangsstufen 13. 1 und 13. 2 in einer Sprache, Englisch *oder* Französisch, ausgelegt. Die Kursfolgen sind für Englisch und Französisch parallel in Kursbausteine gegliedert, weil für die Schüler dadurch angesichts der umfangreichen fachsprachlichen Anforderungen eine Arbeitserleichterung entstehen kann, weil die Prüfungsanforderungen der Industrie- und Handelskammer gleich lauten und weil diese Parallelität auch der Internationalisierung des Geschäftsverkehrs entspricht.

Es folgt ein Vorschlag für die Auslegung der Kursfolge:

Englisch/Französisch 12. 1
Handelskorrespondenz I:
Kommunikative Zielsetzung:
Befähigung zur korrespondenzmäßigen Bearbeitung des ungestörten Geschäftsablaufs
Themen:
– Stellenanzeigen lesen und auswerten/beantworten
– Besuchsempfang
– Werbeinformationen
– Telefonverkehr
– Bestellungs- und Lieferkonditionen

Englisch/Französisch 12. 2
Handelskorrespondenz II:
Kommunikative Zielsetzung:
Befähigung zur korrespondenzmäßigen Bearbietung des ungestörten und des gestörten Geschäftsverlaufs
Themen:
– Versand
– Zahlungsanweisung
– mündliche oder schriftliche Beschwerde über Lieferverzug, Mängel der Ware, Rechnungs- und Zahlungsverzug bzw. Nichtzahlung

Englisch/Französisch 13. 1
Handelskorrespondenz III:
Kommunikative Zielsetzung:
Die Perspektive des Käufers und die des Verkäufers in geschäftlichen Abläufen in ihrem Gesamtzusammenhang thematisieren und dabei unterschiedliche kommunikative Strategien anwenden
Themen:
Wie in den Kursen I und II, nunmehr jedoch unter besonderer Berücksichtigung der unterschiedlichen Anforderungen der jeweiligen Kommunikationssituation:

- Sicherung der für die Korrespondenz erforderlichen Hintergrundinformationen
- Entscheidung über die Art der geschäftlichen Kommunikation (Mahnung oder Aufschub, usw.)
- Art der Kommunikation (mündlich oder schriftlich, usw.)
- für unterschiedliche Kommunikationsarten bzw. Branchen erforderliche Register
- (vorgegebene) Kommunikationsarten (z. B. eine Anfrage oder einen Letter of Credit) in den kommunikativen Gesamtzusammenhang einordnen

In Teil 2 des vorliegenden Readers wird exemplarisch der erste, einführende Kurs zur englischen Handelskorrespondenz vorgestellt. Die wechselseitige Ergänzung des Leistungskurses Englisch 12.1 und des Kurses zur englischen Handelskorrespondenz soll dadurch verdeutlicht werden.

Die beiden *Übersetzungskurse* (Englisch *oder* Französisch) erfüllen im Rahmen der curricularen Gesamtkonzeption eine Doppelfunktion. Im Hinblick auf die angestrebte Qualifikation zum Fremdsprachenkorrespondenten vermitteln sie die für die Prüfung erforderlichen Übersetzungskenntnisse (Herüber- und Hinübersetzung). Im Hinblick auf die Abituranforderungen erwerben die Schüler in diesen Kursen vertiefte Kenntnisse über die sprachsystematischen Differenzen zwischen der Zielsprache und dem Deutschen, sie erhalten eine theoretische Erweiterung der Übersetzungs-Fertigkeit.

Das Übersetzen hat den Charakter einer „zusammengesetzten" Fertigkeit (Hörverstehen – mündlich Übersetzen/Leseverstehen – mündlich oder schriftlich Übersetzen). Dementsprechend kann in der Kursfolge mündlich und schriftlich gearbeitet werden. Es ist sinnvoll, eine Progression von leichten zu schwierigeren Übersetzungen vorzunehmen. Kriterium dafür ist einerseits der zu verarbeitende branchen- und textsortenbezogene Wortschatz, andererseits die zunehmende syntaktische Komplexion der zu übersetzenden Texte. Im fortgeschrittenen Stadium sollten Original-Prüfungstexte der IHK verwendet werden.

Im Zusammenhang mit den Übersetzungsübungen können auch leichtere Dolmetsch- bzw. Gesprächsvermittlungsübungen zwischen drei Partnern gemacht werden. Das Verhandlungsdolmetschen als Kopplung der Fertigkeiten des Hörverstehens und Dolmetschens kann nur in Grenzen geübt werden.

In den beiden Leistungskursfolgen Englisch und Französisch werden in der Jahrgangsstufe 13.1 Probleme des Fremdsprachenerwerbs und der Normativität der Sprachverwendung behandelt. Den Schülern sollte die gegenseitige Ergänzung der Leistungskurse und des Übersetzungskurses bewußt werden.

Englisch oder Französisch 13. 1
Übersetzen I
Kommunikative Zielsetzung:
Die Schüler sollen mit der Praxis des Übersetzens vertraut werden.
Mögliche Themen:
– Übersetzen als Übungsform und als Fertigkeit
– Wort-für-Wort-Übersetzung und Paraphrase
– Herüber- und Hinübersetzung
– leichte Dolmetschübungen

Englisch oder Französisch 13. 2
Übersetzen II
Kommunikative Zielsetzung:
Die Schüler sollen über eine Vertiefung ihrer Übersetzungsfähigkeiten zugleich die Problematik der Übersetzungstheorie kennen lernen.
Mögliche Themen:
– Intra- und interlinguale Übersetzungsprobleme
– Sprachlicher Relativismus und Unübersetzbarkeitspostulate
– Übersetzen, Dolmetschen und internationale Kommunikation

Die Kurse in Textverarbeitung (Maschinenschrift)
Die Schüler des Bildungsgangs belegen in den Jahrgangsstufen 11. 1 und 11. 2 je einen Kurs Textverarbeitung (Maschinenschrift). Der Kurs ist für 11. 1 2-stündig und für 11. 2 3-stündig ausgelegt. Die Befähigung, Geschäftsbriefe zu erstellen, schließt die Fertigkeit der Maschinenschrift, Kenntnisse über den formalen Aufbau von Geschäftsbriefen und anderen Textsorten und erste Kenntnisse der Büroorganisation ein. Maschinenschriftliche Kenntnisse sind bei der Meldung zur IHK-Prüfung nachzuweisen.

Im ersten Kurs erwerben die Schüler Grundkenntnisse im Umgang mit textverarbeitenden Maschinen (hier: Schreibmaschinen). Sie üben vor allem die Griff- und Anschlagtechnik nach der 10-Finger-Tastmethode. Sie lernen, leichte bis mittelschwere Texte nach Vorlage und Ansage zu schreiben. Im zweiten Kurs werden sie zusätzlich mit Fragen der Textgliederung, Schreibnormen und branchenbezogene Standardisierungen vertraut gemacht. Dieser Kurs schließt mit einer Prüfung ab (derzeitiger Stand der Anforderungen: 180 Anschläge pro Minute).

(5) Schluß: Allgemeine durch berufliche Bildung

Umfassendes Lernziel des doppeltqualifizierenden Bildungsgangs „Fremdsprachenkorrespondent/Allgemeine Hochschulreife" im Kollegschulversuch ist die Entwicklung einer zugleich berufs- wie studienqualifizierenden fremdsprachlich-kommunikativen Kompetenz. Fremdsprachlich-kommunikative Kompetenz läßt sich für den Bildungsgang definieren als Fähigkeit zur rollenspezifischen Bewältigung erwartbarer kommunikativer Zielsituationen in den Fremdsprachen, als Fähigkeit zu sach-, adressaten- und situationsgemäßem sprachlichen Handeln. Der Erwerb rezeptiver wie produktiver Fertigkeiten in der Fremdsprache (einschließlich Übersetzen und ansatzweise Dolmetschen), der zum mündlichen und schriftlichen Umgang mit fremdsprachlichen Texten bzw. Äußerungen befähigt, ist nicht ohne eine gleichzeitige Vermittlung von Kenntnissen und Einsichten in Sprache und ihre Verwendung, in sozio-ökonomische und sozio-kulturelle Zusammenhänge möglich; er erfordert weiter das Erlernen sprachbezogener Methoden und Arbeitstechniken. Die Schüler sollen im Verlauf des Bildungsgangs dazu befähigt werden, aus stärker abhängiger, isolierter Sprachverwendung zu zunehmend autonomer, ungelenkter, kritisch-reflexiver Sprachkompetenz fortzuschreiten. Diese Kompetenz schließt im Sinne der beruflichen Qualifikation kaufmännisch-wirtschaftswissenschaftliche Kenntnisse und Kompetenzen ein.[2]

Als Doppelqualifikation eröffnet der Bildungsgang einerseits die Möglichkeit, direkt eine Berufstätigkeit als Fremdsprachenkorrespondent aufzunehmen oder ein kaufmännisches Ausbildungsverhältnis nachfolgen zu lassen. Der Bildungsgang eröffnet andererseits die Möglichkeit, ein Hochschulstudium aufzunehmen.

Die mit dem Bildungsgang vermittelte Allgemeine Hochschulreife ist nicht an eine bestimmte Studienfachrichtung gebunden. Es ist dennoch zu vermuten, daß die vom Kollegschüler vorgenommene Schwerpunktsetzung in der Sekundarstufe II die Wahl seiner Studienfächer widerspiegeln wird. Die Entscheidung für ein Philologiestudium (Anglistik, Romanistik, usw.) liegt deshalb nahe; sie ist in der Regel mit der Berufsvorstellung des Fremdsprachenlehrers (auf verschiedenen Schulstufen und an unterschiedlichen Schultypen) verbunden. Ein Hochschulstudium im Bereich des Übersetzungswesens oder die Ausbildung an einer Sprachenschule ist ebenso möglich. Außerdem gibt es inzwischen im Hochschulbereich Studiengänge, die durch Kombination der Fremdsprachen mit Betriebs- oder Volkswirtschaftslehre, Agrarökonomie o. ä. die starre Zuordnung von Fremdsprachenstudium und Laufbahnen des höheren Lehramts im

Sinne einer breiteren Verwertbarkeit aufzulockern versuchen (vgl. WIS-SENSCHAFTSRAT 1976, S.69; REDICKER 1979 und BERGNER 1979).

Ich hoffe, daß langfristig die Kurskorrektur des Fremdsprachenunterricht in Richtung auf eine bessere berufliche wie außerberufliche Verwertbarkeit der erworbenen Kenntnisse und Kompetenzen und zugleich damit in Richtung auf eine heutigen Standards entsprechende Wissenschaftsorientiertheit vorgenommen werden wird. Der in diesem Buch vorgestellte Bildungsgang „Fremdsprachenkorrespondent/Allgemeine Hochschulreife ist ein Beitrag dazu. Er ist damit zugleich ein Beitrag zu der bildungspolitischen Aufgabe, die Sekundarstufe II aus ihrer verhängnisvollen Fehlentwicklung wieder herauszuführen: der Opposition von beruflicher und allgemeiner Bildung statt ihrer Integration.

Ludwig Petry

Zur Planung des Fremdsprachenunterrichts in den verschiedenen Schwerpunkten des Kollegschulversuchs

(1) Vorbemerkungen

Wer aus der Sicht der Gesamtplanung des Modells einer integrierten Sekundarstufe II die Stellung des Fremdsprachenunterrichts in diesem Modell behandelt, tut zunächst einmal gut daran, den Leser darum zu bitten, seine Ausführungen nicht als die eines Fremdsprachenwissenschaftlers, -didaktikers oder -lehrers zu verstehen. Wer sich aus der Sicht der Gesamtplanung äußert, tut zweitens gut daran, die Aufmerksamkeit des Lesers zunächst auf das Gesamtkonzept des Modells und den darin ausgewiesenen Stellenwert des Fremdsprachenunterrichts zu lenken. Dies soll im ersten Abschnitt geschehen.

Am vorgegebenen Grundkonzept orientierte Fremdsprachenplanung kann nicht so tun, als ob an den Fremdsprachenunterricht in einem Modellversuch von außen nicht die gleichen Wünsche, Erwartungen, Befürchtungen herangetragen werden wie an den Fremdsprachenunterricht im tradierten Schulwesen der Sekundarstufe II. Der Drang, die Klagen, Ermunterungen und Forderungen nach mehr Fremdsprachenunterricht, nach dem jeweils für richtig gehaltenen Fremdsprachenunterricht, werden vor dem Modellversuch nicht haltmachen. Dieses Kräftefeld gehört zu der rauhen Luft, in der das hehre Konzept realisiert werden muß. Davon wird u. a. im zweiten Abschnitt geredet werden. Es werden Vergleiche gezogen zwischen den in der Kollegschule erworbenen Fremdsprachenqualifikationen und den im tradierten Schulwesen der Sekundarstufe II erworbenen Fremdsprachenqualifikationen. Hier liegen u. a. die Aufgaben der wissenschaftlichen Begleitung des Schulversuchs (vgl. KORDES in diesem Band). Es wird schwer sein, die Fremdsprachenanforderungen nur aus einem in sich konsistenten und bildungstheoretisch begründeten Konzept heraus zu bestimmen, zu werten und anzuerkennen, solange bestimmte Berechtigungen (wie die allgemeine Hochschulreife) an einer bestimmten Zahl von zu erlernenden Fremdsprachen und an dem Volumen des Fremdsprachenunterrichts festgemacht werden und andere (wie die überwiegende Zahl der beruflichen Qualifikationen) nicht. Wie stark die Tradition gegenüber neuen Konzepten ist, zeigt sich z. B. daran, daß als einziges Kriterium zur Unterscheidung zwischen fachgebundener und allgemeiner Hochschulreife der Nachweis der zweiten Fremdsprache gilt oder daß z. B. zum Erwerb einer kaufmännischen Qualifikation für den Außenhandel, für das Reederei- und Schiffsmaklergewerbe, für Reisebüro oder Spedition oder im Hotel- und Gaststättengewerbe nur eine Fremdsprache gefordert wird.

Wer vom Fremdsprachenunterricht in der Sekundarstufe II spricht, muß zur Kenntnis nehmen, daß die Schüler mit sehr unterschiedlichen Fremdsprachenkenntnissen aus der Sekundarstufe I in die verschiedenen Bildungsgänge der Sekundarstufe II eintreten, daß sie in der Sekundarstufe II unterschiedlich lang verweilen und verschiedenartige Abschlüsse anstreben, daß dabei der Fremdsprachenbedarf eine unterschiedliche Rolle spielt, daß es eine regional unterschiedliche Fremdsprachennachfrage gibt (Diversifikation der Fremdsprachen) und auch geben soll und daß in der Sekundarstufe II gegenüber der Sekundarstufe I Berufsbezug und Studienbezug hinzukommen. Über die hiermit angesprochene Niveaudifferenzierung und über regionale Besonderheiten soll im folgenden Beitrag jedoch nur am Rande die Rede sein.

Auf den Stand der Entwicklung der 1979 existierenden sieben Kollegschulen kann an dieser Stelle ebenfalls nicht näher eingegangen werden. Der interessierte Leser sei daher auf andere Publikationen zum Kollegschulversuch verwiesen (z. B. NILL/PETRY 1979).

(2) Fremdsprachen im Grundkonzept für den Kollegschulversuch

Das Kollegschulkonzept mit den drei Lernbereichen Schwerpunktbereich, obligatorischer Bereich, Wahlbereich verankert den Fremdsprachenunterricht im Schwerpunktbereich, während die Konzeption des Deutschen Bildungsrates zur Sekundarstufe II den Fremdsprachenunterricht zum obligatorischen Bereich rechnet. Den beiden Konzeptionen ist gemeinsam, daß jeder Schüler in der Sekundarstufe II Fremdsprachenunterricht erhalten soll. Der Unterschied liegt in der Betonung der zu vermittelnden Fremdsprachenkompetenz. Die Folge der Entscheidung in der *Kollegschulkonzeption* ist die stärkere fachliche, d. h. berufs- und studienqualifizierende Ausrichtung des Fremdsprachenunterrichts gegenüber der Vermittlung allgemeiner Fremdsprachenkompetenz, während die Entscheidung in der *Bildungsratskonzeption* zu der umgekehrten Gewichtung führt.

Im Kollegschulkonzept heißt es hierzu: „In keinem der vorgelegten studienbezogenen Profilbeispiele kann darauf verzichtet werden, die erste Fremdsprache soweit zu vertiefen, daß die einschlägige internationale

Fachliteratur gelesen und ausgewertet werden kann. Bei der ersten Fremd-sprache handelt es sich also um eine lebende Fremdsprache; welche das ist, wird davon abhängen,

– welche Sprache der Kollegschüler in der Sekundarstufe I bereits gelernt hat und
– in welcher Sprache die Fachliteratur vorwiegend abgefaßt ist.

In der Regel wird es sich dabei um das Englische handeln, obwohl andere Sprachen (Französisch, Russisch) nicht prinzipiell ausgeschlossen sind" (KOLLEGSTUFE NW 1972, S. 130). Andere Stellen im Konzept weisen darauf hin, daß die Annahme, Fremdsprachenunterricht müsse zu jeder qualifizierten Ausbildung in der Sekundarstufe II gehören, auch für die berufsqualifizierenden Bildungsgänge gilt. Fester Bestandteil ist der Fremdsprachenunterricht auch in denjenigen berufsqualifizierenden Bil-dungsgängen, in denen der Sekundarabschluß I nachträglich erworben werden kann, und ebenfalls in den ausschließlich auf den Sekundarab-schluß I ausgerichteten Bildungsgängen.

Die unterschiedliche Verortung hängt mit der unterschiedlichen Vor-stellung über Funktion und Inhalte des obligatorischen Lernbereichs zu-sammen. Der Deutsche Bildungsrat schlägt in Abkehr von einem Kanon der „Allgemeinbildung" vor, die Lernbereiche der Obligatorik aus den „Bedingungen menschlichen Lebens in einer demokratischen und plurali-stischen Gesellschaft sowie in einer durch Wissenschaft und Technik be-stimmten Umwelt" zu gewinnen und kommt dabei auf folgende Rahmen- und Zielvorstellungen (nicht Fächer): Sprache (Muttersprache und eine Fremdsprache), Politik, Mathematik, Spiel. Nur soweit diese Rahmen- und Zielvorstellungen nicht durch den Schwerpunktbereich oder Wahlbe-reich abgedeckt werden, müssen sie als (ergänzende) Kurse unterrichtet werden. Mit anderen Worten: Nach der Bildungsratsempfehlung kommt dem obligatorischen Bereich eine Korrekturfunktion zu. Für den Fremd-sprachenunterricht bedeutet dies: Soweit dieser Unterricht nicht im Schwerpunktbereich erteilt oder im Wahlbereich gewählt wird, muß er in Kursen des obligatorischen Lernbereichs vom Schüler belegt werden.

In der Konzeption der Planungskommission Kollegstufe NW wird der obligatorische Lernbereich in einem dialektischen, die Unverbundenheit und den Gegensatz von allgemeinen und fachlichen Lernzielen aufheben-den Verfahren gewonnen. Sprache und Politik sind hier die besonderen Kennzeichen des Obligatorik-Unterrichts. In ihm soll die durch die Schwerpunktbildung bedingte Spezialisierung kritisch-produktiv über-wunden werden. Für den Fremdsprachenunterricht bedeutet dies nach dem Konzept der Planungskommission Kollegstufe NW: Da erwartet wird, daß in keinem Schwerpunktprofil Fremdsprachenunterricht fehlt, ist der Fremdsprachenunterricht, ohne im Obligatorik-Bereich verankert zu sein, in jedem individuellen Bildungsgang vorhanden. Diese Erwartung kann jedoch erst dann als erfüllt gelten, wenn das System der Schwerpunkte und wenn die einzelnen Schwerpunktprofile curricular ausgearbeitet sind. (Zur Auseinandersetzung über die beiden Obligatorik-Konzepte vgl. SCHULVERSUCH KOLLEGSCHULE NW, 1976, S. 296–306.)

In der Zwischenzeit ist die Realisierung des Kollegschulversuchs vorangekommen. Sehr viele der geplanten Schwerpunktprofile sind als Bildungsgänge entwickelt, eine Reihe von ihnen wird inzwischen an den Versuchsschulen erprobt.

Die unterschiedliche konzeptionelle Verortung des Fremdsprachenunterrichts in den beiden genannten Lernbereichen kann, muß aber nicht zu einer unterschiedlichen curricularen Auslegung führen. Wird der Fremdsprachenunterricht vom Schwerpunktprofil her konzipiert, ist der Ansatz zwar die erstrebte Fachkompetenz (z. B. in Naturwissenschaften, in Wirtschaftswissenschaften, in einer Technologie), die Qualifikation umfaßt jedoch mehr als die Fachkompetenz. Wird der Fremdsprachenunterricht dagegen vom Obligatorik-Konzept her konzipiert, dann müßte fremdsprachliche Sprachkompetenz und Sprechfähigkeit das ganze Spektrum privater, beruflicher, gesellschaftlicher und politischer Sprechsituationen umfassen (DEUTSCHER BILDUNGSRAT 1974); sie würde sich aber in Korrespondenz zu dem gewählten Schwerpunktprofil auch fachlich akzentuieren und konkretisieren.

(3) Das Umfeld der Realisierungsbedingungen

Das Umfeld der Realisierungsbedingungen möchte ich strukturieren in:
– allgemeine Erwartungen an den Fremdsprachenunterricht,
– Erwartungen der „Abnehmer" schulischer Qualifikationen (Wirtschaft und Hochschulen),
– Rahmenbedingungen für den Kollegschulversuch (KMK-Vereinbarungen).

(3.1) Die *allgemeinen Erwartungen* artikulieren sich gelegentlich in Form von Klagen und Forderungen: „Immer weniger Schüler lernen eine Fremdsprache", „Nur noch 2% aller Abiturienten legen die Abiturprüfung in zwei Fremdsprachen ab", „Mehr Französischunterricht in den Schulen", oder in Form von unkritischer Euphorie: „Wer polyglott ist, schließt alle Türen dieser Erde auf". Sie artikulieren sich aber auch in pädagogischen Grundsatzüberlegungen, etwa wie die Fremdsprache „als Anlaß zur Menschenbildung" genommen werden könne (VON HENTIG 1979).

Einen besonderen Schub erfahren die Erwartungen und Forderungen durch den gesamtpolitisch, wirtschafts- und kulturpolitisch begründeten Hinweis auf die Anforderungen einer Weltinnenpolitik, auf supranationale Zusammenarbeit und insbesondere auf die europäische Integration. Als Beleg dafür sollen stellvertretend für viele Resolutionen und Erklärungen die Vortrags- und Podiumsveranstaltung des Stifterverbandes für die Deutsche Wissenschaft zum Thema „Kein sprachloses Europa! Fremdsprachenbedarf und Vorschläge für mehr Qualität im Fremdsprachenunterricht" (1978) und die Empfehlungen des Europarates stehen: „Encourage the study of the languages", „The language barriers . . . must be removed", „Linguistic diversity is part of the European cultural heritage", „Teaching of at least one widely spoken European language to pupils from the age of about 10", „The lesser-known European languages will also have to receive more attention. There is room for such a development in all types of technical and vocational schools" (nach SCHRÖDER 1975, S. 42/43).

Daraus werden in der Literatur zum Fremdsprachenunterricht in der Bundesrepublik Deutschland mehrere allgemeine Folgerungen gezogen: Die Festlegung einer (Englisch) oder zweier (Englisch und Französisch) Leitsprachen sollte nicht vorgenommen werden, um die übrigen Nationalsprachen nicht zu regionalen Dialekten verkümmern zu lassen. Die Einführung einer Plansprache (Esperanto) baue eine neue Barriere auf, anstatt tradierte Barrieren zu überwinden. Das Minimum sei das Erlernen mindestens einer Fremdsprache und insbesondere der Erwerb rezeptiver Kenntnisse und Fähigkeiten (Hörverstehen und Leseverstehen) – bei bestimmten Schülern auch auf einfachem Anspruchsniveau.

1978 hat die Kommission der Europäischen Gemeinschaften ein Programm zur Verbesserung des Fremdsprachenunterrichts vorgelegt. Die Vorschläge basieren auf einer Entschließung des Rates der Bildungsminister vom 9. 2. 1976, nach der dafür zu sorgen ist, daß sich Schüler und Erwachsene in wenigstens einer Fremdsprache (im Rahmen der Europäischen Gemeinschaft) verständigen können. Das Programm sieht u. a. vor: Fremdsprachenunterricht auch für weniger begabte Schüler, Fremdsprachenunterricht auch in Kombination mit anderen Fächern (das heißt doch wohl auch: mit berufsbezogenen Fächern).

Analysiert man die Gründe, warum trotz dieser Forderung nach mehr Fremdsprachenunterricht in den Schulen das Angebot an Fremdsprachenunterricht nicht immer im wünschenswerten Ausmaß wahrgenommen oder durchgehalten wird, so stößt man auf sehr verschiedenartige Widerstände, die ich in den folgenden Thesen zusammenfassen möchte:

– Fremdsprachen in der Schule sind oder werden als Barrieren auf dem Weg zu einem höherqualifizierenden Abschluß empfunden (80% der Sitzenbleiber in einer weiterführenden Schule scheitern u. a. an einer Fremdsprache).

– Fremdsprachen in der Schule sind oder werden als soziale Selektionsfächer empfunden.

– Es ist bisher nur in Ansätzen gelungen, Fremdsprachen so leistungsdifferenziert zu unterrichten, daß jeder Schüler mindestens eine Fremdsprache (mit individuellem Erfolg) erlernen kann.

– Der Fremdsprachenunterricht wird als gymnasiales Fach bewertet und wo er im berufsbildenden Schulwesen erteilt wird, folgt er meist gymnasialen Maßstäben.

– Der Schule gelingt es bisher nur unzureichend, die Bedeutung fremdsprachlicher Qualifikation für den Erwerb und die Erweiterung fachlicher und allgemeiner humaner und gesellschaftlicher Kompetenzen zu verdeutlichen, die Bereitschaft zum Erlernen von Fremdsprachen scheint dagegen vorhanden zu sein. (Wie wäre es sonst zu erklären, daß das Fremdsprachenangebot der VHS in der Bundesrepublik Deutschland jährliche Wachstumsquoten von ca. 10% aufzuweisen hat?)

– Fremdsprachenunterricht in der Schule ist zu sehr auf den Erwerb eines „Abschlusses" ausgerichtet, während es doch zunehmend mehr darauf anzukommen scheint, die Grundlage zu schaffen, nach der Schule Fremdsprachenkenntnisse zu erweitern, Fertigkeiten zu vermitteln, nach der Schule selbständig oder mit Hilfe organisierter Lernprozesse neue und weitere Fremdsprachen zu erlernen und die Bereitschaft zu wecken bzw. Mut zu machen, nach der Schule im Ausland ein Studium oder eine Ausbildung partiell oder voll zu absolvieren.

(3.2) Welche Fremdsprachenqualifikationen die Abnehmer – Wirtschaft und Hochschule – von der Schule erwarten, wird dann sichtbar, wenn *Abnehmerbefragungen* oder *Bedarfsanalysen* vorgenommen werden. Solche Untersuchungen gibt es bisher mehr im Bereich der Wirtschaft und weniger im Bereich der Hochschule. Grundsätzlich läßt sich sagen, daß die Fremdsprachenbedarfsforschung in der Bundesrepublik Deutschland erst an ihrem Anfang steht. Die ersten Untersuchungen stammen aus den frühen 70er Jahren.

Bei der Auswertung solcher meist regional angelegter Bedarfsuntersuchungen in Betrieben trifft man auf folgende Vorstellungen: Die Exportorientierung vieler Betriebe erfordert qualifizierte Kräfte mit Kenntnissen und Fähigkeiten in einer oder mehreren Fremdsprachen; die internationale Verflechtung vieler Konzerne sowie das System nationaler Tochtergesellschaften internationaler Muttergesellschaften erfordern international mobile, d. h. vor allem mit Fremdsprachenkenntnissen ausgestattete Mitarbeiter; der Facharbeitermangel in bestimmten Branchen wie im Hotel- und Gaststättengewerbe ließe sich durch eine Berufsausbildung abschwächen, die eine attraktivere Fremdsprachenausbildung einschließt; die erste oder auch eine weitere Fremdsprache müßten so gelehrt werden, daß damit auf das selbständige oder organisierte Erlernen weiterer Fremdsprachen nach der Schulzeit vorbereitet wird (Erwerb von Sprachlerntechniken).

Aus einer aus dem Raum Schwaben und München stammenden Untersuchung von 1978 (SCHRÖDER/LANGHELD/MACHT 1979) wird ersichtlich: „Es bedarf in unseren Schulen eines Mehr an anspruchsvoller Sprachpraxis – gerade auch im Bereich der, traditionell oder bewußt innovatorisch, mit ‚Bildungsgütern' überfrachteten Sekundarstufe II – unter Mitberücksichtigung allgemeiner kaufmännischer und technischer Bereiche", deren Vermittlung, wie Konrad Schröder vor dem Stifterverband für die Deutsche Wissenschaft hinzufügte, „ja durchaus auch bildend in einem sehr klassischen Sinne sein kann, dann nämlich, wenn mit dem Spracherwerb die Reflexion auf Sprache als System und als Kommunikationsmittel in ganz bestimmten Situationen verknüpft wird" (SCHRÖDER 1979, S. 24).

Eine Paralleluntersuchung in den Kammerbezirken von Düsseldorf und Köln im Jahre 1979 ergab u. a., daß die Palette der benötigten Sprachen (fast 100 % der Unternehmen) breiter als erwartet ist. Sie reicht von Englisch und – dicht folgend – Französisch (90 %) über Spanisch (ungefähr die Hälfte), Italienisch (ungefähr ein Drittel) bis Niederländisch, Portugiesisch und Russisch (jeweils knapp über bzw. unter 10 %). Die Untersuchung ergab außerdem, daß außerschulische Institute wie die VHS und Privatinstitute sowie innerbetrieblicher Fremdsprachenunterricht „einen beachtlichen Teil der Bedarfslücke füllen" (vgl. dpa-dienst für Kulturpolitik vom 7. 1. 1980).

Man wird solche Untersuchungen nicht überbewerten dürfen. Sie haben jedoch ihren besonderen Wert für den „bedarfs- und nachfragegerechten" Auf- und Ausbau eines Schulversuchs wie der Kollegschule, weil regionale Daten eine zuverlässigere Planung erlauben als statistische Mittelwerte auf Bundesebene. Niederländische Fremdsprachenkenntnisse werden etwa im Raum Aachen – Duisburg – Düsseldorf – Köln mehr gefragt sein als, um im Lande Nordrhein-Westfalen zu bleiben, im Hochsauerland. Im Juli 1979 hat die für den Kollegschulversuch gebildete Assoziierte Wissenschaftler-Gruppe „Neuere Fremdsprachen" eine weitere Bedarfsanalyse im Kammerbezirk Bielefeld – Paderborn begonnen, um möglichst viele Bereiche von Nordrhein-Westfalen zu erfassen und die dafür gewonnenen Daten für die Planung des Fremdsprachenunterrichts in der Kollegschule nutzbar zu machen.

An vergleichbaren Untersuchungen zum Fremdsprachenbedarf im Hochschulbereich fehlt es weitgehend. Das mag daran liegen, daß Bedarfsorientierung an der beruflichen Sphäre (neben der privaten Sphäre) bisher noch zu eng konzipiert ist. Das Studium wird offensichtlich noch nicht zum Beruf bzw. zur Berufsvorbereitung hinzugerechnet. Es mag auch andere Gründe haben. Das weitgehende Fehlen solcher Bedarfsforschungen der Hochschulen ist aber für den Planer im schulischen Bereich auch deshalb sehr unbefriedigend, weil er mit undifferenzierten Forderungen wie, allgemeine Studierfähigkeit verlange den Nachweis von mindestens zwei

Fremdsprachen, nicht sehr viel anfangen kann. Ihn interessieren zumindest plausible Antworten auf die Frage: Für welche Studiengänge oder Fachbereiche sind welche Fremdsprachen wichtiger als andere? In welchem Verhältnis sollten rezeptives und produktives Fremdsprachenvermögen stehen, bezogen auf ausgewählte Studiengänge oder Fachbereiche? Für welche Studiengänge oder Fachbereiche sollten mehr als zwei Fremdsprachen vor Studienbeginn erlernt werden, für welche ist der Erwerb von zwei Fremdsprachen nicht erforderlich? Welche Fremdsprachen sollten sinnvollerweise während des Studiums, also parallel zum gewählten Studiengang gelernt werden?

Studienreformkommissionen sollten die Gelegenheit nutzen, die Fremdsprachenanteile in den oder für die einzelnen Studiengänge zumindest in Ansätzen zu formulieren, um auf die oben gestellten Fragen in Zukunft antworten zu können. Erst dann können wir im Schulbereich einigermaßen rational planen. Aus den Fremdsprachenbedarfsuntersuchungen wird aber schon jetzt deutlich, daß Fremdsprachenausbildung Teil der Ausbildung bzw. der Studiengänge für bestimmte Berufe sein sollte.

Wenn man berücksichtigt, daß der Berufsbezug auch im Fremdsprachenunterricht der gymnasialen Oberstufe seinen Sinn hat, dann lohnt ein Blick in die vorliegenden Lehrpläne und Richtlinien der verschiedenen Schulformen der Sekundarstufe II. Das Ergebnis ist jedoch negativ. Eine gutachterliche Lehrplananalyse aus den Jahren 1972 – 1974 erbrachte u. a. folgende Ergebnisse: „Der Fremdsprachenunterricht an den Schulen des allgemeinbildenden Bereichs ist . . . nach wie vor undifferenziert auf produktiven Spracherwerb ausgerichtet." „Einsichtvermittlung" erfolgt vielfach nur „im literarisch-interpretatorischen und in einem traditionell-landeskundlichen Bereich." „Die Tiefe der Einsicht wird . . . dem unreflektierten Erwerb eines vom Standpunkt sozialen Handelns aus weitgehend undefinierten produktiven Spracherwerbs geopfert." Da das berufsbildende Schulwesen sich im Fremdsprachenunterricht weitgehend an den Zielsetzungen des allgemeinbildenden Bereichs orientiert, findet sich auch hier „die einseitige Festlegung auf produktive Fertigkeiten. Reflexion auf das Wesen von Fachsprache . . . und auf ihr Verhältnis zur Gemeinsprache findet . . . nicht statt." (SCHRÖDER 1975, S. 34 f.; zur Frage der in einigen Zielsetzungen konstatierbaren Anlehnung des beruflichen Schulwesens an das allgemeinbildende Schulwesen hat sich in jüngster Zeit Gustav Grüner erneut geäußert: GRÜNER 1980). Eine weitere Untersuchung von Richtlinien für den Fremdsprachenunterricht in berufsbildenden Schulen zur Bedeutung der Fachsprachen erbringt einen ähnlichen Befund: „Es gibt keine einheitliche, das Spezifische des berufsbildenden Schulwesens widerspiegelnde Konzeption eines Fremdsprachenunterrichts . . .; es fehlen fast ausnahmslos fachspezifische Angaben zu Lerninhalten und Verfahren." Es entsteht der Eindruck, daß „keine Überlegungen darüber angestellt werden, ob es neben Fertigkeiten und Kenntnissen im Bereich der Gemeinsprache weitere spezifische fremdsprachliche Lehrziele für diese Schülergruppen gibt." Die wünschenswerte Berufsbezogenheit im Fremdsprachenunterricht in den berufsbildenden Schulen wird kaum reflektiert: „Gerade im Bereich Sprache entsteht der Eindruck einer Orientierung an Zielvorstellungen des allgemeinbildenden Schulwesens, besonders des Gymnasiums." (BAUSCH u. a. 1978; vgl. auch JASPER 1977). Das schließt nicht aus, daß ein Berufsbezug im Einzelfall, das heißt, durch den unterrichtenden Lehrer, hergestellt wird. Dies erfolgt aber nicht so sehr in systematischer Absicht, sondern zum Zwecke der Lernmotivation.

Die genannten und weitere Analysen, die noch hinzukommen müssen, ermöglichen es, den beruflichen Bedarf für die curriculare Planung des Fremdsprachenunterrichts in der Sekundarstufe II zu berücksichtigen. Berücksichtigen heißt dabei nicht, unkritisch abhängig machen; mit einer verfrühten Pseudobedarfsorientierung ist den Schülern nicht gedient. Vor branchenspezifischer Ausrichtung des Fremdsprachenunterrichts warnen auch die befragten Autoren (vgl. etwa BAUSCH u. a. 1978, S. 402). Erforderlich ist vielmehr ein ausgewogenes Verhältnis zwischen fachsprachlich-beruflicher und allgemeiner Orientierung des Fremdsprachenunterrichts.

(3.3) Zu den Rahmenbedingungen für den Kollegschulversuch gehören neben den gesetzlichen Regelungen die Ausbildungsordnungen des Bundes, die mit diesen Ausbildungsordnungen abgestimmten KMK-Rahmenlehrpläne sowie die KMK-Vereinbarungen zum Berufsgrundbildungsjahr, zur Assistentenausbildung, zur Fachoberschule und zur gymnasialen Oberstufe.

Die für den Fremdsprachenunterricht in den studien- und in einigen doppeltqualifizierenden Bildungsgängen maßgebenden bzw. zur Orientierung heranzuziehenden KMK-Vereinbarungen sind die „Zur Neugestaltung der gymnasialen Oberstufe in der Sekundarstufe II" vom 7. 7. 1972, die Vereinbarung über die „Einheitliche Durchführung der Vereinbarung zur Neugestaltung der gymnasialen Oberstufe" vom 2. 6. 1977 sowie die Rahmenvorstellungen über „Einheitliche Prüfungsanforderungen in der Abiturprüfung" für die einzelnen Fremdsprachen, die nach und nach erarbeitet werden. Die fremdsprachenrelevanten Mindestbedingungen, die gemäß KMK-Vereinbarung vom 7. 7. 1972 zu erfüllen sind, lauten: Belegung von zwei Halbjahreskursen in der gewählten Fremdsprache in den Jahrgangsstufen 12/13; Wahl von zwei Leistungsfächern, wobei eines entweder eine Fremdsprache oder Mathematik oder eine Naturwissenschaft sein muß; Unterricht in einer zweiten Fremdsprache in den Jahrgangsstufen 11 bis 13, wenn in den Jahrgangsstufen 7 und 10 keine zweite Fremdsprache gelernt wurde; die Leistungskurse in der Fremdsprache können 6- bzw. 5-stündig sein, die Grundkurse sind 3-stündig.

Die Kollegschule hält diese Mindestbedingungen nicht nur ein, um die Anerkennung der Abschlüsse zu gewährleisten, sie geht in fast allen studien- und doppeltqualifizierenden Bildungsgängen aus bildungsgangspezifischen Gründen weit darüber hinaus; Fremdsprachen werden in Bildungsgängen der Schwerpunkte „Wirtschaftswissenschaften", „Erziehung und Soziales" und „Sprache und Literatur" zu Leitdisziplinen von Bildungsgängen.

(4) Stand der Curriculumentwicklung

Die Curriculumentwicklung für den Kollegschulversuch folgt dem Konzept wissenschaftsorientierter und berufspragmatischer, praxisnaher Curriculumentwicklung. Sie erfolgt in für den Kollegschulversuch gebildeten Überregionalen Fachgruppen (ÜFGen) beim Landesinstitut für Curriculumentwicklung, Lehrerfortbildung und Weiterbildung. In der für den Bereich der Fremdsprachen gebildeten ÜFG erarbeiten Lehrer des Gymnasiums und des berufsbildenden Schulwesens fremdsprachliche Kurskonzepte zur Erprobung und Weiterentwicklung in den Kollegschulen. Diese ÜFG hat die Möglichkeit, mit anderen ÜFGen – z. B. aus den technologischen Bereichen oder dem Bereich Wirtschaftswissenschaften – zusammenzuarbeiten, d. h., Anregungen von dort aufzunehmen (z. B. bei der Auslegung fachsprachlicher Kurse), Anfragen oder Anregungen dorthin zu richten oder gemeinsam zu planen (z. B. bei Kurskonzepten für den Bildungsgang „Fremdsprachenkorrespondent/Allgemeine Hochschulreife").

Die ÜFG Fremdsprachen wird fachwissenschaftlich und fachdidaktisch beraten und unterstützt von einer Assoziierten Wissenschaftler-Gruppe (AWG), die Bedarfsanalysen, Strukturkonzepte sowie Expertisen zu Einzelfragen erstellt und durch Teilnahme an den ÜFG-Sitzungen die Fachlehrer berät und deren Fragen an die korrespondierenden Fremdsprachenwissenschaften beantwortet. Der vorliegende Reader gibt u. a. einen Einblick in die Arbeiten der AWG (Beitrag von Konrad Schröder) und der ÜFG (Kursentwürfe in Teil 2). Darüberhinaus erhalten die Entwicklungsgruppen Unterstützung durch den Kontakt zu anderen Lehrplanarbeitsgruppen der verschiedenen Schulformen. Eine umfangreiche Dokumentation steht zu ihrer Verfügung. Für besondere Problemfelder liegen Einzelgutachten vor (vgl. etwa PIEPHO 1979).

In der ÜFG Fremdsprachen sind bisher diejenigen doppeltqualifizieren-den Bildungsgänge ausgelegt worden, die als erste in den Kollegschulen nachgefragt wurden. Es sind dies Kursfolgen für die technologischen und naturwissenschaftlichen Schwerpunkte, Kursfolgen für den Schwerpunkt „Wirtschaftswissenschaften" (Höhere Handelsschule/Allgemeine Hoch-schulreife), Kursfolgen für den Schwerpunkt „Erziehung und Soziales" (Bildungsgang „Erzieher/Allgemeine Hochschulreife") und Kursfolgen für den Schwerpunkt „Sprache und Literatur' (Bildungsgang „Fremdspra-chenkorrespondent/Allgemeine Hochschulreife"). Generell ist für den Fremdsprachenunterricht in Bildungsgängen außerhalb des Schwerpunktes „Sprache und Literatur" anzumerken, daß sowohl von den Lehrern der Versuchsschulen als auch von den beteiligten Wissenschaftlern eine aus-schließliche Orientierung der Kurse auf Fachliteratur und fachsprachliche Kommunikation abgelehnt wird. Eine ausschließliche Präsentation von technologischen, wirtschaftswissenschaftlich-kaufmännischen bzw. er-ziehungswissenschaftlichen Fachtexten führte zu einer Überbewertung der Fachsprachen, die dem tatsächlichen Bedarf im späteren Berufsleben und in den nicht-beruflichen Bereichen nicht entspricht, die die Schüler überfor-dert und zu einem Motivationsverlust führen kann. Aussagen über den Umgang mit Fachliteratur im Unterricht, über die Gewichtung von allge-mein- und berufsqualifizierenden Lernzielen und über das Verhältnis von Allgemeinsprache und Fachsprache müssen im weiteren Verlauf des Schul-versuchs schwerpunktspezifisch präzisiert werden (vgl. M. A. MEYER 1980).

Im Jahre 1979 ist mit der Erarbeitung neuer fremdsprachlicher Kurse im technologischen Bereich begonnen worden, und zwar mit dem doppelt-qualifizierenden Bildungsgang „Elektrotechnik bzw. Maschinenbau/ AHR". Hier soll versucht werden, eine Kursfolge zu entwerfen, die als Modell für die Revision älterer, stärker berufsorientierter Kurse gelten und so von den Lehrern in den verschiedenen Regionen des Schulversuchs ak-zeptiert werden kann.

(5) Die weiteren Planungen

In Bezug auf den Fremdsprachenunterricht lassen sich die Bildungsgänge in der Kollegschule in folgende Gruppen einteilen:

– Bildungsgänge, die auf Berufe und Studienrichtungen vorbereiten, für die Fremd-sprachenkenntnisse nicht zum engeren Kern der fachlichen Qualifikation gehören,
– Bildungsgänge, die auf Berufe und Studienrichtungen vorbereiten, zu deren weite-

rem Berufsbild Fremdsprachen gehören (z. B. Kaufleute, Techniker und Ingenieure, Wirtschaftswissenschaftler),
- Bildungsgänge, die auf Berufs- und Studienrichtungen vorbereiten, bei denen die Verwendung von Fremdsprachen zum Kernbereich beruflicher Tätigkeit gehört (z. B. Übersetzer und Dolmetscher, Fremdsprachenkorrespondenten, Fremdsprachenlehrer und Fremdsprachenwissenschaftler),
- Bildungsgänge, in denen Schüler lernen, die nur geringe Fremdsprachenkenntnisse aus der Sekundarstufe I mitbringen (zum Katalog vgl. M. A. MEYER in diesem Band, S. 21 f.).

(5. 1) Es wird nicht überraschen, daß mit der Planung und Realisierung von Bildungsgängen der dritten Gruppe begonnen wurde. Die Herstellung eines gemeinsamen Bezugs zu einer fremdsprachlichen Berufs- und Studienqualifikation schien hier am ehesten möglich. Die Vorarbeiten, auf die zurückgegriffen werden konnte, waren am weitesten gediehen. Als Beispiel aus der dritten Gruppe wird in diesem Reader der Bildungsgang „Fremdsprachenkorrespondent/Allgemeine Hochschulreife" dargestellt. An dieser Stelle soll deshalb auf ihn nicht weiter eingegangen werden; der Hinweis genügt, daß dieser Bildungsgang eine rege Nachfrage ausgelöst hat und inzwischen an mehreren Kollegschulen eingerichtet wurde. Die ersten Prüfungen vor der Industrie- und Handelskammer werden 1980 abgelegt werden. Über das Ergebnis und die ersten Erfahrungen wird in einer bis Ende 1982 vorliegenden Untersuchung der Wissenschaftlichen Begleitung Kollegstufe NW (WBK) berichtet werden.

Inzwischen planen einige Kollegschulen eine Variante dieses Bildungsgangs, in der den Kollegschülern, die auf dem Weg zu einem ersten Abschluß im Schwerpunkt „Wirtschaftswissenschaften" (Allgemeine Hochschulreife, Fachhochschulreife oder Abschluß Höhere Handelsschule) oder im Schwerpunkt „Sprache und Literatur" (Allgemeine Hochschulreife oder Fachhochschulreife) die erforderlichen fremdsprachlichen Fähigkeiten erworben haben, über ein auf diese Fähigkeiten abgestimmtes weiteres einjähriges Lernprogramm ebenfalls die Vorbereitung auf die Fremdsprachenkorrespondentenprüfung ermöglicht wird. Aus dem simultan doppeltqualifizierenden Bildungsgang wird infolge der individuellen Entscheidung des Schülers und im Rahmen der Realisierungsmöglichkeiten der jeweiligen Kollegschule ein gestuft doppeltqualifizierender Bildungsgang, der in seiner curricularen Auslegung – anders als im Regelsystem und den Kursen an privaten Sprachenschulen – von Anfang an auf das Berufsfeld der Sprachmittlung (Handelskorrespondenz, Dolmetschen und Übersetzen) ausgelegt ist.

(5.2) Als Bildungsgang der zweiten Gruppe (Fremdsprachenqualifikationen gehören zum Berufsbild im weiteren Sinne) kann z. B. der Bildungsgang „Assistent an Bibliotheken/Allgemeine Hochschulreife bzw. Fachhochschulreife" gelten. Für ihn liegt ein Profilkonzept vor (Landesinstitut für Curriculumentwicklung, Lehrerfortbildung und Weiterbildung, Drucks.-Nr. KS 238/78). Zu den inhaltlichen Eingangsvoraussetzungen für diesen Bildungsgang gehören u. a. auch ein Interesse an Literatur und an Fremdsprachen. Die Schüler besuchen in der Jahrgangsstufe 11.1 die gleiche Grundbildung, die auch im Bildungsgang „Fremdsprachenkorrespondent/Allgemeine Hochschulreife" angeboten wird (vgl. M. A. MEYER in diesem Band, S. 38 ff.).

Es sind zwei Varianten dieses Bildungsgangs vorgesehen, eine dreijährige vollzeitschulische und eine vierjährige, in den ersten beiden Jahren teilzeitschulische. In beiden Varianten des Bildungsgangs wird als zweites Leistungskursfach für die Fachhochschulreife und für die allgemeine Hochschulreife eine Fremdsprache vorgeschlagen. Auch in der teilzeitschulischen Ausbildung zum Assistenten an Bibliotheken ohne Doppelqualifikation ist eine Fremdsprache (Englisch) vorgesehen.

Die Schüler sollen in den Varianten des Bildungsgangs eindeutige und unverzichtbare sprachliche, literarische und fremdsprachliche Kenntnisse und Fertigkeiten erwerben (Textdokumentation und -produktion, Protokollieren, Übersetzen, Dolmetschen, d. h. Techniken der Textverarbeitung im Bereich der Erst- wie der Fremdsprachen, und anderes); sie sollen ein Verständnis für die Natur von Spracherwerbsprozessen, für Kommunikationsmedien und für die Produktion, Distribution und Rezeption von Literatur gewinnen.

Dieses hier nur kurz vorgestellte Profilkonzept wird noch diskutiert werden müssen, bevor es in konkretere Planungen und Unterrichtsvorbereitungen umgesetzt werden kann. Dabei sind u. a. die entsprechende Ausbildungsordnung und die Prüfungsordnung für den Ausbildungsberuf „Assistent an Bibliotheken" ebenso zu berücksichtigen wie die KMK-Vereinbarungen zum Erwerb der allgemeinen Hochschulreife. Die „Prüfungsordnung für die Abschlußprüfung im Ausbildungsberuf Assistent an Bibliotheken", die von der zuständigen Stelle – in diesem Falle für Nordrhein-Westfalen der Regierungspräsident Köln – erlassen und vom Kultusminister genehmigt worden ist (RdErl. d. KM v. 8. 10. 1979 – IV B4 – 53 – 52 – 3666/79; GABl. NW. S. 519), bezieht sich auf die „in der Ausbildungsordnung geforderten Kenntnisse und Fertigkeiten" und auf den „im Berufsschulunterricht vermittelten, für die Berufsausbildung wesentlichen Lehrstoff". In der Ausbildungsordnung findet der Curriculumentwickler „Gegenstände der Berufsausbildung" und „Prüfungsgebiete" wie diese: Grundkenntnisse des Informationswesens, Katalogarbeiten, Auskunftsdienst und Leihverkehr, Titelaufnahmen, Buchhandel und Medien, Bibliothekssystematik, Wirtschafts- und Sozialkunde. Es ist zu prüfen, ob diese Bezugspunkte ausreichende Orientierung für eine weitere Legitimation des Fremdsprachenunterrichts und für die curriculare Auslegung des Fremdsprachenunterrichts unter bibliotheksspezifischen Aspekten für den Bildungsgang der Kollegschule geben können.

(5.3) Der Fremdsprachenunterricht in weiteren Bildungsgängen des Kollegschulversuchs kann erst dann bewertet werden, wenn die entsprechenden Analysen und die auf die Profilkonzepte bezogenen fremdsprachlichen Kursfolgen vorliegen. Eine erste Einschätzung soll jedoch schon jetzt versucht werden. In allen Bildungsgängen werden weitere schwerpunktbezogene Fremdsprachenkurse entwickelt werden müssen. In den technologischen Schwerpunkten werden bestimmte Fachsprachen eine wichtige Rolle spielen, im Schwerpunkt Medizin werden alte und neue Fremdsprachen angeboten werden, in den wirtschafts- und verwaltungswissenschaftlichen Schwerpunkten werden Fremdsprachen unter dem Aspekt von Export, Import, Dienstleistungswesen und internationaler Verwaltung eine Rolle spielen, im Schwerpunkt Erziehung und Soziales wird es nicht unerheblich sein, daß hier junge Menschen ausgebildet werden, die es später einmal im Beruf mit ausländischen Mitbürgern verschiedener Sprachgemeinschaften und deren Kindern zu tun haben können. Dieser Bedarf wird sehr sorgfältig analysiert werden. Die Planung wird diese Analysen berücksichtigen, ohne sich von ihnen unkritisch abhängig zu machen. Eine Pseudobedarfsabhängigkeit gilt es auch hier zu vermeiden. Wichtig erscheint mir, beim Fremdsprachenunterricht in der Kollegschule wie überhaupt bei jedem Unterricht in der Kollegschule vor Augen zu haben, daß es mehr darauf ankommt, weitere Lernprozesse nach der Schule grundzulegen, vorzubereiten und zu initiieren als Lernprozesse in der Kollegschule „abzuschließen". Für den Fremdsprachenunterricht heißt das konkret, eine oder zwei Fremdsprachen so zu erlernen, daß man die erworbenen Fähigkeiten selbständig und wirksam einsetzen kann, daß man mit ihrer Hilfe private, gesellschaftliche und berufliche kommunikative Situationen mit Freude und „Gewinn" betreiben kann und daß man bereit und in der Lage ist, die erworbenen Fremdsprachenfähigkeiten aufzufrischen und zu erweitern sowie selbständig oder mit Hilfe anderer weitere Fremdsprachen zu lernen, wenn es der Beruf erfordert oder wenn die persönlichen Wünsche darauf abzielen (vgl. hierzu auch BENEKE in diesem Band).

(5.4) Fremdsprachenunterricht für alle Schüler der Kollegschule bedeutet, auch den *leistungsschwächeren Schülern* einen angemessenen, die beruflichen und die allgemeinen Qualifikationen befördernden Fremdsprachenunterricht zu erteilen.

Planer, Curriculumentwickler und Lehrer beklagen häufig, daß der inzwischen in allen Schulformen der Sekundarstufe II und dementsprechend auch in den verschiedenen Bildungsgängen der Kollegschule vorgesehene Fremdsprachenunterricht (zumindest Englisch), ohne sich auf ausreichende Vorkenntnisse der Schüler aus der Sekundarstufe I (insbesondere der Hauptschule) stützen zu können, geplant und durchgeführt werden muß. Für eine gewisse Übergangszeit ist mit einer schnellen Änderung dieser Ausgangssituation nicht zu rechnen. Mit einer sich abzeichnenden Verbesserung des Englischunterrichts in der Hauptschule und dort gerade für die leistungsschwachen Schüler ist jedoch zu erwarten (vgl. PIEPHO 1979), daß zumindest ein Grundbestand an fremdsprachlichen Eingangsqualifikationen beim Eintritt in die Sekundarstufe II vorausgesetzt werden kann. Aber auch dann wird es Aufgabe der Planer, Curriculumentwickler und Lehrer bleiben, Schüler bei ihren unterschiedlichen fremdsprachlichen Qualifikationen am Ende der Sekundarstufe I abzuholen und insbesondere an bewährte Lernstrategien der Schulen der Sekundarstufe I anzuknüpfen, um das Mitgebrachte zu sichern und auszubauen. Insofern ist es für alle am Kollegschulversuch beteiligten Englischlehrer hilfreich, z. B. das von H. E. Piepho erstellte Gutachten, das den anwendungsbezogenen, von der Schülermotivation ausgehenden Englischunterricht in der Hauptschule empfiehlt, zu kennen und zu berücksichtigen, nicht nur, um den adäquaten Anschluß an die Sekundarstufe I zu finden, sondern auch, um den leistungsschwächeren Schülern in bestimmten Bildungsgängen in der Kollegschule, z. B. im Berufsvorbereitungsjahr oder im Berufsgrundschuljahr, einen weniger an der formalen Struktur des Englischen als vielmehr an der motivationssteigernden konkreten Verwendung der Sprache orientierten Unterricht zu erteilen.

In den berufsbezogenen Bildungsgängen der Kollegschule besteht die Chance, der Verwendung von Sprache eine neue, berufs- und handlungsbezogene Perspektive zu geben. Es ist anzunehmen, daß dadurch die beruflich-fachliche Kompetenz und über sie auch die allgemeine, humane und soziale Kompetenz der Schüler entwickelt und gestärkt werden können. Unter der Voraussetzung, daß ein so angelegter Englischunterricht für leistungsschwache oder wenig motivierte Schüler in der Kollegschule nicht in fachlich verwendbare Drills (etwa Verstehen und Anwenden von englischsprachigen Montage- und Reparaturinstruktionen) erstarrt, sondern immer auch vordringt bis zur Befähigung zur Kommunikation in beruflichen und außerberuflichen Situationen, kann auch der Englischunterricht für leistungsschwache Schüler seinen spezifischen Beitrag zur Verbindung von allgemeiner und beruflicher Bildung in der Kollegschule leisten.

TEIL 2

Drei Kursentwürfe für den Bildungsgang

66

Rainer Nölken

Englische Handelskorrespondenz I (Business English). Jahrgangsstufe 12. 1

(1) Einige kollegschulspezifische Vorbemerkungen

(1.1) *Stellung des Kurses im Bildungsgang*

Der Kurs „Englische Handelskorrespondenz I (Business English)" setzt mit Beginn der zwölften Jahrgangsstufe ein. Er ist ein schwerpunktprofil-bezogener Pflichtkurs und dient zusammen mit dem Kurs „Französische Handelskorrespondenz" zur Abdeckung der berufsqualifizierenden Komponente als Teil der angestrebten Doppelqualifikation „Fremdsprachen-korrespondent/Allgemeine Hochschulreife".

Obleich das kollegschulspezifische Ziel der Doppelqualifikation an dieser Stelle des Bildungsganges zum ersten Mal auch stundentafelmäßig hervortritt, findet doch kein völlig unvorbereiteter Einstieg in den mit diesem Kurs zu vermittelnden speziellen sprachlichen Bereich statt, da die in den vorherigen Kursen – in der kommunikationsberuflichen Grundbildung in der Jahrgangsstufe 11. 1 und dem ersten Leistungskurs in der Jahrgangsstufe 11. 2, „Developing Communicative Strategies" – angestrebten Qualifikationen sich grundsätzlich an potentiellen Verwertungssituationen in Studium, Beruf und Freizeit/Alltag orientierten. Dort wurden die Schüler einerseits über die gezielte Förderung und Vertiefung der Fertigkeiten Hörverstehen/Sprechen sowie Lesen, andererseits durch geeignete Auswahl von Themen (Texten) bzw. Sprechanlässen sowohl sprachlich als auch ansatzweise thematisch auf diesen Kurs vorbereitet, indem u. a. Grundsätzliches zur Briefgestaltung und zum *note taking* sowie die rollenspezifische Gestaltung von kurzen Gesprächen/Unterhaltungen wie z. B. „Empfang eines Besuchers", „Sich vorstellen" u. ä. geübt wurden.

Der Kurs erfährt eine laufende Unterstützung durch den in der Jahrgangsstufe 12.1 vorgesehenen Leistungskurs „Writing for Various Purposes: Living in a Consumer's World". Zwei weitere Handelskorrespondenzkurse in den Jahrgangsstufen 12.2 und 13.1 schließen die Vorbereitung auf die Prüfung zum „Fremdsprachlichen Korrespondenten" vor einer Industrie- und Handelskammer ab.

(1.2) Das Ziel der Doppelqualifikation

Die aktuelle, für den Kollegschüler persönlich erfahrbare Bedeutung der Forderung nach einer Doppelqualifikation ergibt sich über alle bildungstheoretische Begründung hinaus auch aus der schlechten Arbeitsmarktsituation in den Bereichen, für die ein fremdsprachlich ausgerichteter Bildungsgang in der Sekundarstufe II die Schüler herkömmlicherweise qualifizierte, nämlich den Bereich der Fremdsprachenlehre und der Sprachmittlung. Wenn es den Schülern ermöglicht werden soll, flexibel auf Beschäftigungsmöglichkeiten im fremdsprachenspezifischen und fremdsprachenimplizierenden Bereich zu reagieren, um nicht allein auf eine Ausbildung in den „gesättigten" Bereichen der Fremdsprachenlehre und des Übersetzungswesens angewiesen zu sein, muß ihnen auch eine beruflich orientierte Qualifikation vermittelt werden, die eine Verwertung außerhalb einer studienbezogenen Weiterbildung ermöglicht. Hier bietet sich die Ausrichtung an den Erfordernissen im kaufmännisch-wirtschaftlich-technischen Bereich an, da hier eine starke Nachfrage nach fremdsprachenkundigen Beschäftigten besteht. Das globale Lernziel einer sowohl berufsrelevanten wie auch studienqualifizierenden kommunikativen Kompetenz erhält so seine Begründung und ist zugleich Entscheidungskriterium bei der Bestimmung von Lehrinhalten des Bildungsganges. Im Sinne einer beruflichen Qualifikation schließt es die Vermittlung kaufmännisch-wirtschaftswissenschaftlicher Kenntnisse und Fertigkeiten ein. Es versteht sich jedoch, daß erst durch die Kursfolge „Wirtschaftswissenschaft" (3. Abiturfach) ein ausreichend umfangreiches und differenziertes Verständnis für geschäftliche Abläufe und Wirtschaftsfragen gesichert werden kann. Den die Doppelqualifikation insgesamt beschreibenden Anforderungskatalog zeigt die Tabelle auf S. 68[3].

(1.2.1) Doppelqualifikation und integrative Kursinhalte

Die Analyse des in der Tabelle dargestellten Anforderungskataloges zeigt, daß Kursinhalte sowohl in die anzubietenden Leistungskurse als auch in die Kurse zur Handelskorrespondenz übernommen werden können. Es ergibt sich ein umfangreicher Katalog von Gemeinsamkeiten auf den drei Ebenen der fremdsprachlichen *skills*, der behandelten Themenfelder und der Textsorten und kommunikativen Zielsituationen. Der relativ große Umfang der Gemeinsamkeiten wird verständlich, wenn man berücksichtigt, daß sich die an der Planung und Auslegung der kollegschulspezifischen Kurse beteiligten Gremien zur Auflage gemacht hatten, die speziellen Anforderungen für die Prüfung und den Beruf des Fremdsprachenkorrespondenten ebenso wie die Anforderungen in den fremdsprachlichen Prüfungen zur Erlangung der Allgemeinen Hochschulreife auf einem breiten Fundament allgemein verwertbarer kommunikativer Fähigkeiten aufbauen zu lassen.

Katalog der Anforderungen für Doppelqualifikationen

	zusätzliche Anforderungen für Fremdsprachen-korrespondenten	gemeinsame Anforderungen	zusätzliche Anforderungen für die AHR im Bereich der Neuen Fremdsprachen
fremdsprachl. Fertigkeiten ("skills")	Übersetzen und ansatzweise Dolmetschen	Hörverstehen, Sprechen, Leseverstehen, Schreiben als fremdsprachl. Grundfertigkeiten	
Themenfelder/ Sachbereiche	Wirtschaft, Recht und Verwaltung (bezogen auf wirtschaftl. Fragen), betriebl. Geschäftsabläufe, Technologien	Teile des sozioökonomischen Bereichs, vor allem Politik und wirtschaftliche Fragen von allgemeinem Interesse, Teile des soziokulturellen Bereichs, vor allem Öffentlichkeit, Kultur, Medien, Freizeit, private Lebenswelt	Sprache und Literatur (Textkonstitution und -analyse) Produktion, Distribution und Rezeption von Literatur
Textsorten und kommunikative Zielsituationen	Geschäftsbriefe auswerten und verfassen, Telefon- und Aktennotizen, formalisierte geschäftliche Abläufe	fremdsprachliche schriftliche Informationsentnahme und Weitergabe (Protokoll, Zusammenfassung, Stellungnahme); Textverarbeitung; mündl. Kommunikation mit Sprechern der Zielsprachen: Diskussion, Argumentation, Sach- und Fachgespräch	sachbezogene freie Diskussion; Textanalyse und -interpretation (sprachwissenschaftlich und literaturwissenschaftlich orientiert); zusammenhängende Darstellung ("Textaufgabe" und "Themaaufgabe"); Lektüre von Fachliteratur und wissenschaftliche Arbeitstechniken

Welche Möglichkeiten sich bieten, soll an zwei Beispielen erläutert werden:

1. Im Bereich der fremdsprachlichen Fertigkeiten („skills") wird die Grundfertigkeit „Schreiben" in dem Leistungskurs „Writing for various purposes: Living in a consumer's world" im sozio-kulturellen Sachbereich der privaten Lebenswelt bzw. im sozio-ökonomischen Bereich der Arbeitswelt in der Form eines Bewerbungsschreibens abgehandelt. Kommunikative Zielsituation ist die fremdsprachliche, schriftliche Informations-

weitergabe (persönliche Daten) bzw. Stellungnahme/Reaktion in bezug auf eine gelesene Stellenausschreibung. Diese inhaltliche Ausgestaltung ist ebenso im Kurs „Englische Handelskorrespondenz" vorgesehen, wird dann aber in Richtung auf geschäftliche Kommunikation ausgeweitet.

2. Im Bereich des zusätzlichen *skills* „Übersetzen", hier als besondere Ausprägung des *skills* „Schreiben' gesehen, sollen die Schüler nach Maßgabe von Merkmalen der kommunikativen Situation einen in der Muttersprache oder auf Englisch vorgegebenen schriftlichen Text aus den Sachbereichen Wirtschaft, Gesellschaft u. a. in die Zielsprache Englisch bzw. ins Deutsche übertragen können. Andererseits ist die Übersetzung von Texten wirtschaftlichen Inhalts auch Prüfungsgegenstand bei der Prüfung zum Fremdsprachenkorrespondenten und gehört im Zusammenhang mit der Abfassung von Geschäftsbriefen u. ä. zum normalen Berufsalltag eines fremdsprachlichen Korrespondenten.

(1.2.2) *Doppelqualifikation und spezialisierende Kursinhalte*
Ebenso wie die integrativen Kursinhalte werden die für die beiden Bestandteile der Doppelqualifikation typischen Differenzierungen aus der oben wiedergegebenen Tabelle deutlich. Im wesentlichen bestehen diese Unterschiede darin, daß die Anforderungen für die Qualifikation zum fremdsprachlichen Korrespondenten in produktiven und rezeptiven Fertigkeiten vorwiegend im schriftsprachlichen Bereich in bezug auf standardisierte Kommunikationssituationen (z. B. Geschäftsbriefe) sowie in weniger ausgeprägtem Maße in der Fähigkeit zur Bewältigung relativ formalisierter mündlicher Kommunikationsabläufe (Empfang von ausländischen Besuchern, Betriebsführung, Telefonate u. ä.) und in Gesprächen über kaufmännische-wirtschaftliche Fragen bestehen, wozu noch ansatzweise das Dolmetschen tritt, während in der Ausrichtung auf die Allgemeine Hochschulreife Kenntnisse, Fertigkeiten und Einsichten unter besonderer Berücksichtigung der Sachbereiche Sprache und Literatur unter dem Aspekt der Studienvorbereitung im Vordergrund stehen (PROFILKONZEPT 1978, S. 7ff.).

Unterschiede zwischen den Kursen für die beiden Teilqualifikationen ergeben sich außerdem hinsichtlich des Anspruchsniveaus und der Komplexität der angestrebten gemeinsamen Lernziele. So wird bei der Behandlung eines Themas im sozio-ökonomischen Bereich in den Handelskorrespondenzkursen mehr Gewicht auf fachsprachliche Genauigkeit gelegt, als das in einem Kurs zur Erlangung der Allgemeinen Hochschulreife erforderlich ist. Der umgekehrte Fall tritt ein, wenn es sich z. B. um eher textwissenschaftliche Fragestellungen handelt. Ihre Behandlung kann nur indirekt zu einer Verbesserung der Fähigkeit zur fremdsprachlichen Handelskorrespondenz führen.

(2) Darstellung des Kurskonzeptes

Die folgenden Ausführungen sind eine verkürzte Darstellung des ursprünglichen Kursentwurfes, den der Verfasser in Zusammenarbeit mit A. Schroeder, Neuss, im Rahmen seiner Mitarbeiter in der „Überregionalen Fachgruppe Fremdsprachen" im Kollegschulversuch NW erstellt hat.

(2.1) *Kursziele*

(2.1.1) *Kursziele nach der Prüfungsordnung*
Der Kurs „Englische Handelskorrespondenz I" bereitet ebenso wie zwei weitere, die auf ihm aufbauen, auf die Prüfung zum fremdsprachlichen Korrespondenten vor. Ein Teil der Kursziele ergibt sich daher aus den jeweiligen Prüfungsanforderungen der Kammern. In der Regel sind es:
– Diktat eines Textes wirtschaftlichen Inhalts in der Fremdsprache, Übersetzung eines deutschen Textes, Übersetzung eines englischen Textes sowie Ausarbeitung von zwei Geschäftsbriefen in der Fremdsprache nach Angaben in deutscher Sprache, sogenannte Stichwortbriefe, im schriftlichen Teil, und
– Übersetzung eines fremdsprachlichen Textes sowie Unterhaltung in der Fremdsprache im mündlichen Teil.[4]
Das Diktat enthält hinsichtlich des Hörverstehens das Lernziel, Idiolekte von *non-native speakers* und *native speakers* richtig aufzunehmen und hinsichtlich des Schreibens das Ziel, in amerikanischem oder britischem Englisch verfaßte wirtschaftliche Texte fehlerfrei zu reproduzieren. Bei der Übersetzung handelt es sich um eine zusammengesetzte Fertigkeit. In der fremdsprachlichen Korrespondentenprüfung kommt sie in schriftlicher und mündlicher Form vor. Sowohl für die Ausgangs- als auch für die Zielsprache gilt, daß diese Leistung nur von demjenigen erbracht werden kann, der über ein sozio-ökonomisches Grundwissen und fachsprachliche Kenntnisse in mehreren Bereichen in beiden Sprachen verfügt, der weiter Übersetzungstechniken beherrscht – Verfahren der Substitution, Interpretation (Neuodierung) und Paraphrase mit Transposition und Modulation (Transposition verstanden als syntaktische Paraphrasierung und Modulation als semantische Paraphrasierung) –, der Abkürzungen entschlüsseln und sematische Inkongruenzen dem jeweiligen Kontext entsprechend übersetzen kann, der letztlich gelernt hat, syntaktische Stereotypen, das heißt Standardformulierungen, zu verwenden.
Neben Fachkenntnissen im ausgangs- und zielsprachlichen Bereich benötigen die Kursteilnehmer für das Abfassen von Stichwortbriefen Infor-

mationen über die Gestaltungsformen von *„indented"* und *„blocked"* letters sowie Gestaltungsprinzipien für das Abfassen wichtiger Geschäftsbrieftypen (z. B. *inquiry, offer, order, acknowledgement,* etc.) einschließlich der für sie in Betracht kommenden Phraseologien, Termini und Abkürzungen, zum Beispiel der *International Commercial Terms (Incoterms)*. In diesem Zusammenhang müssen die Kursteilnehmer auch befähigt sein, eigene Handlungsstrategien sprachlich zu verwirklichen und auf die Handlungsstrategien ihrer Geschäftspartner unter Berücksichtigung argumentativer Gesichtspunkte angemessen zu reagieren.

(2.1.2) *Kursziele aus fachsprachlicher Perspektive*
In den Fremdsprachenkorrespondenzkursen lernen die Kursteilnehmer *„Business English"*, eine weitgehend standardisierte schriftsprachliche Form der Sprachverwendung, die sich von der „Everyday Language" (Gemeinsprache) nicht nur durch bestimmte Phraseologien und Termini, sondern auch durch größere Ausdrucksökonomie (Verwendung von Kurzformen bei eindeutigen Situationen, häufigen Wegfall von Artikeln und Präpositionen, Verwendung von Abkürzungen) unterscheidet. Dennoch zeichnet sich zum Teil eine Annäherung an die Gemeinsprache ab: anstelle eines Stils, für den häufig Passivkonstruktionen, weitschweifige Ausdrücke und ein Fachjargon charakteristisch sind, zieht man heute immer häufiger das Aktiv, kurze und prägnante Formulierungen sowie leicht verständliche und bekannte Wörter vor. Weil es nicht möglich ist, in einer dreisemestrigen Kursfolge sämtliche in Betracht kommenden Branchen sowie mögliche strukturelle Veränderungen in diesen Branchen zu berücksichtigen, ist es geboten, den Kursteilnehmern Fertigkeiten zu vermitteln, die sie in sämtlichen Bereichen der Wirtachaft anwenden können. Bei diesen fremdsprachlichen Fertigkeiten handelt es sich um die oben bereits erwähnten, sprachlich zu realisierenden Handlungsstrategien und rhetorischen Elemente, die differenziert und bezogen auf die wesentlichen Brieftypen des Export- und Importwesens sowie auf standardisierte Situationen wie Telefonate, Verkaufsgespräche, Verhandlungen beherrscht werden müssen.

(2.1.3) *Weitere Kursziele*
Die Vorbereitung auf die Prüfung zum fremdsprachlichen Korrespondenten kann nicht alleiniges Ziel der drei genannten Kurse sein. Als Kursziele sind daher auch nicht-standardisierte Annahme und Führen eines Telefonats, Empfang und Betreuung ausländischer Besucher im Betrieb u. ä. zu berücksichtigen. Schließlich sollten die Kursteilnehmer auch lernen, sich im Sinne eines „life-long learning" mit Hilfe geeigneter Medien (fachsprachlicher Wörterbücher, Handbücher und Fachzeitschriften) in neu auf sie zukommende Aufgaben sprachlich einzuarbeiten.

(2.2) Aufbau des Kurses

Der curricularen Gestaltung dieses Kurses liegt die Matrix auf S. 73 zugrunde.

Für jedes Kurssegment wurden eine *kommunikative Zielsituation,* eine *Textsorte* (deren Produktion geübt und für die geeignete Register erarbeitet werden sollen), ein *Thema,* anhand dessen das für einen Fremdsprachenkorrespondenten notwendige sozio-ökonomische Hintergrundwissen aufgebaut werden soll, sowie eine oder mehrere *fremdsprachliche Fertigkeiten* (skills) angegeben, die in einem Segment in den Vordergrund treten.

Der nun folgende Text (entnommen aus HOFFMANN 1976, S. 18 f.) eignet sich als ein Beispiel für das zweite Kurssegment mit den kommunikativen Zielsituationen: „Auswertung einer Stellenanzeige", „Sich telefonisch bewerben und Vorstellungsgespräch", „Bewerbungsschreiben abfassen":

Applying for a Job
Secretary required for a fascinating assignment. She will be working for a director in a very fast-moving newspaper. The department is staffed with over 200 young, go-getting people. The work will be stimulating and invigorating.

The ideal lady will be attractive, super-efficient (with top speeds), charming, and possess a good telephone voice. She will be aged 22–35, and of good education. Preferably she will have commercial experience. Rewards are high, generous lunch break, no Saturdays. 4 weeks' holiday. Salary will be a most generous four- figure amount. Please telephone for appointment. 01-642 8023.

I. Phoning for an appointment
Telephonist: National Newspaper Company.
Janet: Good morning. I'm phoning about your advertisement for a secretary in today's Evening Standard. Telephonist: One moment, please. I'll put you through to Mr. Jones of the Personnel Department.
Jones: Personnel Department, David Jones speaking.
Janet: This is Janet Powell. I should like to apply for the post of secretary advertised in today's Evening Standard.
Jones: Ah yes, Miss Powell. You'd like to make an appointment, would you?
Janet: Yes, that's right.
Jones: Well, let me see, would tomorrow afternoon suit you, Miss Powell?
Janet: Tomorrow afternoon? Yes, that'd be all right. What time exactly . . .
Jones: Would half past three be convenient for you?
Janet: Half past three. Yes, that'd be perfect.
Jones: Half past three tomorrow, then. And if it's not too much bother, bring along a brief outline of your career, will you? You know, all the usual things . . .
Janet: Oh yes, certainly . . .
Jones: Well, thanks for calling, then, Miss Powell, I look forward to meeting you tomorrow. Good-bye!
Janet: Good-bye!

Matrix für die Kursgestaltung

Zeit in Std.	Kurs-segment	Kommunikative Zielsituation	Textsorte	sozio-ökonomischer Hintergrund/Sachkenntnis	vorherrschende sprachliche Fertigkeiten				
					HV	IV	Spr	Schr	Übers
1	2	3	4	5	6	7	8	9	10
3	1	Lektüre von Stellenanzeigen	"want-ads" text(s)	production, trades, sectors of the economy branches of industry	x			(x)	
3	2	Auswertung der Stellenanzeige; Bewerbungsschreiben abfassen; sich telefonisch bewerben, Vorstellungsgespräch	letter of application business letter dialogue text	rules for letter writing (lay-out)			x	x	
5	3	Empfang eines Besuchers im Büro; Betriebsführung	brochure text(s)	organisation of business activities in the export department	x	x			
4	4	Produktionsinformationen aus Werbetexten entnehmen; Akten-notiz/Memo anfertigen	advertisement sales letter circular text(s)	advertising media	x				x
8	5	Telefongespräch annehmen und vermitteln; produktbezogene Details erfragen; Anfragen schreiben, Gesprächsnotiz anfertigen	dialogue text inquiry	telecommunications	x		x	x	
8	6	Produktbezogene Informationen geben; Angebote (schriftl./mündl.) formulieren und/oder telefonisch übermitteln	offers	international commercial terms (abroad)	x		x	x	
6	7	Konditionen für eine Bestellung festlegen; Bestellung aufgeben (Brief/Telefonat)	order/order form dialogue text	international commercial terms (abroad)			x	x	
6	8	Konditionen bestätigen; bevorstehende Lieferung ankündigen; um Instruktionen bitten; ein Telex schreiben; Auftragsbestätigung bzw. Versandanzeigen abfassen	acknowledgement advice of dispatch text(s)	transport	x			x	

2. The interview

Jones: Take a seat, won't you, Miss Powell.

Janet: Thank you.

Jones: If you'll just let me glance through this outline you've given me . . . Well, it seems to me from looking at your educational background and past career, Miss Powell, that you may be very much the kind of person we had in mind. Tell me, what made you reply to this advertisement of ours?

Janet: Well, to be quite frank, Mr. Jones, I was looking for a position that was a bit more of a challenge than the others that I've had. It was my impression that you had a really responsible job to offer, one that would make me part of a team of energetic and enterprising people. Also, I've always been fascinated by anything connected with the Press, and I thought it must be great fun to be involved – however indirectly – in the publishing of a great newspaper . . .

Das Beispiel enthält einen Anzeigentext und zwei *dialogue-texts* als diesem Kurssegment zugeordnete Textsorten. Zur Kontrolle des Textverständnisses und um die Kursteilnehmer zu Äußerungen über den gehörten Text zu bewegen, können folgende Fragen behandelt werden (wieder HOFFMANN 1976, S. 19):

1. Who is the person requiring a secretary?
2. What qualifications and personal attributes must the applicant have?
3. If you were looking for a job as a secretary, would the position advertised appeal to you? Give reasons for your answer.
4. What kind of people are described by the expression ,,go-getting"?
5. Why may it be important for a secretary to be ,,attractive" and ,,charming"?
6. Would the salary be under or over £ 1,000?
7. If Janet got the job, would Mr. Jones be her future boss?
8. What kind of papers will Janet have to bring along for the interview?
9. Is Mr. Jones' first impression of Janet a favourable one?
10. Is it good psychology for Mr. Jones to start the interview by asking Janet what made her reply to the advertisement?
11. What reasons does Janet give for wanting to change her job?

Diese hinsichtlich der Behandlung der vorgestellten Textsorten noch rein rezeptive sprachliche Arbeit kann dadurch gemäß der Forderung ‚vom Rezeptiven zum Produktiven' erweitert werden, daß die Kursteilnehmer solche Interviews entsprechend anderer Vorlagen selbst schreiben und spielen und schließlich auch eine schriftliche Antwort auf eine vorgegebenen Stellenanzeige verfassen (Bewerbungsschreiben), nachdem sie mit einer entsprechenden Vorlage und den grundlegenden briefgestalterischen Regeln vertraut gemacht wurden (HOFFMANN, a.a.O.):

BILINGUAL SEC. Engl./Germ. urgently reqd for director import/export agency. W. 1. Common sense and eye for detail more important than experience. Small office, very friendly atmosphere. Gd sal. for responsible girl (age immaterial) with tact and sense of humour. Hrs. 9–5.30, 5-day week. L. V.'s full fringe benefits. Ring Mr. Haddon 319 0641 for appt.

WANDTED SUPERHUMAN 21 + YEAR OLD
who loves work, people, and a hectic atmosphere. She must have good shorthand and
typing speeds, be prepared to work 24 hours a day with people who work 36 – and all
with a smile. A bit of an instinct for selling would be a help! Super salary plus!
  Telephone Mr. Redgrave 583 9020.

5.Using the factual information contained in the small ad above, discuss with a fellow
student the conditions of employment offered, one of you being the employer, the
other the applicant.

6. The following advertisement has induced you to apply for the position advertised.
You are at the interview, and Mr. Redgrave seems to be willing to hire you. However,
you know next to nothing about the job itself. Question Mr. Redgrave as tactfully als
possible, using the clues given below. Mr. Redgrave's part, of course, must be played
by a fellow student of yours, someone who can use his or her imagination to come up
with reasonably realistic answers.

a. Hours of work (overtime paid extra?). b. Notice to be given on both sides.
C. Holiday entitlement. d. Starting date. e. Promotion prospects. f. Salary. g. Bo-
nuses payable (Christmas?) h. Free luncheon vouchers?

Die kommunikativen Zielsituationen stecken den jeweiligen Rahmen ab, in
dem bestimmte Sprecher- und Schreiberstrategien eingeübt werden. Wichtigstes Auswahlkriterium ist die Praxisnähe. Bei den Textsorten ist für den
ersten Kurs in der Jahrgangsstufe 12.1 der ungestörte Geschäftsverlauf
wichtigstes Gestaltungsprinzip. Die sozio-ökonomischen Themen wurden
so gewählt, daß sie sich auf die ihnen in dem jeweiligen Kurssegment zugeordnete kommunikative Zielsituation und Textsorte beziehen lassen.

(2.3) *Methodische Hinweise*

Bisher war der Unterrichtserfolg in der fremdsprachlichen Handelskorrespondenz in den Berufsfachschulen kaufmännischer Ausprägung allein
schon deshalb sehr gering, weil man sich in der methodischen Gestaltung
des Unterrichts auf das Lesen und Übersetzen von Musterbriefen und das
Auswendiglernen von *phrases*, Fachtermini und Kürzeln beschränkte. In
der Regel erwarben die Lernenden so nur eine geringe aktive Kompetenz,
die sich weitgehend im Abfassen von Geschäftsbriefen erschöpfte. Das
hieraus resultierende Sprachverhalten der Schüler ist nach heutigen Maßstäben als archaisch zu bezeichnen; es ist durch schwerfällige Syntax (z. B.
durch Passivkonstruktionen, Häufung von Partizipien, Substantivierung
und übertriebenen Gebrauch von Adverbien) gekennzeichnet (GART-
SIDE 1977).
  Zur Vermittlung einer demgegenüber erweiterten aktiven Kompetenz im
schriftlichen und mündlichen Bereich sollten berufsbezogene Situationen

und eine darauf abgestimmte Methodenvielfalt Grundlage der Unterrichtsgestaltung sein. In der konkreten Unterrichtssituation bedeutet dies:
Strukturierung des Stoffes in homogene thematische Einheiten (z. B. *taking
out an insurance policy – putting in a claim – meeting the claim*); gezielter
Medieneinsatz; Arbeitsformen, die den sozialen Hintergrund, die Vorbildung und die Interessen der Lernenden berücksichtigen und einen Transfer
des Gelernten ermöglichen. Wann immer möglich, sollte daher bei der Einführung neuer Themenbereiche aus der Gruppe der Geschäftsgänge an eine
situative Verankerung gedacht werden.

Sollte in der Anfangsphase des Kurses noch ein starkes Leistungsgefälle
innerhalb der Lerngruppe vorhanden sein, sind geeignete binnendifferen-
zierende Maßnahmen einzuleiten. Die ersten vier Kurssegmente sind dafür
besonders geeignet, da sie im Rahmen der gesamten Kursfolge die Funktion
einer Überleitung vom Allgemeinsprachlichen zu den fachsprachlichen Bereichen der Geschäftsgänge und den jeweiligen sozio-ökonomischen Hin-
tergründen darstellen.

Für die Vermittlung der einzelnen Fertigkeiten erscheint folgendes Vorgehen sinnvoll:

1. *Leseverstehen:*
Die in den vorhergehenden Kursen des Bildungsgangs geübten Arbeitstechniken zur Entwicklung des Leseverstehens werden hier auf die in den
einzelnen Kurssegmenten angesprochenen Textsorten (z. B. Stellenanzeigen, Informationsbroschüren, Sachtexte, Brieftypen u. a.) angewendet. Die
Lernenden orientieren sich hierbei an bestimmten rollenspezifischen Vorgaben, das heißt, sie erarbeiten sich die in einem Text enthaltenen Informationen selektiv entsprechend einem ihnen vorgegebenen Rollenverständnis.
Im Bereich der Stellenanzeigen ist das zum Beispiel möglich, indem den
Lernenden mehrere Anzeigen unterschiedlichen Inhalts vorgelegt werden,
aus denen sie die ihrer Rolle entsprechenden Informationen heraussuchen
(„*You are a typist/want to work in an Export Department, you are under
30 years, your qualifications are . . . Which advertisement applies to you?*",
indem sie vergleichen: verlangtes Alter – mein Alter; verlangte Qualifikation – meine Qualifikation, und so weiter.

Im Bereich der Sachtexte. deren Funktion überwiegend in der Vermittlung des notwendigen sozio-ökonomischen Hintergrundwissens besteht,
steht ebenfalls die selektive bzw. globale Informationsentnahme im Vordergrund. Das detaillierte Leseverstehen bleibt damit dem Bereich der
Brieftypen vorbehalten, indem hier die gesamte Information (auch in bezug
auf Intentionen des Schreibers) für eine angemessene kommunikative Re-
aktion des Lesenden von Bedeutung ist.

2. Hörverstehen:

Wie das Leseverstehen stellt das Hörverstehen eine Ausgangsbasis für weitere sprachliche Aktivitäten dar. Als partnerbezogenes Rollenspiel kann Hörverstehen in der Form eines Telefonates (kombiniert mit der Fertigkeit „Sprechen") mit einem Angestellten des Personalbüros/Geschäftsfreund geübt werden. Einerseits üben sich die Lernenden darin, eine bestimmte kommunikative Zielsituation zu meistern, andererseits ist ihr Rollenspiel Ausgangspunkt für nachfolgende sprachliche Äußerungen wie zum Beispiel mündlicher Bericht, Aktennotiz, Brief.

Unter dem Aspekt der Unterrichtsgestaltung kommt dem Hörverstehen als Element der situativen Verankerung der Lehrinhalte besondere Bedeutung zu: eine von einer Cassette oder vom Band abgespielte Szene führt in den Lernbereich des jeweiligen Kurssegments ein. Um die Lernenden im Hinblick auf spätere, in der beruflichen Situation zu erwartende Anforderungen vorzubereiten, sollte nach Möglichkeit auf ausreichende Variabilität der Hörtexte in bezug auf Sprechgeschwindigkeit, Störfaktoren und Herkunft der Sprecher geachtet werden.

3. Schreiben:

Der Förderung der Schreibfertigkeit muß wegen ihres großen Anteils an den verschiedenen Einheiten der IHK-Prüfung ein besonderes Gewicht zugemessen werden. Mit Schreibfertigkeit ist hier sowohl die orthographische Richtigkeit als auch die Fähigkeit gemeint, mit wachsender Kompetenz selbständig Briefe, Berichte u. ä. abzufassen. Auf dem Weg dorthin werden Nachschreib-Übungen (Diktate) auf der Basis von hierzu geeigneten Textsorten angefertigt und gesteuerte Übungen im Abfassen von Briefen etc. durchgeführt, in denen zunächst noch in enger Anlehnung an eine fremdsprachliche Vorlage, zum Beispiel in der Form von „substitution-table-letters" oder „Lückenbriefen" gearbeitet wird. Hier werden zunächst nur einzelne Wörter oder „phrases" eingesetzt. Über „guided letter writing" gelangt man zu „Stichwortbriefen" (freies Abfassen eines Briefes zu einem bestimmten Sachverhalt gemäß muttersprachlichen Vorgaben) als einer Prüfungsform der IHK. In diesem Fall tritt zu der Übung der Schreibfertigkeit die des Übersetzens hinzu. Aus Gründen der Motivationssteigerung müssen auch hier alle Möglichkeiten genutzt werden, die eine hohe Identifikation der Lernenden mit der von ihnen erwarteten Arbeitsweise ermöglichen. Denkbar wäre die Aufteilung der Lerngruppe in verschiedene betriebliche und außerbetriebliche (Rollen- bzw.) Funktionsträger, welche die ihren Rollen entsprechenden Schreibaufgaben wechselseitig in Gruppen- bzw. Partnerarbeit erfüllen.

4. *Sprechen:*

Abgesehen von den Prüfungsanforderungen ergibt sich die Bedeutung der Sprechfertigkeit daraus, daß die Lernenden zur sprachlichen Bewältigung erwartbarer mündlicher kommunikativer Zielsituationen befähigt werden sollen. In einer späteren beruflichen Ernstsituation kann ein fremdsprachlicher Korrespondent gezwungen sein, z. B. bei Telefonaten mit ausländischen Gesprächspartnern und Mitgliedern von Institutionen, die im internationalen Handel Hilfsfunktionen für die Abwicklung von Geschäften übernehmen, bei Betriebsführungen, dem Empfang ausländischer Besucher und Ähnlichem eine bestimmte Sprecherrolle einzunehmen. Die sprachliche Sicherheit der Lernenden wird durch Übungsformen gesteigert, in denen sie in zunehmender Loslösung von sprachlichen Vorlagen fest umrissene Sprecherrollen übernehmen.

In diesem Zusammenhang stellt die Gesprächsvermittlung eine Übungsform dar, in der die oben aufgeführten Ziele vertieft werden. Gleichzeitig bietet die Gesprächsvermittlung einen Übergang zu leichten Dolmetschübungen und damit zum Übersetzen. Der Lernende übernimmt hier die Rolle des sprachlichen Mittlers zwischen zwei jeweils nur ihre Muttersprache beherrschenden Sprechern, wobei die eine Muttersprache für den Vermittler (Dolmetscher) die Fremdsprache ist.

5. *Übersetzen:*

In der Prüfung zum fremdsprachlichen Korrespondenten an der IHK hat die mündliche und schriftliche Übersetzung ein besonders Gewicht. Sie sollte daher besonders intensiv und an vielen Textsorten geübt werden. Das kann geschehen durch Übersetzen von (diktierten) Sachtexten, zum Beispiel aus Handbüchern und Fachzeitschriften sowie von Geschäftsbriefen. Durch gezielte Wortschatzarbeit sind den Kursteilnehmern Probleme des Übersetzers bewußt zu machen, wie zum Beispiel *muttersprachliche Interferenz* (e. g. Technik = *technology* = „angewandtes Wissen"; *engineering* = „Technik eines Fachgebietes"; *technique* = „Einzelverfahren"); *deutsche Komposita versus englische Präpositionalausdrücke* (e. g. Privatwirtschaft = *private sector of the economy); deutsche Komposita versus Paraphrasen* (e. g. Produktionsgefälle = difference between levels of productivity).

(3) Schlußbemerkung

Gerade aus dem, was zu einigen Lernzielen im Bereich der Fertigkeit des „Übersetzens" gesagt wurde, scheint die Bedeutung dieses Kurses für einen Bildungsgang erkennbar zu werden, der einen Beitrag zur Integration beruflicher und allgemeiner Bildung im Bereich der neuen Fremdsprachen leisten will. Auch die im sogenannten Regelsystem vermittelte „allgemeine" Bildung ist ja beruflich orientiert, indem sie auf akademische Berufsausbildung vorbereitet, während der Begriff der „beruflichen" Bildung überwiegend Ausbildungsgängen unterhalb der akademischen Schwelle vorbehalten bleibt. Aus der Anlage des vorgestellten Kurses sollte deutlich werden, daß unter dem Gesichtspunkt der Wissenschaftspropädeutik und der Doppelqualifikation als zwei kollegschulspezifischen, quasi übergeordneten Bildungszielen eine Verzahnung dieser beiden Aufgaben möglich ist. Die Vermittlung von Einsicht in Sprache und der Sprachvergleich als ein Ziel und eine Methode allgemeiner fremdsprachlicher Bildung sind nicht nur im Bereich einer weitgehend literarisch ausgerichteten Fachsprache sondern auch im Bereich der sozio-ökonomischen Fachsprachen möglich, die bisher fast ausschließlich dem beruflichen Bildungswesn bzw. dem tertiären Bildungsbereich vorbehalten blieben. Es versteht sich jedoch, daß dieses Ziel nicht durch einen einzelnen Kurs, erst recht nicht durch den *ersten* berufsqualifizierend angelegten Kurs des Bildungsgangs erreicht werden kann. Vielmehr erst durch die in sich stimmige Kombination der verschiedenen fremdsprachlichen und wirtschaftswissenschaftlichen Kurse.

(4) *Anhang: Auszug aus der Prüfungsordnung für die Prüfung von Fremdsprachenkaufleuten und fremdsprachlichen Korrespondenten der Industrie- und Handelskammer zu Düsseldorf* (15. 11. 1974)

§ 8 Zulassungsvoraussetzungen

Zu den Prüfungen werden deutsche und nichtdeutsche Bewerber zugelassen, sofern sie die folgenden Voraussetzungen erfüllen:
a) Bei der Prüfung als Fremdsprachenkaufmann:
– Nachweis über den Erwerb fremdsprachlicher wirtschaftsbezogener Kenntnisse,
– Nachweis einer erfolgreich abgeschlossenen kaufmännischen Berufsausbildung (Abschlußprüfung im Sinne des Berufsbildungsgesetzes) oder einer erfolgreich abgeschlossenen technischen Berufsausbildung (Abschlußprüfung im Sinne des Berufsbildungsgesetzes) und
– Nachweis einer mindestens einjährigen selbständigen Sachbearbeitertätigkeit im kaufmännischen Bereich oder
– Nachweis über den Erwerb fremdsprachlicher wirtschaftsbezogener Kenntnisse

– Nachweis einer mindestens fünfjährigen – in der Regel kaufmännischen – Berufstätigkeit. Auf die Berufstätigkeit kann der erfolgreiche Besuch einer Sprachenschule bis zu einer Gesamtdauer von einem Jahr angerechnet werden.

und

– Nachweis einer mindestens einjährigen selbständigen Sachbearbeitertätigkeit im kaufmännischen Bereich.

b) bei einer Prüfung als fremdsprachlicher Korrespondent:

– Nachweis über den Erwerb fremdsprachlicher und wirtschaftsbezogener Kenntnisse und

– Nachweis einer vor einer Industrie- und Handelskammer erfolgreich abgelegten Prüfung in Maschinenschreiben gemäß einschlägiger Prüfungsordnung. Der Nachweis kann auch durch andere staatlich anerkannte Zeugnisse geführt werden.

§ 9 Anmeldung zur Prüfung

(1) Die Zulassung ist bei der Kammer schriftlich, gegebenenfalls unter Verwendung des vorgeschriebenen Vordrucks, innerhalb der bekanntgegebenen Anmeldefristen zu beantragen.

(2) Dem Antrag sind beizufügen:

a) Lebenslauf (tabellarisch) mit den Angaben über Bildungsgang, Berufstätigkeit, Auslandsaufenthalt und Tätigkeit im Ausland sowie berufliche und außerberufliche Tätigkeit auf fremdsprachlichem Gebiet.

b) Zeugnisse (Abschriften, Fotokopien) der besuchten Schulen sowie über abgelegte Prüfungen.

c) Bescheinigungen und Zeugnisse (Abschriften, Fotokopien) über die bisherige berufliche Tätigkeit.

d) Erklärung darüber, ob sich der Bewerber schon früher einer Fremdsprachenprüfung unterzogen hat und gegebenenfalls vor welcher Institution und mit welchem Ergebnis.

§ 12 Gliederung und Form der Prüfung

(1) Die Prüfung besteht aus einem schriftlichen und einem mündlichen Teil.

(2) Die Aufgaben des schriftlichen Teils sind unter Aufsicht anzufertigen.

(3) Andere als von der Kammer gestellte Hilfsmittel dürfen nicht benutzt werden.

§ 13a Prüfungsanforderungen für den Fremdsprachenkaufmann

(1) Der schriftliche Prüfungsteil umfaßt:

a) Diktat eines mittelschweren Textes wirtschaftlichen Inhalts in der Fremdsprache (etwa 25 Zeilen, Zeit: bis zu 30 Min.).

b) Beantwortung eines mittelschweren fremdsprachlichen Geschäftsbriefes in der Fremdsprache (etwa 25 Zeilen, Zeit: 60 Min.).

c) Übersetzung eines mittelschweren deutschen Textes (etwa 25 Zeilen, Zeit: 60 Min.).

d) Übersetzung eines mittelschweren fremdsprachlichen Textes (etwa 25 Zeilen, Zeit: 60 Min.).

e) Ausarbeitung eines mittelschweren Geschäftsbriefes in der fremden Sprache nach Angaben in deutscher Sprache (Zeit: 45 Min.).

zu b) bis e): Die Benutzung eines Wörterbuches kann zugelassen werden.

(2) Der mündliche Prüfungsteil umfaßt:

a) Übersetzung eines mittelschweren Textes wirtschaftlichen Inhalts aus der Fremdsprache ins Deutsche.

b) Unterhaltung in der fremden Sprache, insbesondere über Wirtschaftsfragen, unter Berücksichtigung der schriftlichen Prüfungsarbeiten.

c) eine Gesprächsvermittlung.

Die mündliche Prüfung soll in der Regel 30 Minuten nicht überschreiten

§ 13b Prüfungsanforderungen für den fremdsprachlichen Korrespondenten

(1) Der schriftliche Prüfungsteil umfaßt:

a) Diktat eines Textes wirtschaftlichen Inhalts in der Fremdsprache (etwa 20 Zeilen, Zeit: bis zu 30 Min.).

b) Übersetzung eines fremdsprachlichen Textes (etwa 20 Zeilen, Zeit: 60 Min.).

c) Übersetzung eines deutschen Textes (etwa 20 Zeilen, Zeit: 60 Min.).

d) Ausarbeitung von zwei Geschäftsbriefen in der fremden Sprache nach Angaben in deutscher Sprache (Zeit: 90 Min.).

Zu b) bis d): Die Benutzung eines Wörterbuches kann zugelassen werden.

(2) Der mündliche Prüfungsteil umfaßt:

a) Übersetzung eines fremdsprachlichen Textes.

b) Unterhaltung in der fremden Sprache.

Die mündliche Prüfung soll in der Regel 20 Min. nicht überschreiten.

Joachim Götz/Jutta Lilienthal/Horst Mühlmann/Ivika Rehbein-Ots/Ulrich Seidel

Writing for Various Purposes: Living in a Consumer's World. Leistungskurs Englisch, Jahrgangsstufe 12.1

(1) Kursthema

Das Thema des Kurses lautet: „*Writing for Various Purposes: Living in a Consumer's World*". Im Kurs soll die fremdsprachliche Fertigkeit des *Schreibens* mit Bezug auf einen der für den Bildungsgang wichtigen Sachbereiche, die durch das Wirtschaftssystem geprägte *Konsumwelt*, gefördert werden.

Der Kurs ist mit fünf Wochenstunden für einen Umfang von ungefähr 80 Stunden ausgelegt.

(2) Kursziele

Die Zielsetzungen für den Kurs ergeben sich zugleich aus fachdidaktischen Überlegungen und aus kollegschulspezifischen Kriterien, die dem Ziel der Integration beruflicher und allgemeiner Bildung im Bereich der neuen Fremdsprachen dienen.

Für das Ziel der schriftlichen Kommunikationsfähigkeit können Formen der sekundären Verschriftlichung, wie z. B. die schriftliche Fixierung und Überarbeitung eines Interviews, in Gruppen-, Partner- und Stillarbeit eine methodische Hilfsfunktion übernehmen. Auch bleiben die Diskussion und das Unterrichtsgespräch trotz der Orientierung auf die Fertigkeit des Schreibens zentrale Formen der Unterrichtsarbeit; den Schülern sollte dabei aber immer bewußt sein, daß mit mündlichen Kommunikationsformen in jedem Fall auf schriftliche „Resultat"-Texte hingearbeitet wird.

(2.1) *Pragmatische Zielsetzungen*

Die Schüler sollen lernen, auf Englisch und in deutscher Übersetzung unterschiedliche Textsorten schriftlich zu erstellen, die nach Form und Inhalt für die erwartbaren beruflichen, berufsvorbereitenden und außerberuflichen kommunikativen Zielsituationen der Qualifikation des Fremdsprachenkorrespondenten und der Allgemeinen Hochschulreife Neue Fremdsprachen verwertbar sind. Dafür sollen insbesondere die folgenden Schreibfertigkeiten und die ihnen entsprechenden Schreiber-Rollen von den Schülern geübt und übernommen werden:

1. Die Schüler sollen Informationen aus mündlich, medial (auditiv und visuell) oder schriftlich in Mutter- oder Fremdsprache vermittelten Texten oder Gesprächen für die spätere eigene Weiterverwendung unter bestimmten Gesichtspunkten während oder nach der Erstaufnahme auf Englisch fixieren können: *note-taking*.

2. Sie sollen eigene Beobachtungen, Gedanken, Vorstellungen, Erinnerungen für die spätere eigene Weiterverwendung unter bestimmten Gesichtspunkten auf Englisch fixieren können: Erstellung von *drafts,* Entwürfen, Gliederungen zum Beispiel für Vortrag, Referat, Diskussion, Debatte, aber auch für alle schriftlichen Textformen: erstellter englischer Text als *Vorlage.*

3. Sie sollen primär muttersprachlich, aber auch fremdsprachlich aus Texten, Beobachtungen, Abläufen, Vorgängen gewonnene Informationen und Untersuchungsergebnisse dokumentarisch auf Englisch weitergeben, so daß sie unter bestimmten Gesichtspunkten – in der Regel durch andere Benutzer mit englischer Sprachkompetenz – weiterverwendet (verwertet) wecken können: Aktennotiz, Memo, Formen des Protokolls, *proceedings, report, abstract,* etc.: erstellter Text als *Beleg.*

4. Sie sollen die Inhalte komplexer oder umfangreicher, einzelner oder mehrerer fremdsprachlicher, unter anderem englischer, Texte auf Englisch in der Weise zusammenfassend, subsumierend oder selektiv wiedergeben, daß sie entsprechend den Voraussetzungen bzw. Interessen und Bedürfnissen anderer Benutzer mit entsprechender rezeptiver englischer Sprachkompetenz, häufig inhaltlich interessierter deutscher Leser, leichter zugänglich bzw. verwertbar sind – (Teil-)*summary; précis:* erstellter englischer Text als *Verarbeitungsgrundlage.*

5. Sie sollen auf Anfrage in der Lage sein, Inhalte oder Begriffe aus Texten der Sachbereiche Wirtschaft, Gesellschaft und Literatur schriftlich auf Englisch zu paraphrasieren oder zu erklären: erstellter englischer Text als *Erklärung.*

6. Sie sollen nach Maßgabe von Merkmalen der jeweiligen kommunikativen Situation (teil-)standardisierte Formen offiziellen Schriftverkehrs auf Englisch im privaten und im beruflichen Bereich in der Korrespondenz mit Benutzern des Englischen als Muttersprache oder als internationaler Verkehrssprache bzw. mit Institutionen, Firmen etc. beherrschen: erstellter englischer Text als (teil-)ritualisierte Handlung und Handlungserläute-

rung; hier relevant: *persönlicher Brief, Leserbrief, Bewerbung und Werbeanzeige.*

7. Sie sollen nach Maßgabe von Merkmalen der jeweiligen (realen oder fiktiven) kommunikativen Situation Formen persönlich und/oder sachlich motivierter Verschriftlichung auf Englisch beherrschen:

- Beschreibung von Gegenständen und Personen, Vorgängen und Sachzusammenhängen;
- Definition von Begriffen;
- Erzählung und Bericht von Handlungen und Ereignissen;
- Formulierung von Hypothesen und Schlußfolgerungen, Argumentation und Erörterung;
- Stellungnahme, Kommentar, Bewertung, Urteil, Kritik zu Meinungen, Vorschlägen, Entscheidungen, Darstellungen;
- Statement von Positionen, Thesen, Programmen, Prognosen.

Hierbei ist von den realen oder fiktiven Bedingungen und Eigenschaften bestimmter Medien und Adressaten auszugehen, etwa: Zeitungs-, (Fach-) Zeitschriftenartikel; Artikel in Lexika, Enzyklopädien; Waren- und Gebrauchsbeschreibungen; Positions-, Thesenpapiere etc. für die öffentliche Diskussion in Deutschland, England, USA: erstellter englischer Text als motivierte *Verschriftlichung.*

8. Sie sollen nach Maßgabe von Merkmalen der jeweiligen fiktiven oder realen kommunikativen Situation Formen der Analyse nichtfiktionaler und fiktionaler Texte auf Englisch beherrschen.

Die zu erstellende Textanalyse sollte von den fiktiven oder realen Bedingungen und Eigenschaften bestimmter Adressatengruppen ausgehen; die Rezeption des Vorlagetextes ist dabei selbst Gegenstand der Analyse: erstellter englischer (*Meta-)Text* als schwerpunktbezogene, wissenschaftspropädeutische Aufgabe des Primärtextes in seiner Funktion eines potentiellen Kommunikations-Anlasses.

9. Die Schüler sollen nach Maßgabe von Merkmalen der kommunikativen Situation einen in der Muttersprache bzw. auf Englisch vorgegebenen schriftlichen Text aus den Sachbereichen Wirtschaft, Gesellschaft, Literatur in die Zielsprache Englisch bzw. ins Deutsche übertragen können: übersetzter englischer bzw. deutscher Text als *Sinn-, Bedeutungs- und Strukturvermittlung.*

Hierbei ist die funktionale Wirkungsäquivalenz des englischen bzw. deutschen Textes in der kommunikativen Vermittlungssituation anzustreben; sie umfaßt insbesondere:

- die sprachliche Formulierungskompetenz in der Zielsprache, hier im Englischen, einschließlich der Verfügbarkeit über den relevanten Sachwortschatz in den genannten drei Sachbereichen und, soweit nötig, die zusätzlich erworbene normierte Fachterminologie;

– die relevanten Sachkenntnisse über die entsprechenden Sachverhalte in den Sachbereichen der Ausgangs- und Zielsprache (sie werden außerhalb der Leistungskurssequenz erworben);
– die Orientierung an kommunikativen Bedürfnissen und Bedingungen der Leser: z. B. in Situationen der Weiterverwendung als dokumentarischer Beleg (*abstract, minutes* etc.) oder bei der paraphrasierenden Erklärung.

(2.2) *Zielsetzungen mit Bezug auf die sprachliche Formulierungskompetenz im schriftlichen Medium*

Die Fertigkeit des Schreibens setzt, wie andere Fertigkeiten auch, komplexe Teilleistungen voraus, die in einem Kurs, der fertigkeitsorientiert ausgelegt wird, im einzelnen gezielt zu fördern sind.
Hierzu gehören:
1. ein angemessener Kompetenzgrad der englischen bzw. amerikanischen Orthographie und Interpunktion:
– Die Schüler sollen bekannte gehörte und frei gewählte Lexeme und Formulierungen sicher und konsistent (*British or American spelling*) niederschreiben können.
– Sie sollen unbekannte Lexeme richtig erschließen können (aus dem syntaktischen oder semantischen Zusammenhang, den Wortbildungsregeln, dem etymologischen Bezug oder aus der lautlichen Analogie) und sie niederschreiben können.
– Sie sollen die Grundregeln englischer *capitalization,* des *hyphening* oder der *syllabication* beherrschen und anwenden können.
– Sie sollen die Grundregeln englischer Interpunktion beherrschen und anwenden können.
2. Die angemessene Verfügbarkeit über einen funktionalen, das heißt dem Typ der kommunikativen Situation entsprechenden und ihn repräsentierenden Wortschatz, entsprechende Elemente der Wortbildung und entsprechende morphologisch-syntaktische Strukturen:
– Die Schüler sollen die Unterschiede zum gesprochenen Englisch kennen und anwenden können.
– Sie sollen den für bestimmte Textsorten bzw. Schreiber-Rollen funktionalen Wortschatz beherrschen und anwenden können.
– Sie sollen die häufigen, produktiven und textsortenbezogenen Typen der Wortbildung entsprechend ihren semantischen Funktionen und Restriktionen beherrschen und anwenden können.
– Sie sollen die textsorten- bzw. schreiberrollenspezifischen morpholo-

gisch-syntaktischen Strukturen beherrschen und anwenden können (vgl. die Textsorten bzw. Schreiber-Rollen in Abschnitt 2.1, Punkt 4, 7 und 8).

3. Die angemessene Verfügbarkeit über einen Sachwortschatz, der die Sachbereiche Wirtschaft, Gesellschaft und Literatur frequenzbezogen, notional, nach Allgemeinheitsgrad, Kollokation, Feldbezug und Wortfamilie (auch kontrastiv) repräsentiert.

Relevante Abkürzungen aus den genannten Sachbereichen sollten verfügbar sein.

4. Ein angemessener Grad der produktiven Textsortenkompetenz mit Bezug auf die einzelnen Textsorten bzw. Schreiberrollen:

– Die Schüler beherrschen explizite und implizite Formen der sprachlichen Verknüpfung und der textlichen Gliederung *(Composition)*.

– Sie setzen Konnotationen und rhetorische Mittel ein.

Wie das Profilkonzept des Bildungsgangs „Fremdsprachenkorrespondent/Allgemeine Hochschulreife" ausweist, ist der Leistungskurs der Jahrgangsstufe 12.1 der letzte Kurs, der *skill*-orientiert angelegt ist. Er nimmt die erstmals im Diagnosekurs Englisch der kommunikationsberuflichen Grundbildung in der Jahrgangsstufe 11.1 in einer der Unterrichtsreihen auftretende kommunikativ orientierte Auslegung der Fertigkeit des Schreibens auf und erweitert die Fähigkeit der Schüler im Schriftbereich gezielt und systematisch. Er ergänzt dabei die Orientierung des Leistungskurses der Jahrgangsstufe 11.2 auf Hörverstehen/Sprechen und Leseverstehen, indem er den *Resultat*-skill *Schreiben* im Sinne der kommunikativ sekundären, abgeleiteten Schreiberrolle vermittelt. In den nachfolgenden Leistungskursen (Jahrgangsstufen 12.2 bis 13.2) werden die fremdsprachlichen Fertigkeiten integriert, nicht mehr isolierend, gefördert.

Die in der Jahrgangsstufe 12.1 im Rahmen des doppeltqualifizierenden Bildungsgangs gleichzeitig einsetzende Kursfolge „Englische Handelskorrespondenz" (NÖLKEN in diesem Band) ergänzt teilweise die in Abschnitt 2.1 fixierten Kompetenzen. Allerdings muß der Handelskorrespondenzkurs in seinen Zielsetzungen über die Erfordernisse des Leistungskurses insofern hinausgehen, als Formen offiziellen Schriftverkehrs im beruflichen Bereich, die Verfügbarkeit über den auf Wirtschaft und Konsum bezogenen Sachwortschatz und produktive Textsortenkompetenz (vgl. Abschnitt 2.2, Punkt 3 und 4) in standardisierter Form zur Verfügung stehen müssen.

Für den Kurs zum Thema Konsumwelt ist – im Unterschied zum gymnasialen Regelsystem – die Auslegung auf unterschiedliche Schreiber-Rollen entscheidend, gerade auch im Hinblick auf die bisher weitgehend einseitig standardisierten Formen der schriftlichen Lernzielkontrolle in Langzeitklausuren sowie im Abitur als Text- und Thema-Aufgabe. Dagegen wird für den Bildungsgang, speziell für den vorliegenden Kurs, gefordert:

– die grundsätzliche Gleichrangigkeit der implizierten Schreiber-Rollen als schriftlicher Formen der Lernzielkontrolle (vgl. Abschnitt 2.1, Punkt 3 bis 9);
– das Bewußtsein von gemeinsamen, kommunikativ verstandenen Analysekriterien für fiktionale und nicht-fiktionale Texte unter Berücksichtigung ihrer Produktions-, Distributions- und Rezeptionsbedingungen;
– die Auslegung des Kurses unter Berücksichtigung der Interdependenz von fremdsprachlichen Fertigkeiten (hier das Schreiben), Sachbereichen (hier die Konsumwelt vorrangig Großbritanniens und der USA), der Textsorten und kommunikativen Zielsituationen.

(3) Aufbau des Kurses in Unterrichtsreihen

Das Kursthema wird unter Zugrundelegung der in Abschnitt 2 angeführten Zielsetzungen wie folgt nach vier thematischen Teilaspekten gegliedert:
– Lebensstandard und Gesamtgesellschaft (ca. 20 Stunden)
– Strategien und Funktionen der Konsumwerbung (ca. 20 Stunden)
– Der Produzent und der Konsument: Selbstfindung und kritische Distanz (ca. 20 Stunden)
– Literaturkonsum – Formen der *Popular Literature* und Bedingungen ihrer Rezeption (ca. 20 Stunden)
Dabei sollte die inhaltliche (Konsumwelt) und zugleich fertigkeitsorientierte Progression (Schreiben) deutlich werden:
– Vom stärker rezeptiven Verständnis wirtschaftlicher Zusammenhänge über das Thema Werbung zur Erörterung unterschiedlicher Rollen in der Konsumwelt und zum – eine subjektive Stellungnahme herausfordernden – Konsum von Literatur;
– Vom relativ objektiven *Précis* und *Report* zum Leserbrief, zur stärker subjektiven, engagierten und zugleich reflexiven Argumentation.
Im folgenden werden Lernziele und didaktisch-methodische Hinweise für Textbeispiele gegeben. Diese Texte sind den jeweiligen Teilthemen exemplarisch zugeordnet. Weitere Textvorschläge finden sich am Ende des Kurskonzeptes.

(3.1) *Erste Unterrichtsreihe: Lebensstandard und Gesamtgesellschaft*

Die Vermittlung von Einsichten in wirtschaftliche Zusammenhänge, die im Rahmen dieses Teilthemas allerdings auf Einzelaspekte beschränkt bleiben muß, findet ihre Begründung in der beruflichen Orientierung des Bildungsganges einerseits, andererseits in der Zielsetzung, die Schüler zur reflektierten Auseinandersetzung mit ihrer eigenen Rolle innerhalb der Konsumgesellschaft zu befähigen. Im Vordergrund soll dabei jedoch nicht die Beschäftigung mit wirtschaftswissenschaftlicher Theorie im engeren Sinne stehen; vielmehr geht es darum, den Schülern einen Einblick in die Vielschichtigkeit ökonomischer und politischer Prozesse zu verschaffen. Die vorgeschlagenen Texte behandeln den Aspekt staatlicher Steuerungsmaßnahmen zur Konjunkturbelebung (*„How little stimulus will be enough?"*), Armut in der Überflußgesellschaft (*„The other America"*), das Problem der Jugendarbeitslosigkeit (*„The Manpower Services Commission"*) und Formen der marktgerechten Selbstdarstellung (*„Dear, Sir, I am writing to apply"*). Die Wahl der thematischen Aspekte wie der Textsorten bestimmt sich durch die Überlegung, daß die Motivation der Schüler gefördert werden kann, wenn die wirtschaftlichen Problemzusammenhänge von unterschiedlichen Perspektiven ausangegangen werden.

1. *Inhaltliche Lernziele:*
Die Schüler sollen
– die in den Texten verwendeten Grundbegriffe zur Beschreibung von wirtschaftlichen Zusammenhängen richtig anwenden und ihre funktionellen Beziehungen zueinander erklären;
– die Rolle des Konsumenten im Wirtschaftsgefüge und die Bedeutung von *private* und *government spending* für den Konjunkturverlauf darstellen;
– die Möglichkeiten der Beeinflussung ökonomischer Prozesse durch politische Instanzen am konkreten Beispiel beschreiben;
– erkennen, daß die Handlungsmöglichkeiten der Exekutive durch bestimmte Einflußfaktoren eingeschränkt werden, wie z. B. durch das Problem der begrenzten Vorhersehbarkeit von politischen und ökonomischen Entwicklungen, durch internationale Abhängigkeiten, Rücksichten auf Interessengruppen etc.;
– Art und Ursachen bestimmter Formen ökonomischer Benachteiligung (Armut, Arbeitslosigkeit etc.) darstellen;
– erklären, inwiefern das Problem der ökonomischen Benachteiligung auch ein politisches ist, das nicht vom Einzelnen, sondern nur im gesamtgesellschaftlichen Rahmen gelöst werden kann;
– erkennen, daß auch der Arbeitskräftemarkt von bestimmten Formen des Marketing geprägt wird.

2. *Lernziele in bezug auf Schreibfertigkeiten:*
Die Schüler sollen
– einen Sachtext auf etwa ein Drittel seiner ursprünglichen Länge komprimieren (*précis-writing*).

Sie üben zu diesem Zweck folgende Teilfertigkeiten:
Gliederung eines Textes in Sinneinheiten und Bestimmung ihrer Funktion im Hinblick auf den Gesamttext, Feststellung von Schlüsselwörtern und -sätzen, Erarbeitung von Funktionswortschatz und Gliederungssignalen, Verwandlung von stilistischen Eigenheiten des Textes in eine neutrale Beschreibungssprache, Verkürzung von Aussagen durch Apposition, -ing-form und Normalisierung.

– Sie sollen die in einem Sachtext enthaltenen Informationen zusammengefaßt in einem kohärenten Text wiedergeben und gegebenenfalls die Position des Autors kennzeichnen (*summary*).

Neben den bereits beim *précis-writing* geübten Fertigkeiten lernen die Schüler, den Gedankengang des Autors durch metadiskursive Ausdrücke darzustellen und die für das *Written Englisch* typischen Mittel der logischen Subordination von Aussagen anzuwenden.

– Sie sollen einen Zeitungstext (z. B. den im Anhang genannten TIME-Artikel) für ein vergleichbares deutsches Presseorgan (z. B. den SPIEGEL) ins Deutsche übersetzen.

Sie sollen dabei gegebenenfalls nicht vorauszusetzende ökonomische Sachkenntnisse ergänzend interpretieren und die zeitungstypische Mischung von sachlicher Information und salopper Redeweise treffen.

– Sie sollen ein vorgegebenes oder selbsterstelltes *Abstract* wirtschaftlichen bzw. wirtschaftswissenschaftlichen Inhalts ins Englische übersetzen. Sie sollen dabei, soweit erforderlich und möglich, die Fachsprache benutzen und gegebenenfalls unübersetzbare Sachverhalte umschreibend vermitteln.

Beim Zeitungsartikel wie beim Abstract ist auf das Problem der Wirkungsäquivalenz der Übersetzung einzugehen.

– Die Schüler sollen zu Stellenangeboten Bewerbungsschreiben verfassen (*letter of application*). Das Bewerbungsschreiben soll die formalen Bedingungen eines *sales letter* erfüllen (adäquate Redewendungen für *heading, beginning, conclusion*) und inhaltlich der Funktion der Selbstdarstellung sowie der erwünschten Beeinflussung des Adressaten gerecht werden.

Die Orientierung an kommunikativen Zielsituationen macht den Stellenwert deutlich, den die im Fremdsprachenunterricht herangezogenen Texte unter kollegschulspezifischem Aspekt haben. Sie sind jeweils die Ausgangstexte für die Textproduktion der Schüler; sie erscheinen deshalb primär nicht unter dem Aspekt ihrer Interpretierbarkeit, sondern unter der Fragestellung, auf welche Weise sie für die eigenen, in Schreiber-Rollen zu übernehmenden Aufgaben verwertet werden können. Nicht die Ausgangstexte des Unterrichts sondern die zu erstellenden Zieltexte sind für die Kursgestaltung entscheidend.

(3.2) *Zweite Unterrichtsreihe: Strategien und Funktionen der Konsum-*
werbung

Zum zweiten Thema des Kurses werden drei Textbeispiele vorgeschlagen,
die es erlauben, einige Gesichtspunkte des Themas Konsumwerbung zu
diskutieren und in einem zweiten Schritt spezifische Schreiberrollen zu
üben.

In seiner Satire „*The cleanest shirt in town*" entwirft A. BUCHWALD
eine groteske Geschichte der Waschmittelentwicklung, deren realer Kern
typische Imagekampagnen und -strategien der Werbung sind.

Ein kurzer Textauszug:

Everyone talks about water pollution, but no one seems to know who started it. The
history of modern water pollution in the United States dates back to February 28,
1931, when Mrs. Frieda Murphy leaned over her backyard fence and said to Mrs. So-
phie Holbrook, „You call those shirts white?"

Mrs. Holbrook blushed and said, „They're as white as I can get them with this ordinary laundry soap."

„What you should use is this Formula Cake soap which guarantees against the
dull-washtub-gray look that the family wash has always had."

Skeptical but adventurous, Mrs. Holbrook tried the Formula Cake soap, which
happily did take the gray out of her husband's shirts. But what Mrs. Holbrook didn't
know was that after the water was drained from the tub, it emptied into the sewer,
which emptied into the Blue Sky River, killing two fish.

Die Aufladung mit positiven Assoziationen und Erlebnisgehalten, den
kreativen Sprachgebrauch in Phantasienamen und Alliteration, die Veränderung von Verpackungen und die Verstärkung von Waschkraft durch
chemische Additive sowie das Versprechen von sozialen Belohnungen – alle
diese typischen Strategien dürften die Schüler trotz humoristischer Überzeichnung als tatsächliche Kunstgriffe der Werbung wiedererkennen.

Die folgenden Ziele lassen sich mit Hilfe des Textes von Buchwald anstreben:

1. Lernziele zum Text- und Problemverständnis:
Die Schüler sollen dem Text die zum Problemverständnis nötigen Informationen entnehmen, die kritische Intention des Autors erkennen und ihre eigene begründete Meinung zum Ausdruck bringen.

Sie sollen insbesondere
– die Wirkung der Textsorte Satire auf den Leser bestimmen (Unterhaltung durch groteske Überzeichnung, Nachdenklichkeit, Betroffenheit),
– den dargestellten Zusammenhang zwischen zunehmender Umweltver-
  schmutzung und neuen Produkten der Waschmittelindustrie mit ihren
  eigenen Kenntnissen und Erfahrungen vergleichen,

– Stellung beziehen zu den dargestellten Werbestrategien und dem taktisch-persuasiven Sprachgebrauch.

2. Lernziele in bezug auf die Schreibfertigkeit:
– Die Schüler sollen den Funktionswortschatz eines argumentierenden Leserbriefes (zum Beispiel zum Thema *detergents and pollution*) erwerben und wirkungsvoll anwenden (Redemittel der Problemdarstellung, Gliederungssignale, Satzeröffner, Wortschatz des Urteilens, Empfindens, Appellierens).
– Sie sollen in der Lage sein, je nach Redeabsicht (Problemdarstellung, Beschwerde, Klage, Provokation) und Situation einer fiktiven Schreiber-Rolle (zum Beispiel als betroffene Privatperson, als Persönlichkeit des öffentlichen Lebens) adressatenbezogene Abstufungen der Leseransprache (in bezug auf Stilebene, Höflichkeitsfloskeln, syntaktische Eigenheiten öffentlichen und privaten Sprechens) anzuwenden.

Zum Thema Sprache der Werbung eignet sich ein Vergleich von Anzeigen, an denen sich spezifische Formen der Sprachverwendung kontrastiv herausarbeiten lassen. Ein interessantes Beispiel hierzu sind die beiden in der Textsammlung angegebenen Anzeigen, „*She nearly switched life off*" und „*Courage in old age*", in denen der Leser einmal gefühlsmäßig und ein anderes Mal betont sachlich aufgefordert wird, für eine Wohlfahrtsorganisation Geld zu spenden. Neben der Erörterung der sprachlichen Mittel läßt sich hier die Frage nach dem Selbstbild der angesprochenen Zielgruppe thematisieren.

Der Auszug aus VANCE PACKARDS Bestseller „*The hidden persuaders*" behandelt in launiger Manier, wie aus der kalifornischen Trockenpflaume, einem vom Konsumenten lange Zeit verschmähten Produkt, ein gut verkäufliches Edelobst mit einer ganz neuen Ausstrahlung wird. Packards Thema ist hier die Fragwürdigkeit eines tiefenpsychologischen Ansatzes, mit dem über den Zugriff auf das Unbewußte Konsumgewohnheiten und Verhaltensweisen verändert werden sollen.

(3.3) *Dritte Unterrichtsreihe: Der Produzent und der Konsument – Selbstfindung und kritische Distanz*

Im Sinne einer Erziehung zu Kritikfähigkeit und Autonomie kann das Thema Konsumgesellschaft aus einer umfassenden Perspektive in der Weise betrachtet werden, daß die Schüler einerseits lernen, sich selbst als Mitglieder der Konsumgesellschaft zu erkennen und zugleich doch eine reflektierte Distanz zu den Ansprüchen dieser Gesellschaft einzunehmen. Diese Distanz muß auf die Einsicht in wirtschaftliche Prozesse gestützt sein; nur dann können Änderungsvorschläge relevant und für die künftige gesellschaftliche Entwicklung konstruktiv sein. Die Schüler sollen deshalb lernen, ihre Kritik angemessen darzustellen; sie sollen Schreiberrollen einnehmen, in denen sie bewußt subjektive Einstellungen und Normsetzungen liefern, diese jedoch sachlich fundiert begründen. Dafür geeignete Textsorten sind das Positionspapier für eine Diskussion, der Essay, der Leserbrief.

Die Arbeit des Kurses vollzieht sich an Texten, die selbst Positionen zu dieser Problematik beinhalten. A. SILLITOES „The Loneliness of the Long Distance-Runner" zeigt die Perspektive eines Mitgliedes der Arbeiterklasse. Im Text „City Close-up" von J. SEABROOK werden Ansichten und Lebensziele jungverheirateter Paare der (unteren) Mittelschicht dargestellt. Die Vertreter der anderen Seite, also diejenigen, die diese Konsumwelt als Produzenten entscheidend prägen, kommt in den Textvorschlägen „Society is Changing Business Morality" und „In Charge: Larry Ross" zu Wort. Die Phase der Informationsentnahme und -verarbeitung wird von Schreibaufgaben wie *notetaking, drafting, reporting* und *writing an abstract* begleitet.

Der Aufsatz „Society is Changing Business Morality" stammt von M. BLUMENTHAL, dem Finanzminister Jimmy Carters. Der zweite Text ist der rückblickende Bericht eines ehemaligen Präsidenten eines amerikanischen Konzerns über die Wirtschaftswelt, aufgenommen in eine Sammlung von Berichten aus der Arbeitswelt, die S. TERKEL (1975) zusammengestellt hat.

Die beiden Textauszüge können zweierlei verdeutlichen:

– Zum einen: Das Thema Wirtschaft und Konsum läßt sich auf einer wissenschaftspropädeutisch anspruchsvollen, reflexiven Ebene im Englischunterricht behandeln.
– Zum zweiten: Die beiden gewählten Texte behandeln zwar dasselbe Thema, die Wirtschaftsmoral, sind jedoch als Textsorten völlig unterschiedlich. Die Unterschiede verweisen auf die entgegengesetzten Schreiber-Rollen der beiden Autoren. Blumenthal liefert ein abwägendes, argumentativ strukturiertes Referat, durch das niemand verletzt werden soll, durch das er selbst sich auch nicht ins Kreuzfeuer der Kritik bringen will. Larry Ross (ein Pseudonym) berichtet dagegen informell und salopp, wie es wirklich in der Wirtschaft zugeht, er berichtet als jemand, der nichts mehr zu fürchten und auch nichts mehr zu verlieren hat.

(1) M. BLUMENTHAL: Society is Changing Business Morality (1977)

The rash of disclosures of corporate bribes and other illegal payments in the United States and abroad has provoked a chorus of questions about ethics, morality, and the modern corporate executive. In fact, the entire U. S. economic system is being scrutinized as never before. Some people have been quick to conclude that the incidence of corporate misconduct is reason enough for a major overhaul of the system. They argue that the process of distributung goods and services in society, since it inevitably involves society's larger goals, is too important to be entrusted to decisionmakers in large corporations. Therefore, the contention is made that big corporations should be fractionalized into smaller, more socially manageable pieces. Others would go even further. For them, nothing less than the removal of the profit motive is necessary to minimize the occasion of corporate sin. So we hear renewed calls to put the entire system under direct government control.

But neither more government control of business nor the breakup of big corporations will lead automatically to a higher standard of morality in business. After all, there is no evidence that government bureaucrats or the proprietors of smaller businesses are any more or less ethical, if you will, than the executives of big corporations.

Furthermore, the U.S. economic system works better than any other that has been devised. Consider the various attempts that have been made troughout history to replace the profit motive. These experiments have ranged from the utopian systems of an earlier age to the centrally planned economics in the communist and socialist contries today. Even in a simpler day or in societies much less complex than that of the United States, none have worked well. Clearly, the U.S. system has produced greater economic efficiencies. What is even more important is the fact that it has done more than any other system to preserve and to enhance personal freedom and individual liberty. The inherent strength of the U.S. system (what we could call its „natural advantage over others") lies in its ability to encourage people to use their initiative by offering rewards generally commensurate with accomplishment. Certainly there are flaws in the system, but the repairs must be made without destroying what is good.

A matter of change

It seems to me that the root causes of the questionable and illegal corporate activities that have come to light recently are to be found in factors other than the profit motive or the structure of modern business. I believe these problems can be traced, on the one hand, to the sweeping changes that have taken place in U.S. society and troughout the world and, on the other, to the unwillingness of many in business to recognize or adjust to these changes.

There have been important changes in what people expect of corporate executives. To some extent, priorities have been reordered and now encompass demands that were once considered beyond the traditional scope of business. Changes have also taken place in the standards of moral behavior that now apply to business. Activities once considered as normal practices in business are now unacceptable. In addition, the system by which business executives are held accountable for their conduct and decisions is different from what it used to be.

It is in these changes that we will find what is really behind today's headlines. In retrospect, I am sure that many business executives would allow that some of the decisions they made that we have been reading about were, in fact, shortsighted and inconsistent with the changing conditions I have described.

All of this suggests that the skill to anticipate social change is becoming increasingly critical in business. In the future, the public will undoubtedly show even less empathy than it does today for excuses and hindsight confessions about the failure to perceive the new requirements imposed on business.

[. . .]

In dem nun folgenden kurzen Textauszug beschäftigt sich Larry Ross mit der ständigen Gefahr der leitenden Angestellten großer Gesellschaften, entlassen zu werden. Weitere Themen, die in dem Interview erörtert, hier aber nicht wiedergegeben werden können, sind: die indirekte Kontrolle des Privatlebens über den Anpassungsdruck der großen Gesellschaften und Konzerne, die Rivalität zwischen Firmenangehörigen, die Karriere machen wollen, die Isolation der Personen an der Firmenspitze, Veränderungen im Geschäftsbetrieb durch die Datenverarbeitung, die Kontrolle des ganzen amerikanischen Konsumgütermarktes durch einige wenige große Gesellschaften und den Druck von Aktieninhabern und Aufsichtsräten auf die Leitung der Gesellschaften.

(2) S. TERKEL: In Charge: Larry Ross (1975)

The corporation is a jungle. It's exciting. Your're thrown in on your own and you're constantly battling to survive. When you learn to survive, the game is to become the conqueror, the leader. *„I've been called a business consultant. Some say I'm a business psychiatrist. You can describe me as an advisor to top management in a corporation." He's been at it since 1968.*

I started in the corporate world, oh gosh-'42. After kicking around in the Depression, having all kinds of jobs and no formal education, I wasn't equipped to become an engineer, a lawyer, or a doctor. I gravitated to selling. Now they call it marketing. I grew up in various corporations. I became the executive vice president of a large corporation and then of an even larger one. Before I quit I became president and chief executive officer of another. All nationally known companies.

Sixty-eight, we sold out our corporation. There was enough money in the transaction where I didn't have to go back in business. I decided that I wasn't going to get involved in the corporate battle any more. It lost its exicement, its appeal. People often ask me, „Why weren't you in your own business? You'd probably have made a lot of money." I often ask it myself. I can't explain it, except . . .

Most corporations I've been in, they were on the New York Stock Exchange with thousands and thousands of stockholders. The last one – whereas, I was the president and chief executive, I was always subject to the board of directors, who had pressure from the stockholders. I owned a portion of the business, but I wasn't in control. I don't know of any situation in the corporate world where an executive is completely free and sure of his job from moment to moment.

Corporations always have to be right. That's their face to the public. When things go bad, they have to protect themselves and fire somebody. „We had nothing to do with it. We had an executive that just screwed everything up." He's never really ever been his own boss.

The danger starts as soon as you become a district manager. You have men working for you and you have a boss above. You're caught in a squeeze. The squeeze progresses from station to station. I'll tell you what a squeeze is. You have the guys working for you that are shooting for your job. The guy you're working for is scared stiff you're gonna shove him out of his job. Everybody goes around and says, „The test of the true executive is that you have men working for you that can replace you, so you can move up." That's a lot of boloney. The manager is afraid of the bright young guy coming up.

Fear is always prevalent in the corporate structure. Even if you're a top man, even if you're hard, even if you do your job – by the slight flick of a finger, your boss can fire you. There's always the insecurity. You bungle a job. You're fearful of losing a big customer. You're fearful so many things will appear on your record, stand against you. You're always fearful of the big mistake. You've got to be careful when you go to corporation parties. Your wife, your children have to behave properly. You've got to fit in the mold. You've got to be on guard.

[. . .]

When a top executive is let go, the king is dead, long live the king. Suddenly he's a persona non grata. When it happens, the shock is tremendous. Overnight. He doesn't know what hit him. Suddenly everybody in the organization walks away and shuns him because they don't want to be associated with him. In corporations, if you back the wrong guy, you're in his corner, and he's fired, you're guilty by association. So what a lot of corporations have done is when they call a guy in – sometimes they'll call him in on a Friday night and say. „Go home now and come in tomorrow morning and clean out your desk and leave. We don't want any farewells or anything. Just get up and get the hell out". It's done in nice language. We say, „Look, why cause any trouble? Why cause any unrest in the organization? It's best that you just fade away." Immediately his Cadillac is taken away from him. His phone extension on the WATS* line is taken away from him. All these things are done quietly and – bingo! he's dead. His phone at home stops ringing because the fear of association continues after the severance. The smell of death is there.

We hired a vice president. He came highly recommended. He was with us about six months and he was completely inadequate. A complete misfit. Called him in the office, told him he was gonna go, gave him a nice severance pay. He broke down and cried. „What did I do wrong? I've done a marvelous job. Please don't do this to me. My daughter's getting married next month. How am I going to face the people?" He cried and cried and cried. But we couldn't keep him around. We just had to let him go.

Die Zielsetzungen für die dritte Unterrichtsreihe werden im folgenden konkretisiert.

1. Inhaltliche Lernziele:

Die Schüler sollen

– den Status und die Einstellungen der Schreiber/Sprecher einschließlich der literarischen Figuren zur Konsumgesellschaft bestimmen;

* Wide area telecommunications service. A prerogative granted important executives by some corporations: unlimited use of the telephone to make a call anywhere in the world.

– die für die verschiedenen Texte typischen Merkmale der Vermittlung
dieser Einstellungen erkennen und beschreiben;
– die verschiedenen Einstellungen miteinander vergleichen, die verschiedenen Ansprüche auf ihre Berechtigung hin diskutieren und die daraus
resultierenden ökonomisch-gesellschaftlichen Konflikte bzw. Wider-
sprüche bestimmen;
– ihren eigenen gesellschaftlichen Status beschreiben und ihre Ansprüche
an die Gesellschaft zu der eigenen Leistungsbereitschaft in Beziehung
setzen.

2. Lernziele in bezug auf die Schreibfertigkeit:
Die Schüler sollen
– wesentliche Aussagen der Sachtexte unter einem angegebenen thematischen Aspekt als *report* zusammenfassen. Dabei ist am Text von SEA-
BROOK die Umwandlung von *direct speech* in *reported speech,* die Um-
formung von überwiegend koordinierten Sätzen (*spoken English*) in
subordinierte Satzgefüge (*written English*) zu üben.
– Die Schüler sollen den *report* um eine explizit wertende Stellungnahme
erweitern;
sie üben dabei typische Mittel der Emphase, z. B. *end-focus, cleft sen-
tences, comment clauses, evaluative phrases.*
– Sie sollen bei der Rezeption des fiktionalen Textes von A. SILLITOE
aspektbezogen eigene Gedanken bzw. Fragen an den Text zwecks späte-
rer Verwendung schriftlich festhalten (*drafting*).
– Sie sollen lernen, sich Notizen zu machen, d. h.
a) in bezug auf die angegebenen Aspekte wesentliche Textstellen abstra-
hierend zu verarbeiten,
b) aspektbezogen während der Diskussion/Interpretation des Textes im
Unterricht wesentliche Gesichtspunkte zu erkennen und in verkürzter
Form festzuhalten.
– Die Schüler sollen die Ergebnisse bzw. den Verlauf der Diskussion/In-
terpretation nach Notizen sachlich richtig in einem kohärenten Text
(Protokoll) wiedergeben;
die dem Text entnommenen Informationen thesenförmig in einem *abstract* zusammenfassen;
gegebenenfalls zusätzliches Hintergrundwissen zu den im fiktionalen
Text angesprochenen sozio-kulturellen Aspekten aus kurzen nicht-fiktionalen Texten entnehmen und in Kurzreferaten vermitteln.
Beim *drafting* und *note-taking* sollen die Schüler vor allem die Verwendung
abstrahierender Begriffe, das Notieren von *key-terms* und das Erfassen und
stichwortartige Festhalten von einzelnen Gedankengängen lernen. Diese
Fertigkeiten bilden die Grundlage für das adäquate und komprimierende

Darstellen von komplexeren Argumentationszusammenhängen mit der Verwendung von koordinierenden und subordinierenden Konjunktionen, satzverknüpfenden Adverbien und Gliederungssignalen.

3. Anmerkungen zur Methode:
Angesichts der Länge der Texte sind die Verfahren des globalen Lesens (auf die zentrale Information gerichtet) und des selektiven Lesens (auf bestimmte Aspekte gerichtet) anzuwenden. Die Sachtexte haben einen relativ hohen sprachlichen Schwierigkeitsgrad und sollten deswegen arbeitsteilig (in Gruppen) angegangen werden. Der Kursleiter kann Lesehilfen (Vokabellisten, Anmerkungen) bereitstellen.

(3.4) *Vierte Unterrichtsreihe: Literaturkonsum – Formen der Popular Literature und Bedingungen ihrer Rezeption*

Daß auch die Produktion, Distribution und Rezeption von Literatur den Bedingungen unserer Konsumgesellschaft unterliegt, ist eine Erkenntnis der Literatursoziologie, die in den letzten Jahren in der gymnasialen Oberstufe Beachtung gefunden hat. Im vorliegenden Kurs besteht die Möglichkeit, die Interdependenz der Wirtschaft mit der literarischen Szene einsichtig zu demonstrieren.

Für diese Zielsetzung eignet sich zum Beispiel MARIO PUZOS „The Godfather" („Der Pate"), ein Trivialroman, der inzwischen eine Auflage von mehr als 13 Millionen Exemplaren erreicht hat („the all-time bestselling novel in publishing history"). Dieser Roman kann in der vierten Unterrichtsreihe gelesen und mit dem Hintergrundbericht der Zeitschrift TIME über den Autor und die Bedingungen der Produktion und Distribution dieses Romans in Beziehung gesetzt werden. Weiter können die Verfilmung (mit Marlon Brando) und Berichte über die Mafia herangezogen werden.

Ebenso ist es denkbar, E. SEGALS „Love Story" mit einigen Rezensionen und der Verfilmung zu behandeln (vgl. dazu die rezeptions- und wirkungsbezogene Analyse von P. FREESE 1978) oder auf Wildwest-Romane und -Filme einzugehen.

1. Inhaltliche Lernziele zu Mario Puzo's „The Godfather":
Die Schüler sollen
– die in der Massenliteratur dargestellten Erscheinungsformen und Handlungsweisen des organisierten Verbrechens der Mafia in Großstädten der USA kennenlernen;
– Selbstverständnis und Wertvorstellungen der Mafiosi innerhalb der ame-

rikanischen Gesellschaft und ihrer Rechtsverhältnisse, dargestellt in der Massenliteratur, kennenlernen;
- die im Rahmen einer Familiengeschichte bestimmende Figur des Paten in ihrer Wirkung auf ein breites Lesepublikum einzuschätzen lernen;
- die Themenmischung von Gewalt, Sex und Show Business mit ihrer Lokalisierung in New York, Los Angeles und Las Vegas in ihrer Wirksamkeit für ein amerikanisches und für das deutsche Massenpublikum bewerten,
- Elemente des Aufbaus der Story in ihrer Wirksamkeit auf ein Massenpublikum beurteilen,
- Elemente der Sprachgebung des Romans (*American slang* in Dialogen; italienische Bezeichnungen; alltagssprachliche Diktion) einschätzen;
- den Roman aufgrund der Lektüre der Cover Story in TIME in den Zusammenhang von Lebensform, leserwirksamer Motivwahl und Geschäftsstrategie des Bestseller-Autors sowie der Vermarktung von Massenliteratur (Paperback; Verfilmung usw.) einordnen;
- den durch einen solchen Roman repräsentierten Konsumzwang (Produktionsverhältnisse, Verteilungsmechanismen, Warencharakter des Romans und Verstärkung suggerierter Leserbedürfnisse) erkennen und sich unter Umständen auch davon distanzieren.

2. Lernziele in bezug auf Schreibfertigkeiten:
Die Schüler sollen
- über ihre Leseerfahrungen mit diesem Roman bzw. ihre durch den Film gewonnenen Eindrücke berichten und dazu Stellung nehmen *(report and comment);*
- das Problem der Verantwortlichkeit des Autors bzw. der Filmemacher für ihr Publikum am Beispiel dieses Romans bzw. des Films diskutieren *(argumentation);*
- diesen Roman bzw. den Film (z. B. für eine Schülerzeitung, eine Jugendzeitschrift) rezensieren und dabei mögliche Verwendungssituationen innerhalb und außerhalb der Schule mit einbeziehen *(review/evaluation);*
- sie sollen ihre gegenwärtige Rolle angesichts des Literatur- und Filmbetriebs und der unterschiedlichen Publikumsbedürfnisse analysieren und Änderungsmöglichkeiten erörtern *(thematic analysis and argumentation).*

Sowohl für die inhaltliche Aufgabe, ein Verständnis für Literaturproduktion und für Literaturkonsum zu erwecken, als auch für die Aufgabe, den Schülern unterschiedliche Schreiber-Rollen bewußt zu machen und sie selbst zu befähigen, gewisse Schreiberrollen zu übernehmen, bietet die *Cover Story* aus TIME eine Fülle von Anregungen.
Deshalb wird im Anhang zu diesem Kursentwurf ein Auszug aus der

Cover Story (August 28, 1978) reproduziert und durch einen Artikel aus dem Jahre 1979 ergänzt, in welchem der Mord an einem New Yorker Mafioso geschildert wird.

Bei der Romanlektüre kann auch die deutsche Übersetzung herangezogen werden. Die Besprechung im Unterricht erfolgt jedoch auf Englisch.

(4) Formen der schriftlichen Lernzielkontrolle:

Alle in Abschnitt 2. 1, Punkt 3 bis 9 beschriebenen pragmatischen Lernziele der Schreiber-Rollen (freie Formen) können und sollen in verschiedenartiger Kombination und Komplementarität als Kontrollformen verwendet werden: die unter Punkt 7 und 8 genannten Zielsetzungen stellen die traditionellen und umfassenderen Typen der „*Composition*" bzw. des „*Essay*" als „Themaaufgabe" oder „Textaufgabe" dar. Diese zwei Aufgabentypen sind in differenzierteren und gleichzeitig umfassenderen Aufgabentypen der kommunikativen Schreiber-Rollen/-Situationen aufzuheben und zu dynamisieren.

Ob die Schüler eine jeweils ausreichende schriftliche Formulierungskompetenz erworben haben (vgl. oben, Abschnitt 2.2), kann zum Teil in entsprechend differenzierten Kurzzeitklausuren kontrolliert werden. Sie sind jedoch nur als Zwischenstadium zur Erreichung der kommunikativen Schreiber-Rollen anzusehen.

(5) Verzeichnis der für den Kurs vorgeschlagenen Texte

Erste Unterrichtsreihe:
Text 1: How Little Stimulus Will Be Enough? (TIME: May 9, 1977)
Text 2: The Invisible Land (M. Harrington: The Other America; Poverty in the United States; repr. 1968, Harmondsworth, S. 9–17).
Text 3: The Manpower Services Commission (Times Literary Supplement, 1978)
Text 4: Dear Sir, I am Writing to Apply (aus: English Register, Klett, 1977, S. 42–45)

Zweite Unterrichtsreihe:
Text 1: The Cleanest Shirt in Town (Art Buchwald: Getting High in Government Circles, Greenwich/Conn. 1977, S. 70/71)

Text 2: Two Advertisements (Times; Guardian; 1978)
Text 3: Cures for Our Hidden Aversions (Vance Packard: The Hidden Persuaders. Harmondsworth 1960, S. 116–119)

Dritte Unterrichtsreihe:
Text 1: City Close-Up (J. Seabrook, London 1973, S. 184–193)
Text 2: A. Sillitoe: The Loneliness of the Long-Distance Runner (mehrere Ausgaben – auch als Simplified Version, Klett)
Text 3: Society is Changing Business Morality (W. M. Blumenthal. In: Economic Impact No. 19, U. S. Information Agency, Washington 1977, S. 43–46)
Text 4: In Charge: Larry Ross (Studs Terkel: Working, Harmondsworth 1975 (Penguin Books), S. 334–342)

Vierte Unterrichtsreihe:
Die folgenden Texte können alternativ herangezogen werden:
Entweder:
Text 1: M. Puzo: The Godfather, Pan Books, London 1970
Text 2: Paperback Godfather: Cover Story: TIME: August 28, 1978
Text 3: Death in the Afternoon: Mafia Don Carmine Galante is Gunned Down in Brooklyn: TIME: July 23, 1979
Oder:
Text 4: E. Segal: Love Story, Coronet Books, Falmouth 1971 (als Schulausgabe angekündigt: ed. D. Smolka, Frankfurt 1979)
Oder:
Text 5: Indians, Outlaws and Western Heroes: The West in Popular American Literature of the 19th Century: ed. H.-M. Braun/K. H. Göller, Frankfurt 1979

(6) Anhang: Paperback Godfather (TIME Cover Story, August 28, 1978); Death in the Afternoon (TIME, July 23, 1979)

Books

Paperback Godfather

Meet Mario Puzo, the author you can't refuse

"The profession of book writing makes horse racing seem like a solid, stable business."
—John Steinbeck

It was dinnertime at the Manhattan publishing offices of G.P. Putnam's Sons. The last bag of taco chips had long since tumbled from the corridor vending machine, but Subsidiary Rights Director Irene Webb, 30, and her colleagues were not leaving their desks. Since 9:30 a.m. June 15, 1978, was a day for executive field rations. Since 9:30 a.m. Webb's ear had been grafted to her telephone, accepting bids for what ended as the most expensive paperback auction in publishing history: $2.2 million for the rights to reprint Mario Puzo's new novel, *Fools Die*, plus $350,000 to reprint his alltime bestselling saga, *The Godfather*. The previous record price, $1.9 million, was paid for Colleen McCullough's Australian sheep opera, *The Thorn Birds*, now playing beach blankets and jammed airline lounges throughout the free-time world.

The first hard-cover edition of *Fools Die* is not scheduled to go on sale until October. This meant that the paperback publishers were bidding that June day on futures, as if the book were listed on the commodity exchange along with soybeans and pork bellies. With good reason. The booming paperback business can become as risky, and profitable, an arena as the stock market and the gambling casino. Fortunes have changed hands at paperback auctions and reprint sales; unknowns have become overnight celebrities because of a paperback success. Authors like John Jakes (*The Bastard*), institutions like the Agatha Christie estate, romancers like Rosemary Rogers and Victoria Holt owe their millions to the modest little 7-in. by 4-in. volumes that decorate racks at drugstores, airports, supermarkets and book emporiums. No wonder that Mario Puzo's latest effort excited such frantic bidding. With paperback rights, the successful bidder would be able to saturate those ubiquitous wire racks—if Puzo's track record is any guide—with one of next year's biggest blockbusters. Stores would be clamoring for every paperback copy of *Fools Die* they could lay hands on. This, in turn, would give the publisher leverage to persuade sellers to stock other titles on the firm's list: a million-dollar domino theory.

Before the 15-hour sale ended, some bidders had grown grouchy as they saw the cost of the prize soar. "They sounded as if they had low blood sugar, and I offered to send them sandwiches," recalls Webb. For the winner, Elaine Koster, 37, editor in chief and publisher of New American Library, the problem was breathable air. The cooling system in her office overlooking a gaudy flank of the Americana Hotel had been shut off. At 8 p.m. she retreated to her more comfortable West Side apartment for the final and triumphant round.

It was literally a day for the books. In addition to the Puzo package, Koster was chasing rights to publish works by Franz Kafka. She was outbid by Pocket Books, who paid $210,000. The Prague pension clerk would have been fascinated by the rituals of a modern paperback auction. He had envisioned the adrenal new world in his novel *Amerika*. But could he have imagined that he would be in six figures?

Weeks before the Puzo sale, competing publishers had laid intricate game plans that many would scrap to stay in the race. Final offers from runners-up Ballantine and Pocket Books were both $2.5 million, only $50,000 short of N.A.L. That seems a relatively small gap, but it is a chasm to the bidder already hundreds of thousands of dollars over his limit. In such cases, terms of the sale tip the balance.

In the Puzo case, the hard-cover publisher, Putnam, will receive only 40% of the advance; Puzo gets the rest. Most authors settle for a 50-50 arrangement. The novelist expects to take his $1.5 million share in chunks spread over five years. With 10% going to his agent and approximately half of the rest for taxes, he should eventually pocket at least $500,000 from the record $2,550,000 auction.

An unwritten publishing rule stipulates that authors stay away from the point sale. That suited Puzo, 57, fine. He spent the big payday in his studio and on his backyard tennis court in Bay Shore, L.I. "To me this was a business matter," he says. "I had nothing to do with it. I told my agent Candida Donadio: 'Get it done and tell me when it's finished.'"

Nevertheless, the ever watchful godfather of *The Godfather* never missed a shuffle of the paperback poker game: "While I was playing tennis it was up to 1.6, something like that. Then after dinner it was 1.8. It was Ballantine, N.A.L., and up to 1.5 Bantam was in it. The last three were Pocket Books, Ballantine, N.A.L. Then at 9 o'clock I got a phone call. Ballantine and N.A.L. were up to 2.4. Then I got a final call saying that Ballantine and N.A.L. were at 2.5 and 2.55, and if it was O.K. with me, we'd take it. They had to get my O.K."

THOMAS VICTOR

Author Mario Puzo at his typewriter
More pasta and less panache.

Such fast action was unheard of 40 years ago when the modern paperback business was born. Potboiler westerns, mysteries and a few novels were sold mainly in drugstores and on newsstands. The 1950s saw the emergence of "trade" or "quality" paperbacks. They were the inexpensive, soft-covered reprints of classics, serious novels and texts that heralded the so-called paperback revolution. Readership climbed steadily with the growth of the college-educated population. Last year's industry figures indicate that more than 530 million paperbacks were sold, between 60% and 80% bought by women mainly in the 18-to-34 age range.

In the years before high-powered auctions, hard-cover houses would circulate manuscripts to their friends in the paperback business. Back would come sealed bids, with the rights going to the highest offer in a one-round competition. In 1957, for example, Fawcett paid $100,000 for rights to James Gould Coz-

Books

zens' novel of emotional middle-age spread, *By Love Possessed.* Four years later the same house paid $400,000 for William L. Shirer's *The Rise and Fall of the Third Reich.*

The hyperthyroid auction era arrived in 1972, when Avon Books spent $1 million for Thomas Harris's *I'm Okay, You're Okay.* Bob Woodward and Carl Bernstein's *All the President's Men* sold for $1 million in 1974; two years later their *The Final Days* fetched $1,550,000. Other notable $1 million-plus books include Erich Segal's *Oliver's Story* ($1,410,000), E.L. Doctorow's *Ragtime* ($1,850,000), Dorothy Uhnak's *The Investigation* ($1,595,000), William Safire's *Full Disclosure* ($1,375,000) and McCullough's phenomenal *The Thorn Birds,* which nearly broke the $2 million barrier.

Marlon Brando as Don Corleone
An inversion of Walter Cronkite.

Unsuccessful bidders for Puzo's new work have grumbled that many of these books are the equal of Puzo's in earning power, and that the re-reprint rights for *The Godfather* were generously underestimated to ensure the record sale of *Fools Die.*

A case of sour *grappa?* Possibly. The figures paid for books are impressive, but to recoup a multimillion-dollar investment today, paperback publishers must tout their products like new cars. Record-sale publicity is one way. And, of course, there are gimmicks and advertising blitzes for the soon-to-be-made-into-a-major-motion-picture that augment the hard-sell paperback commercials on radio and TV.

The show-biz approach was inevitable as the paperback business grew; some of the largest paperback houses be-

is to book readers into the right vacation. N.A.L. hopes to sell more than 10 million copies of *Fools Die* and their edition of *The Godfather.* There are already 13 million paperback copies of the Mafia classic in print.

Puzo's new work is not likely to exceed that figure, though its lure may be enhanced by the autobiographical nature of the novel. Its hero, John ("The Kid") Merlyn, like Puzo, is a formerly impoverished novelist who turns commercial, has intriguing connections in the gambling world of Las Vegas, and spends a good deal of time writing film scripts in Hollywood. Merlyn's unpretentious philosophy and even his tone of voice sound familiarly like the author's. Reflects Merlyn: "I wanted to live an honorable life, that was my big hang-up. I prided myself on being a realist, so I didn't expect myself to be perfect. But when I did something shitty, I didn't approve of it or kid myself, and usually I did stop doing the same kind of shitty thing again. But I was often disappointed in myself since there was a great variety of shitty things a person can do, and so I was always caught by surprise."

Fools Die contains the sort of mini-dramas and surprises that keep paperback readers flipping pages; a man wins a small fortune at baccarat and blows his brains out; a straightforward love affair turns baroque with kinky sex; an extremely cautious character makes a stupid and fatal error.

Puzo's descriptions of Las Vegas, its Strip, showgirls, characters, and the variety of ways one can lose money swiftly and painlessly, are carried off with brio. The green baize world of casino management has never seemed more

Mario Puzo's Godfatherly Rules

long to conglomerates with movie and television interests. In addition, inflation has pushed the cost of paperbacks higher than the average for most commodities, demanding more aggressive salesmanship. In the past six years the cover price of a rack-size book has jumped 77%, from an average of 93¢ to $1.65. The consumer price index for the same period rose 44.8%. Where will it end? Inflation is not likely to vanish and neither is the desire of publishers to secure bigger blockbusters. This is almost certain to cause new records in paperback auctions. Says Putnam's Webb: "There's no ceiling. God knows, there's no ceiling."

Last year Bantam Books President Oscar Dystel spread a little gloom among his colleagues when he cautioned that net unit sales—the actual number of paperback books sold—have remained fairly static since 1973. William R. Grose, editor in chief of Dell, takes a grimmer view. "I used to think there was a ceiling on paperback rights. Now I don't know. The consumer is the one who pays for all this nonsense, and the consumer doesn't seem to have balked. Everyone you talk to will say it's an unhealthy situation, but no one knows what to do."

But even though costs are spiraling, a paperback remains an exceptional entertainment value. As one reviewer once put it, "Shogun is a summer vacation." So are most other bestsellers. The trick

professional, entertaining and lethal.

In Hollywood, Merlyn-Puzo's eyes alternately widen with naive excitement and narrow with humorous contempt. His description of a studio head with the Dickensian name of Wartberg: "He used lawyers as a hood used guns, used affection as a prostitute used sex. He used good works as the Greeks used the Trojan Horse, supported the Will Rogers home for retired actors, Israel, the starving millions of India, Arab refugees from Palestine. It was only personal charity to individual human beings that went against his grain."

Merlyn, as his name implies, thinks of himself as a literary necromancer who can magically make his audience laugh and cry at the same time. Actually, he is an attractive and bittersweet con man, as the last chapter of the novel reveals. The ambiguous hero of the book is a writer named Osano, a ruthless genius who pursues his dreams of potency, fame and fortune by living out his darkest instincts.

Osano is constructed of some cast-off parts of Norman Mailer and some full-blown fantasies of Mario Puzo. The character is a grand fool, but also a brutally honest observer. Says he to Merlyn: "You live in your own world, you do exactly what you want to do. You control your life. You never get into trouble, and when you do, you don't panic; you get out of it. Well, I admire you, but I don't envy you. I've never seen

For Writing a Bestselling Novel

1. Never write in the first person.

2. Never show your stuff to anybody. You can get inhibited.

3. Never talk about what you are going to do until after you have written it.

4. Rewriting is the whole secret to writing.

5. Never sell your book to the movies until after it is published.

6. Never let a domestic quarrel ruin a day's writing. If you can't start the next day fresh, get rid of your wife.

7. Moodiness is really concentration. Accept it because concentration is the key to writing.

8. A writer's life should be a tranquil life. Read a lot and go to the movies.

9. Read criticism only in the beginning. Then read novels to learn technique.

10. Never trust anybody but yourself. That includes critics, friends and especially publishers.

Books

you do or say a really mean thing, but I don't think you really give a shit about anybody. You're just steering your life."

Such candid statements appear throughout *Fools Die*. Novelist Puzo enjoys casting a sly peasant eye on pretension and self-delusion. When moralist Puzo judges his characters' behavior it is not because that behavior offends convention but because it endangers survival. Merlyn's warning to a promiscuous actress about the dangers of V.D. echoes an Army training film, though the reader may not be sure whether the author is trying to be funny or just didactic. The novel's biggest flaw is a switching back and forth from third- to first-person narrative, thus violating Puzo's own first rule of writing.

Yet Merlyn's knack for lively yarning and his ability for introspection give the book its special quality: a fat, commercial novel with a lean, serious writer signaling wildly to get out. Insiders in Las Vegas and Hollywood may be doing some wild signaling themselves. The novel has an enticing *roman à clef* flavor even though Puzo dismisses the issue with a typically tough and ready remark: "How dare they think they are part of my creation?" Nevertheless, Pauline Kael will be flattered when she recognizes herself as the highly praised film critic Clara Ford. Certain agents, and some executives at Universal who shortchanged Puzo for his script of *Earthquake*, will not be so pleased.

Puzo won his suit against the studio. Yet film writing is a subject that sends him to the mattresses: "It is the most crooked business that I've ever had any experience with," he says.

ial statistics. Observes Puzo, a diabetic who suffered a heart attack five years ago: "If I hadn't made a lot of money on *The Godfather*, I would probably be dead now, because I would have ended up working every day and living under a great deal of pressure and guilt over taking care of my family."

For the Puzos, such pressure is over. Mario and German-born Wife Erika, whom he met while serving with the Army in World War II, live with two of their five children in a white colonial tract house on Long Island. The house was a contractor's model, and the author bought it furnished in 1969. He has little concern with the obvious symbols of success. His wife made him trade in his Cadillac for a Lincoln that he does not like to drive. When he comes to Manhattan for the day, he prefers to hire a chauffeur-driven limousine.

The conspicuous possession he values is his tennis court. On its clay surface he is a better than average weekend player, unusually agile for a portly man. The interior of the Puzo home is as colorful as his fiction. Opposite a fake leopard-covered lounge chair hang two Writers Guild award plaques for *Godfather I* and *II*: the Oscars anchor a shelf. Another wall contains sliding glass cabinets holding copies of all his books with the fronts of their dust jackets facing out. Puzo is an avid and se-

THOMAS VICTOR

rious reader, but there is no library in sight. "I don't have much of one," he explains. "Books I don't like I throw away, or somebody comes and borrows them."

Upstairs, past a 5-ft. stuffed tiger in the hallway and through his purple-carpeted bedroom, is what Puzo calls his "peasant's study." It is a no-frills working area with an oak desk

"You can get a better shake in Vegas than you can get in Hollywood." His advice to novelists heading west to write for film: "Make sure you get a gross, not a net percentage of the profits. If you can't get gross, try and get as much money as you can up front. But the best way is to go in with a mask and a gun."

Antagonism between authors and producers is at least as old as Jack Warner's reputed classification of scriptwriters as "schmucks with Underwoods." Puzo has no illusions or false pride about his screen work. "I'm fascinated by the movies simply because it is an enormous machine for making money and no matter how bad they run it, it still makes money. It's the perfect industry to put your nephew in and your idiot cousin, because they'll be geniuses."

The money machine has been exceptionally kind to Puzo. He made about $1 million for his work on *Godfather I.* For *Godfather II* he received a $100,000 script fee plus a promise of 10% of the net—which he is yet to see. There is another $1 million, minus legal expenses, for *Earthquake,* and $350,000 plus 5% of the gross on *Superman I* and *II,* the forthcoming spectaculars about The Man of Steel. On top of this, Puzo will earn $250,000 in increments and a gross percentage for his treatment for *Godfather III.* The paperback millionaire estimates that in the past ten years he has made at least $6 million from his books and movies. Before *Godfather,* his combined income from two previous novels amounted to $6,500.

Perhaps because success came to him in middle age, he has no romantic notions about what money can or cannot do. The long shot of literary recognition and reward has paid off, "but it can't make me 26 years old and 150 lbs.," says the 5-ft. 6-in. author whose sumo-wrestler stomach is the major contributor to his 208 lbs. Still, financial security has been good to his actuar-

and a Naugahyde couch on which he broods and dozes. He writes in concentrated bouts; though, as he says, "my wife has never seen me work." A small table holds a worn portable Olympia. "If anything ever happened to it I would have to stop writing," he claims. Old personal objects have a talisman's significance. He is

The father of *The Godfather* presides over a family meal in Long Island
"When you get lucky, you have to have the strength to follow through."

likely to wear the same light cord trousers, sports shirt and suede Bally slip-ons until his wife throws them out. He has even kept his lower-class New York accent—an obvious cover for a refined literary sensibility. Pretentiousness and a flashy style disturb him. Says Puzo about the gunning down of one of New York's flamboyant mobsters: "Whenever I see a guy with panache, I get scared. Now, Joey Gallo had panache. He wanted me to write his autobiography. I ran like a thief. I told my publisher that he would be dead in six months. And he was. I knew he would be killed because he had too much panache. More pasta and less panache is a good saying to remember."

It is a godfather's view of the world. Indeed, the old don embodies Puzo's heroic ideal. "A hero," he insists, "is a guy who is very, very careful. He takes risks while he takes precautions. Like in my own family, I am very careful with my kids and my wife. My idea of a hero is a guy who never discloses any of his responsibilities or duties but glories in fulfilling them."

Puzo glories in monetary gifts to relatives, and in large trust funds for his children, Tony, 31; Dorothy, 29; Eugene, 27; Virginia, 24; and Joey, 19. The generosity amounts to workmen's compensation for years of deprivation. He is a lavish tipper and a restless traveler who spends as much as $30,000 a year on airfare. But charity begins and stays at home. "Italians never give money to charity," he says. "It is what they call 'the Red Cross syndrome.' When you appeal to Italians to give to the Red Cross, they never do because they expect to get money from the

In 1955 Puzo had a vision of his own. "It was Christmas Eve and I had a severe gall-bladder attack. I had to take a cab to the Veterans Administration Hospital on 23rd Street, got out and fell into the gutter. There I was lying there thinking, here I am, a published writer, and I am dying like a dog. That's when I decided I would be rich and famous."

In the hospital, he hit a lucky streak betting on baseball. The money allowed him to quit his night bank job and devote more time to writing. His other job, as a GS-5 clerk administrator at the Army Reserve unit at the 42nd Street Armory, ended in 1962 when he resigned after the department was plowed by scandal and a fellow worker was sent to jail for taking bribes. The episode is similar to the far more incriminating and candid one described in *Fools Die*.

The shake-up was another stroke of luck. It separated Puzo from his civil service security blanket and drove him to the offices of Magazine Management. The company owned such macho publications as *Male, Men* and *Man's World*. Puzo wrote battle stories. "I became an ace pulp writer," he recalls. "I wiped out whole armies. I wrote a story about an invasion in which I killed 100,000 men and then later read the statistics. There were only 7,000 killed. But in the process, I became an expert on World War II. I knew more than anybody because I read all the books." His editor, Novelist Bruce Jay Friedman, remembers his new writer "leaning back in his chair, a large cigar in his mouth, reading six books at once, three in each arm, like he was tasting food."

Unfortunately, Puzo also eats like he reads. He has attempted to leave 50 excess pounds on fat farms in the U.S. and Europe but the burden always finds its way back home. "My wife tries to feed me salads and my kids wrestle me from the refrigerator door," he says. But in the middle of the night, insomniac Puzo frequently drifts down to the kitchen and prepares his favorite snack: spaghetti smothered in butter sauce.

During his Magazine Management days, Puzo never stopped his intake of calories or his output of serious fiction. His second novel, *The Fortunate Pilgrim*, drew heavily on his childhood experiences. Again he found an audience of enthusiastic review-

Gambler Puzo throws the dice at the Tropicana Hotel, Las Vegas

Having more than enough, he now has too much to lose.

Red Cross. It is a psychological fact that Italians do not give to organized charities. They send money to their relatives."

The son of a railroad laborer, Mario was born into poverty in New York's Hell's Kitchen. He was pitching pennies at six; by adolescence he was playing poker with workingmen beneath lampposts on Tenth Avenue. Gambling became part of Mario's life; but so did reading. Puzo has described his flowering literary imagination in an essay titled *Choosing a Dream*: "In the summertime I was one of the great Tenth Avenue athletes, but in the wintertime I became a sissy. I read books. At a very early age I discovered libraries, the one in the Hudson Guild and the public ones. I loved reading in the Hudson Guild, where the librarian became a friend. I loved Joseph Altsheler's (I don't even have to look up his name) tales about the wars of the New York State Indian tribes, the Senecas and the Iroquois. I discovered Doc Savage and the Shadow and then the great storyteller Sabatini. Part of my character to this day is Scaramouche, I like to think. And then maybe at the age of 14 or 15 or 16 I discovered Dostoyevsky. I read the books, all of them I could get. I wept for Prince Myshkin in *The Idiot*, I was as guilty as Raskolnikov. And when I finished *The Brothers Karamazov* I understood for the first time what was really happening to me and the people around me. I had always hated religion even as a child, but now I became a true believer. I believed in art. A belief that has helped me as well as any other."

A literary career was a long time in coming. First he tried a series of odd jobs, fought with his family ("My mother thought I was crazy to be a writer, and she may have been right") and wondered about a steady job and a steady girl. "Then I was saved," he recalls. "World War II broke out and I was delighted. I was delivered from my mother, my family, the girl I was loving passionately but did not love. I drove a Jeep, toured Europe, had love affairs, found a wife and lived the material for my first novel."

The book was *The Dark Arena*, published in 1955. Despite its warm critical reception, Puzo remained obscure. Recalls his old friend, Novelist George Mandel (*The Wax Boom*): "My vision of Mario then? He used to go to his brother's in a taxi to borrow money for his kids' shoes. My vision of Mario still is him leaving a building, putting a cigar in his mouth with one hand and holding up his other for a cab. Same vision, rich or poor."

ers, but few paying readers. The author remained a hermit to New York literary life, though he had some close writing friends. Among those in his regular card-playing group was Joseph Heller. Recalls Puzo: "I used to get mad at him and throw his pa-

The novelist awaits a return on his tennis court in Bay Shore, L.I.

A hero is a guy who takes risks while he takes precautions.

pers around. How could I know that the stuff was going to be *Catch-22?*"

He had other reasons for rage. Both of his books had been commercial flops, and his family began to tire of his ambition and their deprivation. "I came to the point where I was terribly angry, at my wife, at my mother," he remembers, "because nobody was on my side in this struggle. Then I sat down one day and said, why should they care because of my eccentricity? What did it have to do with them? They were perfectly right in the way they felt, and I was perfectly right in the way I felt."

His stubbornness was justified. Late in 1965 a Putnam editor stopped in at Magazine Management's offices, overheard Puzo telling Mafia yarns and offered a $5,000 advance for a book about the Italian underworld. The rest is publishing history—and American sociology. Puzo's saga of blood and money, treachery and revenge, class injury and ferocious pride, is one of the most gripping stories in modern popular fiction. Despite its cast of venal monsters and hired killers, *The Godfather* offered a nostalgic view of the embattled family defending and enriching itself in a ruthless world. Don Corleone even became a Pop father figure—a fascinating inversion of Walter Cronkite—whose distinctively throttled voice conveyed authority, sincerity and trust.

KIT LUCE

View of paperbacks in a Cambridge, Mass., bookstore
A million-dollar domino theory with Kafka in six figures.

ers like the young hulk in a white suit who a few weeks ago grabbed Puzo's hand and babbled, "I shoulda been Sonny. All my friends told me so. I'm tough, I'm big, I'm comical, I'm smart and I'm an action guy."

These days Puzo's idea of action is to hole up in one of the Tropicana's gilded suites, kick off his shoes, open his shirt and play pinochle with his cronies. As much as $10,000 may ebb and flow around the table, but the atmosphere is casual, full of kibitzing and smoke from 8-in. Monte Cruzes.

It is a scene sometimes repeated for lower stakes in New York with his closest and oldest friends, Novelists Mandel and Heller, Diamond Merchant Julie Green and a retired clothing executive named Speed Vogel. The group has been meet-

now denied him. It is one of life's happier problems: having more than enough, he has too much to lose. Gambling is simply a $20,000-a-year relaxation and a chance to visit with Las Vegas friends. He can usually be found prowling the Tropicana, one of the older casinos off the glittering Strip, where he has invested in the hotel's new tennis facilities.

In New York, Puzo may walk the streets unrecognized. But in Las Vegas he is a celebrity—"Mr. P." to the dealers at the baccarat tables and Mario to the casino managers and habitual high rollers. He takes fame in his slow, fluid stride, even when confronted by admir-

The tone and settings of *The Godfather* were so authentic that many readers thought Puzo himself had underworld connections. But the novel, which never once mentions the word Mafia, was written entirely from research and anecdotes the author had heard from his Italian immigrant mother and on the streets of New York. Recalls Puzo: "After the book became famous, I was introduced to a few gentlemen related to the material. They were flattering. They refused to believe that I had never been in the rackets. They refused to believe that I had never had the confidence of a don." But Puzo did have a godfather's understanding of the relationship between power and luck. "A lot of it has to do with luck," he muses in a précis of his life. "Luck and strength go together. When you get lucky, you have to have the strength to follow through. You also have to have the strength to wait for the luck."

Today, when Puzo gets the urge to press his fortune, he heads for the gaming tables of Las Vegas. He is no longer a "degenerate gambler," his description of a guy who would rather gamble than do anything else. The compulsion was lost years ago when the casinos cut off his credit and demanded cash. Even the desperate excitement of changing one's life with a bank-breaking night is

ing and eating together for more than 15 years, most recently at Heller's Manhattan apartment where Puzo pays part of the rent and which he uses when he stays in town.

When he arrives, Mario likes to strip down to his underwear and light up a cigar. He is a reluctant housekeeper. Says Heller: "For a while, I tried to get him to make his bed, but there was no use. He says he never made his bed in the Army and he can't start now. He leaves crushed-out cigars all over the place and ashes where they happen to drop. Now, we are not the odd couple, it is just that I don't like his mess."

What this fellow novelist does like is Puzo's "deceptive incongruity between his personality and his highly discriminating intelligence." It shows clearly in his early novels and the book reviews he wrote during the '60s. It flickers promisingly around the edges of *The Godfather* and *Fools Die* and could well flare in his future project, a novel that connects the Sicilian and American Mafias. If Mario Puzo never writes another word he will already have earned the title of Godfather of the Paperbacks. Like his friend Joe Heller's *Catch-22*, Puzo's *The Godfather* and "an offer you can't refuse" have already become part of the language. This may find him a niche in American letters. He is already assured a place in American numbers.

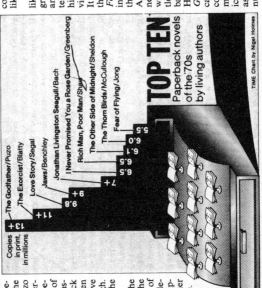

TOP TEN
Paperback novels of the '70s by living authors

Copies in print, in millions

Title	Millions
The Godfather/Puzo	13+
The Exorcist/Blatty	11+
Love Story/Segal	9.8
Jaws/Benchley	9+
Jonathan Livingston Seagull/Bach	7
I Never Promised You a Rose Garden/Greenberg	6.5
Rich Man, Poor Man/Shaw	6.1
The Other Side of Midnight/Sheldon	6.0
The Thorn Birds/McCullough	5.5
Fear of Flying/Jong	

TIME Chart by Nigel Holmes

United States

Death in the Afternoon

Mafia Don Carmine Galante is gunned down in Brooklyn

On a hot, muggy afternoon last week, four men sat at an oilcloth-covered table shaded by grapevines behind the Joe and Mary Italian-American Restaurant in Brooklyn. Over pasta and red wine they were ostensibly celebrating the departure next day of the restaurant's owner, Giuseppe Turano, 48, on a vacation trip to Sicily. Suddenly a blue Mercury sedan drew up outside, and five ski-masked men rushed into the restaurant. Six feet from the table, they opened fire with shotguns and semi-automatic rifles. In a litter of rolls, half-eaten salad and .45-cal. shells sprawled the body of short, balding Carmine Galante, 69, shot in the

The chief competitors were the pushy and aggressive Galante, who in 1974 shot his way into control of the criminal clan once run by Joseph ("Joe Bananas") Bonnano, and Aniello Dellacroce, 65, the treacherous head of the Gambino family.

The bespectacled Galante, nicknamed "Lillo" or "Cigar," looked more like a grandfather than a godfather. Nonetheless, a Mafia source once told TIME: "Lillo would shoot you in church during High Mass." Galante spent almost half of his life behind bars, starting at ten when he was sent to reform school as an incorrigible delinquent. At 17 he was sentenced to Sing Sing prison for assault. By 1952 he had become a high-ranking en-

UPI

ity when the Drug Enforcement Administration targeted him as organized crime's top man, began to alienate the other Mafia bosses. While Galante was still in prison, he was stalked by killers. For his own protection, federal officials kept him in solitary confinement at Danbury Prison and then secretly moved him to the federal prison in San Diego. Freed in March, Galante returned to New York.

According to FBI officials, Galante then asked the Mafia's governing commission for permission to retire after putting his affairs in order. The commission approved his request. But within a short time the dons discovered that Galante had secretly built up a force of 30 "greenies," hardened young recruits from Sicily. Afraid that Galante was about to double-cross them, and angered by his greed in muscling in on other families' rackets, New York's most powerful Mafia commissioners met early in July to determine Galante's fate. At that meeting, Dellacroce convinced the others that Galante should be retired more permanently.

∎

113

Galante in 1959 (inset) and his body being covered by an oilcloth

Lillo "would shoot you in church during High Mass."

left eye and chest, his teeth still clenching his familiar black cigar. Galante was one of the Mafia's most powerful and feared bosses. Killed with him were a bodyguard, Leonardo Coppola, 40, and Turano, reputedly an adviser to Galante's crime family. The restaurant owner's son John, 17, was wounded. The execution had been carefully set up in advance. While the gunmen blazed away, Caesar Bonventra, 28, a Galante recruit who a Mafia insider said had set up his boss for the slaying, stood quietly by. Then he walked calmly out of the restaurant and disappeared.

According to law enforcement officials, the murder was the latest round in a gangland struggle to succeed Carlo Gambino, who died in 1976, as the top boss of New York's five Mafia families.

forcer for Bonnano. Because Galante spoke French, Spanish and several Italian dialects, he often acted as the family's emissary in overseas assignments to arrange multimillion-dollar drug deals. He was also involved in pornography, loan sharking and labor rackets.

Soon after Gambino's death, Galante seemed destined for the mantle of *capo di tutti capi* (boss of bosses). By 1977, however, it was apparent that Galante, who was back in prison for parole violation, had failed to unite the other New York dons behind him. While Gambino had shied away from drugs because of the heavy penalties involved, Galante pushed for increased Mafia trafficking in heroin and moved in on black and Hispanic cocaine rings.

That policy, and the resulting public-

Klaus Bahners/Dietrich Bleckmann/Birgitta Drosdol

Langue et Norme
Leistungskurs Französisch für die Jahrgangsstufe 13. 1

(1) Einleitung

(1.1) *Äußerer Rahmen des Themas*

Das Thema des Kurses, „Langue et Norme", fällt in den Sachbereich „Sprache". Es bietet sich sowohl unter dem Gesichtspunkt an, die Schüler auf das Abitur und ein späteres Studium vorzubereiten – die linguistische Betrachtung der französischen Sprache ist auch für das Gymnasium vorgesehen – wie unter dem Gesichtspunkt der beruflichen Qualifikation – die strenge Standardisierung fremdsprachlicher Geschäftsbriefe etc. kann im umfassenden Zusammenhang der Normativität der Sprache reflektiert werden.

Der Kurs ist mit fünf Wochenstunden für einen Umfang von ungefähr 80 Stunden ausgelegt.

(1.2) *Innere Begründung des Kursthemas*

Da, wo Sprache nicht mehr bloßes Mittel zur Kommunikation ist, wie auf der Spracherwerbsstufe im Fremdsprachenunterricht der weiterführenden Schulen, sondern selbst Objekt der Reflexion wird, stellen sich bald Fragen nach dem Verhältnis von Sprache – Denken – Wirklichkeit, nach dem Funktionieren von Kommunikation, nach der Historizität der Sprache, nach der sozialen und politischen Rolle der Sprache, nach den Subsprachen und schließlich nach dem Normativen einer bestimmten Sprache. Letzteres gilt gerade für das Französische, das bekanntlich seit mehr als 300 Jahren eine nahezu ungebrochene Norm-Diskussion führt.

Die Sprachnorm stellt denjenigen Teil der sozialen Norm dar, der durch Werturteile, Aufforderung und normative Erwartung den Umfang der zulässigen sprachlichen Mittel bestimmt, vorschreibt oder empfiehlt. Es gibt sie in allen möglichen Gesellschaftsbereichen; sie ist abhängig von der Verteilung von Macht und Herrschaft, den jeweiligen Verhältnissen der Rechtsprechung, der technologischen Entwicklung, dem Erziehungswesen und der Alltagssituation. Innerhalb der Sprachwissenschaft werden semantische, syntaktische, sprechsprachliche, schreibsprachliche, stilistische und Sprachhandlungs-Normen unterschieden. Sie sind fixiert in Lexika, Grammatiken, Aussprache- und Rechtsschreibwörterbüchern, Stilistiken oder verankert im Normempfinden; sie unterliegen wertenden (richtig – falsch, gut – schlecht) und deskriptiven Urteilen (gebräuchlich – weniger gebräuchlich) und führen eventuell zu Sanktionen im Bildungs- und Gesellschaftsbereich. Normkriterien sind die Strukturgemäßheit im Sprachsystem, ihre traditionalistisch-historische Qualität, ihre moralische Qualität, die Zweckmäßigkeit im Hinblick auf Verständlichkeit und die Belegbarkeit im faktischen Sprachgebrauch: die „normative Kraft des Faktischen" wirkt – ähnlich wie im rechtlichen und politischen Raum – auch hier.

Aus den bisherigen Überlegungen folgt, daß sprachlich-kommunikative Normen einerseits verletzbar, andererseits aber auch veränderbar sind. Es ist kennzeichnend für das Kommunikationsmittel Sprache, daß Normverstöße von heute nicht selten die Regeln von morgen sind. Dies gilt im übrigen für die unterschiedlichsten politischen Systeme, wenn auch z. B. in diktatorischen und in stark ideologiegebundenen Regimen Sprachreglementierungen anders erfolgen als in einer offenen Gesellschaft und das Nicht-Einhalten der – meist lexikalischen bzw. semantischen – Normen härteren Sanktionen unterliegt.

In einem als „Langue et norme" bezeichneten Leistungskurs muß es also im Thematischen darum gehen, Grundsätzliches über die sprachlichen Funktionen innerhalb des Kommunikationsmodells, über den Zusammenhang von Sprache und Denken und über das Verhältnis von Sprache und Norm zu erarbeiten und einen Einblick in die spezifischen Varianten dieser Problematik am Beispiel Frankreichs und seiner Sprache zu vermitteln.

Es wird vorgeschlagen, für die Behandlung des Themas zunächst das Kommunikationsmodell von R. JAKOBSON (1972, S. 118 ff.) aufzuarbeiten und auf konkrete fiktionale und nicht-fiktionale Texte anzuwenden. Dabei wird vor allem auf die soziale Funktion der menschlichen Sprache Wert gelegt, und es wird gezeigt, wie Kommunikation entsteht, wie sie funktioniert, aber auch – anhand eines Beispiels zum Absurden Theater –, wie sie zerstört werden kann.

Ein zweiter Teil beschäftigt sich dann mit dem Zusammenhang von Sprache und Denken. Die sprachphilosophischen Ansätze von F. de Saussure und N. Chomsky werden herangezogen, um einen Einstieg in die Problematik zu eröffnen. Zur weiteren Verdeutlichung der Problematik soll der Vergleich der Mutter- mit der Fremdsprache an einem konkreten Beispiel diskutiert werden. Dieser Vergleich führt über die „stylistique comparée" zu Fragen nach der sprachlichen Adäquatheit und Korrektheit, die in der Normdiskussion erfaßt werden. Ausgehend von dem Phänomen

„Norm" als syntaktisch-morphologischem Regelsystem oder – alternativ – im Ausgang von stark normabweichenden Texten wird man zur Notwendigkeit sprachlicher Normen (Vereinfachung und Vereinheitlichung der interregionalen und intersozialen Kommunikationsmöglichkeiten), aber auch zu ihrer Fragwürdigkeit (man denke an die Orthographie, an die Dequalifizierung von Dialekten und Soziolekten) kommen müssen.

Eine Einführung in den Gebrauch der wichtigsten Hilfsmittel (Grammatiken, Stilistiken, Synonymwörterbücher, historische Wörterbücher, Argot-Wörterbücher usw.) kann damit zweckmäßigerweise verbunden werden.

Die Diskussion wird auf einer höheren Ebene weitergeführt, wenn versucht wird, begründete Urteile wertender bzw. deskriptiver Art über konkrete „Fälle" abzugeben – wie dies auch in den Sitzungen der *Académie Française* geschieht – und von da aus zu allgemeinen Normkriterien zu kommen. Schließlich kann der Kurs anhand ausgesuchter Texte aus verschiedenen Epochen – zum Beispiel Frankreich in der zweiten Hälfte des 17. Jahrhunderts – und in verschiedenen Gesellschaftssystemen (Demokratie – Diktatur) mit einem Ausblick auf die Abhängigkeit und Veränderung der sprachlichen Normen und auf die Sanktionen bei ihrer Verletzung abgeschlossen werden. Dabei sollte deutlich werden, daß die Reflexion über Sprache und Norm letzten Endes auf das Verhältnis von Denken und Sprache zur Wirklichkeit hinausläuft und daß damit das Thema auch zu einem sprachlich fundierten Verständnis der Ideologieproblematik beitragen kann.

(2) Lernziele

Im Kurs werden inhaltsbezogene Lernziele (auf das Thema *„Langue et norme"*) und fertigkeitsbezogene Lernziele (Hörverstehen und Sprechen, Leseverstehen und Schreiben) verfolgt.

Die inhaltsbezogenen Lernziele lassen sich zusammenfassend wie folgt fixieren:
– die Schüler sollen das Kommunikationsmodell von R. Jakobson kennenlernen und zu anderen linguistischen Modellen in Bezug setzen können;
– sie sollen fähig sein, Texte in das Kommunikationsmodell einzuordnen und entsprechend zu analysieren;
– sie sollen Kommunikation unter dem Aspekt der Normativität beschreiben und die gewonnenen Kenntnisse in der Textanalyse anwenden können.

Im Rahmen dieser Zielsetzungen werden die vier Grundfertigkeiten des Lese- und Hörverstehens und der mündlichen und schriftlichen Textproduktion wiederholt und integrierend vertieft. Das Leseverstehen wird an verschiedenen Textsorten weitergeübt. Die mündliche Textproduktion erstreckt sich nicht nur auf die Beantwortung von Fragen zum Text, sondern auch auf die Formulierung eigener Gedanken, wie sie z. B. in der Stellungnahme, Debatte, Diskussion usw. zum Ausdruck kommen. Die Förderung des Hörverstehens hat in diesem Rahmen einen eher beiläufigen Charakter. Bei der schriftlichen Textproduktion wird nicht nur auf die weitere Einübung des *commentaire dirigé* Wert gelegt, sondern es werden auch spezifische Textsorten, wie zum Beispiel Diskussionsvorlagen, Rezensionen und dergleichen eingeübt.

(3) Darstellung der Unterrichtsreihen

(3.1) *Erste Unterrichtsreihe: Sprache als Kommunikationsmittel*

Den Schülern soll in dieser Unterrichtsreihe im Medium der französischen Sprache einsichtig werden, wie Kommunikation entsteht, wie sie funktioniert und wie sie zerstört werden kann.

Die von JAKOBSON in seinem Kommunikationsmodell (1972) unterschiedenen sprachlichen Funktionen sollen an konkreten Textbeispielen untersucht und verdeutlicht werden. Dabei soll auch die soziale Funktion der Kommunikation herausgearbeitet werden. (Die Schüler haben in der kommunikationsberuflichen Grundbildung in der Jahrgangsstufe 11.1 im Kurs „Reflexion über Sprache" erstmals im Rahmen des Bildungsgangs Kommunikationsmodelle kennengelernt. Die dort erworbenen Kenntnisse sollen in dieser Unterrichtsreihe wieder aufgegriffen werden.)

Je nach Neigungen und Vorkenntnissen der Schüler können die einzelnen Sequenzen der Unterrichtsreihe gewichtet werden. Der Umfang von 20–22 Stunden für diese Reihe läßt den dafür erforderlichen Spielraum. Die Behandlung der einzelnen Gesichtspunkte für die Darstellung des Kommunikationsmodells, nämlich die sprachlichen Zeichen, das Funktionieren und die Wirkungen der Kommunikation, sollten jedoch sichergestellt werden.

Einige Texte tauchen innerhalb des Kurses mehrmals auf. Die Schüler können dadurch ein Verständnis für die Vielfalt der Interpretationsmöglichkeiten ein- und desselben Textes gewinnen.

Erste Sequenz: Was ist Kommunikation?
In diesem Abschnitt wird das Kommunikationsmodell von Jakobson erarbeitet. Hauptsächlich geht es dabei um die Einführung und Einübung der
französischen Begriffe dieses Modells. Als Leitfaden kann die Darstellung
von BARTENSTEIN (1976) dienen. Weitere Hinweise finden sich bei
LAUFER u. a. (1975) und PEYTARD/GENOUVRIER (1970).
In einem zweiten Schritt werden die einzelnen Begriffe (expressive,
konative bzw. impressive, referentielle, phatische, poetische und metalin-
guistische Funktion) jeweils an typischen Textsorten erarbeitet und eingeordnet. Nach Möglichkeit werden fiktionale und nicht-fiktionale Texte
gleichermaßen herangezogen.

Zweite Sequenz: Funktionieren von Kommunikation
Dieser Abschnitt beschäftigt sich mit den zwei wesentlichen Aspekten
sprachlicher Kommunikation, nämlich den Zeichen in ihrer Form und
Struktur innerhalb des gesamten Zeichensystems, das die Sprache darstellt,
und eben diesen Zeichen als Bedeutungsträgern für sprachliche Handlungen. Basistext für die Erarbeitung der sprachlichen Zeichen ist die Definition von de Saussure (in WALTER 1979, S. 4f.), vor allem seine Beschrei-
bungen von *„signe", „signifiant"* und *„signifié"*.
Die Form der Zeichen soll am Thema *„prononciation"* erörtert werden.
Als Beispieltexte eignen sich die 4. Szene des 2. Aktes in „Le Bourgeois
Gentilhomme" von MOLIÈRE und *„La leçon"* von IONESCO.
Am Beispiel der „Leçon de prononciation" bei Molière können die fachspezifischen Ausdrücke der Phonetik und Phonologie und der Unterschied
zwischen *„lettres"* und *„sons"* dargestellt werden. Es müßte den Schülern
deutlich werden, daß der *„maître de philosophie"* den Unterschied zwi-
schen *„code oral"* und *„code écrit"* offensichtlich nicht kennt. Die Möglichkeit zur Wiederholung der phonetischen Transkription bietet sich an.
Sinnvoll ist ein Vergleich mit einer modernen Darstellung, z. B.: PEY-
TARD/GENOUVRIER (1970), Kapitel „Phonie, prosodie, graphie". Der
Ionesco-Text wird mit dem Molière-Text verglichen. Die verschiedenen
Etappen und Probleme, die in *„La leçon"* angesprochen werden, werden
herausgearbeitet, z. B. die Bindungen, Einordnung der Konsonanten, Aus-
sprache, Lexikologie, etc. Auch hier besteht die Möglichkeit des Vergleichs
mit einer wissenschaftlichen Darstellung, z. B. FOUCHÉ (1956) oder
MALMBERG (1964).

Dritte Sequenz: Wirkungen von Kommunikation
An zwei Texten soll herausgearbeitet werden, wie Kommunikation im Ex-
tremfall funktionieren kann und welche Mittel notwendig sind, um Kommunikation überhaupt aufrechtzuerhalten. Am Beispiel des Stückes *„En*

attendant Godot" von BECKETT kann im zweiten Akt deutlich werden, wie Kommunikation zerbricht, wie „nur noch der Ausdruck von sinnentleerten Kontaktzeichen" (BARTENSTEIN 1976, S. 21) übrigbleibt.

In der Schlußszene des Stückes „*Tueur sans gages"* von IONESCO wird gezeigt, daß Kommunikation ganz aufhört, wenn es kein Gegenüber mehr gibt bzw. wenn dieses nicht mehr reagiert. Das Stück „*Tueur sans gages"* kann im Rahmen der gesamten ersten Unterrichtsreihe unter dem kommunikativen Aspekt auch als Ganzschrift gelesen werden, da alle oben genannten Faktoren von Sprache und Wirkung von Kommunikation sich gut am Text herausarbeiten lassen.

Die erste Unterrichtsreihe wird abgeschlossen mit einem Gespräch über die Abhängigkeit der Menschen von der Sprache und ihren Mitteln. Das Gespräch kann erweitert werden auf nichtsprachliche Kommunikationsmittel und deren Wirksamkeit.

(3.2) Zweite Unterrichtsreihe: Reflexion über Sprache/Sprache und Denken

In dieser Unterrichtsreihe soll versucht werden, die Schüler an philosophische Überlegungen zum Problem der Sprache heranzuführen und ihnen die Bedeutung der Sprachforschung und ihrer Ergebnisse für die Erkenntnistheorie und die Anthropologie bewußt zu machen. Dabei kommt es nicht so sehr auf die Kenntnis der unterschiedlichen Theorien an, vielmehr auf Weckung des Problembewußtseins hinsichtlich der Voraussetzungen und Konsequenzen dieser Theorien. Die in der ersten Unterrichtsreihe behandelten Fragen sollten aufgegriffen und philosophisch reflektiert werden. Während dort der Zusammenhang von Sprechen und Handeln im Vordergrund stand, geht es hier um das Wechselverhältnis von Sprechen und Denken.

Die Forderung, den Unterricht einsprachig zu gestalten, dürfte dabei gelegentlich gegenüber der Forderung nach Klärung der sprachphilosophischen Fragen zurücktreten.

Die Unterrichtsreihe ist auf 20 bis 25 Stunden ausgelegt.

Erste Sequenz: Sprachlernprozesse im Kindesalter
Als Einstieg in die zweite Unterrichtsreihe und zur Motivation der Schüler ist der Text „*La parole, ça s'invente. Pas tout seul"* (RENOUX, in WALTER (Hg.) 1979, S. 6ff.) geeignet. Es handelt sich dabei um eine knappe Darstellung des Sprachlernprozesses im Kindesalter. Da der Problemzusammenhang (Rolle der Sprache bei der Sozialisation des Kindes, Bedeutung des Sprachverhaltens der Umwelt für den Aufbau des kindlichen Den-

kens) den Schülern aus dem Deutschunterricht bekannt ist, dürfte der Text kaum inhaltliche Schwierigkeiten bereiten.

Im Anschluß an die Textanalyse sollte die zentrale Aussage –

„Après la perception concrète de son entourage – qui est une des premières manifestations de son intelligence – l'enfant va, grâce au langage – et avec la logique que suppose son élaboration, sa formation – développer considérablement sa pensée" –

in einem Unterrichtsgespräch diskutiert werden. Was ist Sprache? Was ist Denken? Wie kann der Zusammenhang zwischen Sprache und Denken vorgestellt werden? Als Ergebnis dieser Diskussion sollte den Schülern der Horizont von Fragen über den Zusammenhang von Sprache und Denken bewußt werden. Aus diesem Problembewußtsein heraus und nach Klärung ihrer eigenen Vorstellungen können die Schüler die in den folgenden Textauszügen ausgeführten Lösungsmöglichkeiten diskutieren und kritisch auf ihre Voraussetzungen hinterfragen.

Zweite Sequenz: Sprache als Zeichen

Der ausgewählte Text Saussures aus dem ersten Teil des „*Cours de linguistique générale*" (de SAUSSURE, in WALTER 1979, S. 4f.) wurde in der ersten Unterrichtsreihe bereits unter dem Aspekt „*signe – signifiant – signifié*" besprochen. In dieser Sequenz soll der theoretische „Überbau" untersucht werden. Ausgehend von der Frage, *was* das Kind lernt, um was für eine „Sache" es sich bei der Sprache denn eigentlich handelt, sollten die folgenden beiden im Text angesprochenen Auffassungen von Sprache anhand der angegebenen Leitfragen analysiert und erläutert werden:
– Sprache als „*nomenclature*"mit der Voraussetzung einer eindimensionalen Beziehung von „*chose*" und „*nom/terme*" oder
– Sprache als System von Zeichen, als Regelsystem (de Saussure).

Dritte Sequenz: Sprachphilosophische Reflexion

Die sprachphilosophische Reflexion in dieser Unterrichtssequenz hat folgende Zielsetzung: Die Vorstellungen von Sprache sind von den jeweiligen Vorstellungen über die Natur des menschlichen Geistes nicht zu trennen. Die Erforschung der menschlichen Sprache ist geeignet, unsere Kenntnisse über den menschlichen Geist und das Denken zu klären und zu erweitern.

Wir schlagen vor, für diese Aufgaben einen kurzen Textauszug aus der vierten Szene des zweiten Aktes in „*Le Bourgeois Gentilhomme*" von MOLIÈRE – „*La belle Marquise*" – zu behandeln. In dieser kleinen Szene beschreibt Molière eine Unterrichtsstunde, die ein Philosophielehrer einem ungebildeten Neureichen, M. Jourdain, erteilt. Dieser möchte gerne einer schönen Marquise seine Liebe erklären, weiß aber nicht, wie er es in einem Brief am besten ausdrücken soll. Sein Vorschlag: „*Belle marquise, vos beaux yeux me font mourir d'amour*"scheint ihm nicht galant und nicht geschmeidig genug. Nachdem der Philosophielehrer ihm alle syntaktisch möglichen Varianten des Satzes vorgestellt hat, unter anderem: *„Me font vos yeux beaux mourir, belle marquise, d.'amour"*, erfährt Jourdain voll Dankbarkeit, daß sein eigener Vorschlag der denkbar beste war.

Im Anschluß daran kann die Frage, ob die Fähigkeit zur Produktion und zum Verständnis sprachlicher Strukturen angeboren oder ob sie konventionell und erlernt sei, diskutiert werden. Dafür wird den Schülern ein Text von G. MESSADIÉ vorgelegt: *„Les structures du langage sont innées"* (in WALTER 1979, S. 9). Diese Arbeit, die sich auf N. Chomskys anti-behavioristische Theorie der Sprache und des Spracherwerbs bezieht, sollte möglichst unter Einbezug der Vorkenntnisse der Schüler über Mutter- und Fremdsprachenerwerbsprozesse in Gruppenarbeit und dann im Plenum erörtert werden.

Vierte Sequenz: Sprachvergleich
Im vorliegenden Text von J. DURON (in WALTER (Hg.) 1979, S. 20 f.) wird die klassische Theorie von der Klarheit der französischen Sprache wieder aufgegriffen und an Beispielen erläutert. Dabei wird zum Vergleich die in RIVAROLS *„Discours sur l'universalité de la langue française"* (1784) nicht erwähnte deutsche Sprache herangezogen. Bei der Textbesprechung sollte dieser Aspekt jedoch in den Hintergrund treten gegenüber der Frage: Welche Konsequenzen ergeben sich aus dem Sprachvergleich des Textes für die Frage nach dem Zusammenhang von Sprache und Denken? Bedeutet die Erlernung der Muttersprache gleichzeitig die Erlernung einer bestimmten Weise zu denken? Sinnvoll wäre der Versuch, die Ergebnisse der Sprachvergleichsforschung am Problem des Übersetzens unter Einbeziehung der Erfahrungen der Schüler im Kurs „Übersetzen" (der parallel zum Leistungskurs in der Jahrgangsstufe 13.1 angeboten wird) und der Aussagen BENJAMINS (1963) über die Aufgabe des Übersetzers zu verdeutlichen.

(3.3) *Dritte Unterrichtsreihe: Normenproblematik und Französischunterricht*

In dieser Unterrichtsreihe sollen sich die Schüler nach einer Infragestellung des Normbegriffs mit konkreten Problemen der französischen Sprache beschäftigen, um von da aus über die Fragwürdigkeit des Französischunterrichts qua Sprachunterricht reflektieren und diskutieren zu können. Dabei werden literarische und expositorische Hör- bzw. Lesetexte zugrunde gelegt, die auch die historische Dimension der französischen Normdiskussion widerspiegeln.

Die Unterrichtsreihe ist auf etwa 25 Stunden ausgelegt.

Erste Sequenz: Kampf dem „franglais"!

Der Einstieg in diese Unterrichtsreihe soll über die Hörverstehensübung (15 Minuten) *„Résister au franglais!"* erfolgen, die u. a. am 20. und 22. 9. 1976 im dritten bzw. ersten Programm des WDR (Schulfunk) ausgestrahlt wurde. Unter Anspielung auf das Werk von Étiemble *(„Parlez-vous franglais?")* geht es in dieser Sendung um verschiedene Gefahren, die die französische Sprache bedrohen: einmal um *„dangers qui viennent de l'extérieur"* (hier ist vor allem der Einfluß des angelsächsischen Sprachraums gemeint), zum anderen um *„menaces de l'intérieur"* (Fehler wie *‚se rappeler de qch.'*, transitive Verwendung von *‚démarrer'* usw.), schließlich um *„l'évolution de la langue"* (metaphorisches Sprechen: Übernahme aus den Bereichen Militärwesen und Verkehr, z. B. *‚le point de non-retour"*, *„le dérapage des prix"*; analoge Adjektivverbindungen wie z. B. *„l'effet dissuasif de contrôles douaniers"* in Anlehnung an *„persuasif"*).

Zweite Sequenz: Stilübungen

Bevor über die Frage gesprochen werden kann, wie die „Reinerhaltung" des Französischen ermöglicht werden kann und ob eine solche überhaupt erstrebenswert ist, muß geklärt werden, was denn eigentlich „richtiges" Französisch ist und wer darüber – gegebenenfalls mit welchen konkreten Argumenten und Gründen – entscheidet.

Als Vorstufe zu diesem Fragenkomplex ist die Analyse verschiedener Texte aus R. QUENEAUS *„Exercices de style"* (1947) gedacht. Im Anschluß an die erste Sequenz bietet sich die Variante *„Anglicismes"* an, ohne daß Queneaus Basistext *(„Notations")* vorausgesetzt wird.

Im Anschluß daran können – gegebenenfalls nach häuslicher Vorbereitung – die folgenden vier QUENEAU-Texte aus *„Exercices de style"* in Gruppenarbeit untersucht werden: *„Télégraphique"*, *„Lettre officielle"*, *„Précieux"*, *„Vulgaire"*. Die Analysen führen zu einem gemeinsamen Ergebnis: die Texte stellen alle eine Abweichung von einer wie auch immer zu definierenden ‚Norm' dar. Für *„Télégraphique"* ist dies selbstverständlich, aber wenn man an das in der ersten Unterrichtsreihe behandelte Kommunikationsmodell erinnert, dann zeigt sich diese Norm-Fragwürdigkeit gerade auch auf dem Hintergrund der sozialen Einbettung der menschlichen Sprache, die – je nach Sender und Empfänger – sowohl offiziös als auch preziös oder vulgär sein kann.

Dritte Sequenz: Bereicherung oder Reinigung der französischen Sprache?
Diese Sequenz soll den Schülern die historische Dimension der Sprachdiskussion in Frankreich eröffnen. In einem einleitenden Überblick sollen wesentliche Etappen dieser Entwicklung vom 16. Jahrhundert bis heute angeschnitten werden (u. a. Du Bellay, Vaugelas, die *Académie Française*, die Entwicklung seit Aufklärung und Romantik); nach Möglichkeit sollte der Überblick mit Textbeispielen konkretisiert werden. Von hier aus kann man dann anhand des Beispiels von H. BÄR (1978) die traditionelle sprachpolitische und sprachpraktische Rolle des französischen Staates erarbeiten, der mit seinem Toleranzedikt vom 28.12. 1976 (RATTUNDE 1979, S.78ff.) den alten, im Anhang vom GREVISSE (1964, S.1122ff.) abgedruckten Erlaß vom 26.02. 1901 ergänzt.

Der sich seit drei Jahrhunderten zwischen den extremen Polen der Reglementierung und der Liberalisierung bewegende französische Staat und vor allem die konservative *Académie Française* sind nicht nur auf Gegenliebe gestoßen, sondern haben immer wieder die Kritiker herausgefordert, von denen drei im Unterricht behandelt werden können: FÉNELON (1714, Ausgabe 1946), GIROUD (1966, in STEELE 1977, S.106) und QUENEAU (1973).

Es folgt ein kurzer Textauszug von FÉNELON:

(1) FÉNELON (1946, S.15–18)

Lettre à L'Académie, chap. III: Projet d'encrichir la langue
Oserai-je hasarder ici, par un excès de zèle, une proposition que je soumets à une Compagnie si éclairée? Notre langue manque d'un grand nombre de mots et de phrases: il me semble même qu'on l'a gênée et appauvrie, depuis environ cent ans, en voulant la purifier. [. . .] On a retranché, si je ne me trompe, plus de mots qu'on n'en a introduit. D'ailleurs je voudrais n'en perdre aucun, et en acquérir de nouveaux. Je voudrais autoriser tout terme qui nous manque, et qui a un son doux, sans danger d'équivoque.

Quant on examine de près la signification des termes, on remarque qu'il n'y en a presque point qui soient entièrement synonymes entre eux. On en trouve un grand nombre qui ne peuvent désigner suffisamment un objet, à moins qu'on n'y ajoute un second mot: de là vient le fréquent usage des circonlocutions. Il faudrait abréger en donnant un terme simple et propre pour exprimer chaque objet, chaque sentiment, chaque action. Je voudrais même plusieurs synonymes pour un seul objet: c'est le moyen d'éviter toute équivoque, de varier les phrases et de faciliter l'harmonie, en choisissant celui de plusieurs synonymes qui sonnerait le mieux avec le reste du discours.
[. . .]
J'entends dire que les Anglais ne se refusent aucun des mots qui leur sont commodes: ils les prennent partout où ils les trouvent. Chez leurs voisins de telles usurpations sont permises. En ce genre, tout devient commun par le seul usage. Les paroles ne

124

sont que des sons dont on fait arbitrairement les signes de nos pensées. Ces sons n'ont en eux-mêmes aucun prix. Ils sont autant au peuple qui les emprunte, qu'à celui qui les a prêtés. Qu'importe qu'un mot soit né dans notre pays, ou qu'il nous vienne d'un pays étranger? La jalousie serait puérile, quand il ne s'agit que de la manière de mouvoir ses lèvres, et de frapper l'air.

D'ailleurs, nous n'avons rien à ménager sur ce faux point d'honneur. Notre langue n'est qu'un mélange de grec, de latin et de tudesque, avec quelques restes confus de gaulois. Puisque nous ne vivons que sur ces emprunts, qui sont devenus notre fonds propre, pourquoi aurions-nous une mauvaise honte sur la liberté d'emprunter, par laquelle nous pouvons achever de nous enrichir? Prenons de tous côtés tout ce qu'il nous faut pour rendre notre langue plus claire, plus précise, plus courte et plus harmonieuse; toute circonlocution affaiblit le discours.

Il est vrai qu'il faudrait que des personnes d'un goût et d'un discernement éprouvé choisissent les termes que nous devrions autoriser. Les mots latins paraîtraient les plus propres à être choisis: les sons en sont doux; ils tiennent à d'autres mots qui ont déjà pris racine dans notre fonds; l'oreille y est déjà accoutumée. Ils n'ont plus qu'un pas à faire pour entrer chez nous. Il faudrait leur donner une agréable terminaison: quand on abandonne au hasard, ou au vulgaire ignorant, ou à la mode des femmes, l'introduction des termes, il en vient plusieurs qui n'ont ni la clarté, ni la douceur qu'il faudrait désirer.

[...]

Un terme nous manque, nous en sentons le besoin: choisissons un son doux et éloigné de toute équivoque, qui s'accommode à notre langue, et qui soit commode pour abréger le discours. Chacun en sent d'abord la commodité: quatre ou cinq personnes le hasardent modestement en conversation familière; d'autres le répètent par le goût de la nouveauté; le voilà à la mode. C'est ainsi qu'un sentier qu'on ouvre dans un champ devient bientôt le chemin le plus battu, quand l'ancien chemin se trouve raboteux et moins court.

[...]

Notre langue deviendrait bientôt abondante, si les personnes qui ont la plus grande réputation de politesse s'appliquaient à introduire les expressions ou simples ou figurées dont nous avons été privés jusqu'ici.

Zu Anfang des 18. Jahrhunderts wendet sich Fénelon gegen den Purismus und die restriktive Sprachpolitik der französischen Klassik und plädiert für die semantische und lexikalische Bereicherung der französischen Sprache. Er begründet dies im ersten Textabschnitt mit der Sprachökonomie, dem Sprachklang und der sprachlichen Klarheit. Der zweite Abschnitt ist wichtig für den Begründungszusammenhang Fénelons: Er verweist auf englische Sprachpraktiken zur Bereicherung des Wortschatzes und auf den Ursprung der französischen Sprache, deren Elemente ohnehin Entlehnungen aus dem Griechischen, Lateinischen, Deutschen und Gallischen seien. Er folgert und fordert daher: *„Prenons de tous côtés tout ce qu'il nous faut pour rendre notre langue plus claire, plus précise, plus courte et plus harmonieuse"*. Im nächsten Abschnitt räumt er ein, daß ein bestimmter Personenkreis –

„des personnes d'un goût et d'un discernement éprouvé" – die Aufgabe übernehmen müsse, die neuen sprachlichen Elemente auszuwählen, wenn man nicht Gefahr laufen wolle, daß Wörter übernommen werden, *„qui n'ont ni la clarté, ni la douceur qu'il faudrait désirer"*. Dieser Hauptgedankengang des Textes ist herauszuarbeiten, nachzuvollziehen und zu diskutieren. (Sollte die zweite Unterrichtsreihe über das Verhältnis von Sprache und Denken erfolgreich durchgeführt worden sein, dann kann man abschließend noch den sehr modernen Satz Fénelons (zweiter Abschnitt) erörtern: *„Les paroles ne sont que des sons dont on fait arbitrairement les signes de nos pensées"*.)

In ähnlicher Weise ist mit dem 1966 verfaßten Text von Giroud zu verfahren; dabei kann man auf den Anmerkungs- und Aufgabenapparat bei STEELE (1977, S. 107 f.) zurückgreifen.

Schließlich läßt sich am Ende dieser Sequenz die engagierte Stellungnahme von QUENEAU (1973) heranziehen.

(2) QUENEAU (1973, S. 73 f. und S. 65 f.)

Bâtons, chiffres et lettres

Mais qu'est-ce que le français? Et qui parle le français? Les Français qui s'adressent aux Français et non les grammairiens aux grammairiens. Si les Français ne veulent plus de l'imparfait du subjonctif, ni du passé défini, c'est comme ça. On ne peut pas les y obliger. Surtout pas les grammairiens. D'où tireraient-ils d'ailleurs leur autorité? Mais, s'écrie-t-on, s'il n'y a plus tel ou tel temps, c'est un appauvrissement! D'accord. Et c'est bien comme ça qu'est né le français: d'un appauvrissement du latin. Pauvre latin, qui avait perdu ses déclinaisons, son déponent, son gérondif et toutes sortes d'autres belles choses fort utiles à l'expression latine! Pauvre latin sans cas, il est devenu le français. C'est parce qu'un génial anonyme eut l'idée d'écrire ce latin appauvri et émancié par la famine linguistique qu'il a pu se transformer, germer, renaître sous la forme du „francien" qu'une nouvelle évolution de cinq siècles a amené à l'état de français classique, langue dont on chargera les vestales de l'Académie Française de surveiller la blanche intégrité. C'est en tenant compte des appauvrissements réels du français réel, c'est en l'assumant (eh oui!) que l'on pourra compenser ses défaillances. Ce n'est pas en s'acharnant à soutenir que tel temps existe et que les Français sont de méchantes gens de ne pas vouloir l'employer que l'on arrivera à quelque chose. (A quoi?) C'est au contraire la fonction de l'écrivain de prendre un langage pauvre comme le minable français du haut moyen âge et de l'élever à la dignité de langue écrite. Le français est une langue morte – et riche comme une langue morte – qui peut très bien être utilisée encore des centaines d'années comme l'a été le latin, et comme le latin l'est encore grâce à ce coup de pot d'avoir été adopté par le pape comme idiome personnel. Mais ce français langue morte a un rejeton qui est le français parlé vivant, langue méprisée par les doctes et les mandarins, mais qui a parfaitement le droit d'être élevée à la dignité de langue de civilisation et de langue de culture.

[. . .]

En effet, ce n'est pas un paradoxe de soutenir qu'il existe actuellement deux langues, celle qui continue à être enseignée (plus ou moins mal) dans les écoles et à être défendue (plus mal que bien) par des organismes officiels, comme l'Académie Française, et la langue parlée, je ne dis même pas la langue populaire.

Vierte Sequenz: Geschriebenes und gesprochenes Französisch

Im Anschluß an Queneaus Thesen und in Fortführung der Normdiskussion wird eine Hörverstehensübung aus dem vom B.E.L.C. (1971, S. 75) herausgegebenen „Corpus d'Orléans" eingeschoben, das die unverfälschte gesprochene Sprache – es handelt sich um ein nicht gestelltes Interview mit Straßengeräuschen im Hintergrund – zum Gegenstand hat. Das B.E.L.C. hat den Text wie folgt transkribiert:

B.E.L.C. (1971, S. 75):

Corpus d'Orléans, Textauszug
Vous savez qu'il y a trois France il y a trois France Paris (je suis de Paris ah oui à Paris) il y a la banlieue la banlieue the suburbs la banlieue la petite banlieue la grande banlieue un peu plus loin et la province et pour le parisien la province c'est . . . ils imaginent tout de suite dès qu'on n'est pas Parisien ils imaginent les vaches les canards et les poules Pour eux oui la province c'est les paysans oui les croquants comme on dit oui les croquants ah c'est ça c'est très curieux la mentalité du parisien méprise le provincial le provincial hein . . . Paris hein Paris alors mais vraiment l'atmosphère est différente Voyez la liberté dans les rues voyez la liberté des costumes voyez la liberté de de la vie du soir Toutes nos villes de province sont tristes le soir toutes il n'y a que Paris qui soit vivant peut-être Marseille ou Nice mais enfin et même pas Nice Voyez il y a vraiment il y a deux deux civilisations presque il y a Paris et il y a le reste de la France.

Da es sich um einen kurzen Text handelt, kann man hier auf einer genaueren Detailanalyse bestehen. Diese ist auch für die anschließende Beschreibung der „langue parlée" notwendig, wie sie z. B. von A. SAUVAGEOT (1962 und 1972) und A. RIGAULT (1971) geleistet wurde. Neben der Frage nach dem – normativen – Gegensatz zwischen geschriebenem und gesprochenem Französisch und der Frage der Legitimität des Eindringens von Elementen der gesprochenen in die geschriebene Sprache ist das Problem der Reform der Rechtschreibung anzuschneiden, das ja auch bei uns aktuell ist.

Fünfte Sequenz: Welches Französisch soll gelehrt werden?

Ziel dieser den Kurs beschließenden Sequenz soll es sein, den Schülern ein Verständnis dafür zu vermitteln, daß sie im Französischunterricht ein normiertes Französisch erlernen. Sie sollten die Vorzüge und Nachteile dieser Zielsetzung erörtern und zu einem reflektierten Normverständnis gelangen, das weder vorschnell Reglementierungen anerkennt noch in unkritischer Übertreibung die Regeln und Normen der französischen Sprache als beliebig hinstellt. In einer abschließenden Diskussion kann aufgrund von Referaten zu C. STOURDZÉ (1971) und D. COSTE (1971) die Frage diskutiert werden: „Quel français enseigner?". Den Kursteilnehmern sollte für die Diskussion eine kurze Vorlage an die Hand gegeben werden. Die beiden Aufsätze eignen sich auch gut für Rezensionsübungen.

(4) Lernzielkontrolle

Für die Lernzielkontrolle soll exemplarisch die dritte Unterrichtsreihe (Normenproblematik und Französischunterricht) herangezogen werden. Bei dieser Reihe sind u. a. folgende Arten der Lernzielkontrolle denkbar:
- Bearbeitung von Texten aus den „*Exercices de style*" von Queneau;
- Analyse des Queneau-Textes „*Qu'est-ce que le français*" (sofern er nicht im Unterricht behandelt wurde) und persönliche Stellungnahme zum Text;
- Bearbeitung folgender Texte aus „*Aspects de la langue*": „*Ne polluez pas le français*", „*Short story en babélien*", „*Le style précieux*" (letzterer besonders im Anschluß an Queneaus „*Précieux*" aus den „*Exercices de style*" geeignet);
- Erarbeitung von Diskussionsvorlagen bzw. Rezensionen zu verschiedenen Aufsätzen, die sich mit Problemen der Sprache beschäftigen.

TEIL 3

Fachdidaktische Probleme der Integration

Heribert Rück

Literarität unter dem Aspekt der Integration beruflicher und allgemeiner Bildung

(1) Das Literarische als kommunikative Funktion

(1. 1) *Schwierigkeiten mit dem Begriff „Literatur"*

Die Frage nach Funktion und Bedeutung von Literatur im Zusammenhang der Kollegstufenarbeit ist abhängig von dem Literaturbegriff, den man zugrundelegt. Hier soll weder der dem Etymon verpflichtete extensive Begriff („Alles schriftlich Konzipierte") noch ein auf die „bedeutenden Werke" eingegrenzter Wortsinn Verwendung finden. Vielmehr wird Literatur gesehen als textliche Manifestation einer bestimmten Weise menschlichen Sichverständigens. Was nach allgemeinem Konsens in einer Gesellschaft als „Literatur" anerkannt ist, gilt unter diesem Gesichtspunkt lediglich als herausragende Erscheinungsform des Literarischen schlechthin. Literarität als eine bestimmte Funktion im kommunikativen Vollzug kann prinzipiell in jedem Verständigungsvorgang wirksam werden. Zwar manifestiert sie sich in der Regel im Medium der Schrift, weil Schriftlichkeit eine größere Sorgfalt bei der Ausarbeitung der Nachricht ermöglicht, doch lassen sich auch in mündlichen Äußerungen Formen sprachlicher Kombinatorik beobachten, die als „literarisch" eingestuft werden können. Jakobsons Beispiel von dem Mädchen, das eine bestimmte Person nicht als „dreadful Harry", oder „awful Harry", sondern als „horrible Harry" zu bezeichnen pflegte, mag hier als Beispiel dienen (JAKOBSON 1960. In: IHWE 1972, Band 1, S. 108). Die Unterscheidung zwischen dem Poetischen und dem Literarischen (das als der umfassendere Begriff gelten soll) kann dabei in diesem Zusammenhang vernachlässigt werden.

Es geht also hier nicht um das im Grunde unlösbare Problem, aus der Gesamtheit der in einer natürlichen Sprache produzierten Textvorkommen die Teilmenge der literarischen Texte auszugrenzen, um anschließend eine didaktische Bewertung und Funktionalisierung zu versuchen. Unlösbar ist die Aufgabe deshalb, weil die mit der Herstellung von Literatur Befaßten ständig darauf aus sind, das vorgefundene Verständnis dessen, was als Literatur zu gelten habe, zu verändern. Andererseits unterliegt die Einstellung der Rezipienten gegenüber dem Phänomen „Literatur" einer Vielzahl von Einflüssen, die sowohl in der Synchronie (z. B. schichtenspezifische Unterschiede) wie in der Diachronie (z. B. Neubewertung vergangener Epochen) die Lesereinstellung als prozeßhaft und äußerst labil erscheinen lassen.

(1.2) *Literarität unter linguistischem und semiotischem Aspekt*

Versucht werden soll eine wenigstens umrißhafte Bestimmung dessen, was bisher als „Literarität" bzw. als „das Literarische" benannt wurde.

Die Bemühungen um eine Ermittlung und Formalisierung literarischer „Differenzqualität" (SCHMIDT 1968), wie sie in den letzten beiden Jahrzehnten verschiedentlich unternommen wurden, stehen entweder in einem linguistischen (Beispiel: JAKOBSON) oder in einem allgemein semiotischen Begründungszusammenhang (so z. B. zahlreiche Beiträge auf dem 2. Kongreß der INTERNATIONALEN VEREINIGUNG FÜR SEMIOTIK in Wien, Juli 1979). Letztlich darf auch der linguistisch Argumentierende die umfassenden zeichentheoretischen Fragestellungen nicht aus dem Auge verlieren. Dies wird auch von JAKOBSON (1960) ausdrücklich unterstrichen (IHWE 1972, Band 1, S. 100).

Linguistische Ansätze zur Beschreibung literarischer Merkmalhaftigkeit können in der Regel sei es einer strukturalistischen, sei es einer generativistischen Richtung zugeordnet werden. Im ersten Fall geht es um die Ermittlung von Strukturen, im zweiten um die Klärung dessen, was unter den Begriff „literarische" (oder „poetische") Kompetenz gefaßt wird. Diese kann gesehen werden als „Sonderfall der allgemeinen Theorie der ästhetischen Kompetenz" (BIERWISCH 1966, S. 142).

Allen linguistischen Ansätzen dürfte gemeinsam sein, daß das Literarische und im besonderen das Poetische auf bestimmte Ordnungsprinzipien zurückgeführt wird, die mit Begriffen wie „Parallelität", „Symmetrie", „Rekurrenz", „Äquivalenz" bzw. „Antithese", „Gegensatz" usw. andeutungsweise benannt werden können. Wiederholungen auf verschiedenen linguistischen Ebenen kontrastieren mit dem gegenläufigen Prinzip des Erwartungsbruchs und konstituieren mit diesem zusammen eine „sekundäre (künstlerische) Struktur" (LOTMAN 1972, S. 76). Die Formseite des sprachlichen Zeichens wird aufgewertet. Zugleich werden jedoch auch inhaltliche Potentiale von sprachlichen Zeichen aktiviert, die normalerweise nicht zur Geltung kommen. Wörter, Wortgefüge und Texte werden vieldeutig und vielfältig interpretierbar. Den eigentlich künstlerischen Text kann man mit LOTMAN „als einen vielfach kodierten Text ansehen" (1972, S. 95).

Dieses theoretische Konzept bedarf jedoch einer Erweiterung in Richtung auf die pragmatischen Determinanten im Semioseprozeß. Eine bestimmte Senderintention, eine bestimmte Rezipientenerwartung, eine Übertragung in ein anderes Medium, die Wahl bestimmter, mit der Konnotation [+ lit.] versehener Kodeelemente (*langue poétique, langue littéraire*) kann im Leser den Eindruck von Literarität entstehen lassen, ja diese erst eigentlich konstituieren. KLOEPFER (1975) führt als Beispiel ein authentisches Inserat an, das von dem Dichter Erich Fried in einem Gedichtband wiedergegeben wird (S. 88). Andererseits vermag ein Text mit strukturellen Merkmalen von Literarität nicht als solcher zu wirken, wenn entsprechend sensibilisierte Leser fehlen.

(2) Literarität im fremdsprachlichen Aufgabenbereich der Kollegstufe

Zu fragen ist, welche Rolle das Literarische in der dargestellten Sicht in einem zugleich studien- und berufsorientierten Bildungsgang spielen kann. Für den künftigen Studenten der Philologie, der Linguistik, der Komparatistik, der Publizistik usw. steht die Bedeutung einer Auseinandersetzung mit dem literarischen Phänomenbereich außer Frage. Schwieriger erscheint auf den ersten Blick die Legitimation eines solchen Tuns im Hinblick auf die Berufspraxis etwa des Auslandskorrespondenten (vgl. PROFILKONZEPT 1978, S. 19).

Im folgenden soll davon ausgegangen werden, daß sich der Wert einer Beschäftigung mit literarischen Phänomenen nicht auf deren formale Bildungsqualitäten beschränkt. Vielmehr wird unterstellt, daß etwa ein Kurs „Strukturen und Funktionen des Literarischen" auch für den angehenden Praktiker etwa im Bereich des Übersetzungswesens von unmittelbar beruflicher Bedeutung sein kann. Er liegt also im Schnittbereich von studien- und berufsqualifizierender Ausbildung und ist für beide Abschlüsse verwertbar (vgl. STRUKTURVORGABE 1977, S. 39–40).

Dabei kann von folgenden Zielvorstellungen ausgegangen werden:
1. Der Lerner soll befähigt werden, nicht nur die Denotate, sondern auch Konnotate, Konnotationsfelder und andere indirekt gegebene Informationen, die durch sprachliche Zeichen übermittelt werden, richtig einzuschätzen und angemessen zu verarbeiten. Literatur eignet sich besonders gut für die Analyse von latenter Information. Aber auch in alltäglicher Kommunikation wird vielfach „zwischen den Zeilen" informiert. Literarisch-rhetorische Verfahren werden massiv in der Werbung eingesetzt, sie können aber auch in öffentlichen Ansprachen, Tischreden, Leitartikeln, Briefen, Zeitungsnachrichten usw. eine Rolle spielen.

Begründung: Als Auslandskorrespondent etwa in einem Industriebetrieb wird es der Lerner nicht mit der Übermittlung und Translation von „reiner" Information zu tun haben (falls es dergleichen im Bereich menschlicher Verständigung überhaupt gibt), er wird sich vielmehr auf die verschiedensten Formen kommunikativen Handelns einzustellen haben. Er wird Kontaktgespräche führen, Repräsentationsaufgaben übernehmen. Dabei werden Scherz, Ironie und emotive Zwischentöne eine Rolle spielen. Strebt der künftige Auslandskorrespondent eine journalistische Tätigkeit an, so liegt die Notwendigkeit eines Vertrautseins mit affektiven Sinnkomponenten, indirekten Aussagen, impliziten Sprechhandlungen, semantischen Ambiguitäten auf der Hand. Das gleiche gilt für andere Bereiche, etwa für die Touristikbranche.

2. Der Lerner soll befähigt werden, sekundäre Strukturierungen in Texten und ihre Funktion etwa in Ansprachen und werblichen Mitteilungen richtig zu beurteilen und wenigstens annähernd adäquat zu übersetzen.

Begründung: Ein Nichtbeachten von rhetorisch-literarischen Strukturintentionen kann eine Äußerung in ihrer Wirkung völlig verändern. Ein Übersetzer, der z. B. die Struktur eines freundlichen Kontaktbriefes oder einer auf „Feierlichkeit" gestimmten Ansprache nicht beachtet, mißachtet zugleich die in der jeweiligen Verständigungssituation vielleicht entscheidenden stilistischen Instruktionen.

3. Der Lerner soll befähigt werden, über literarisch kodierte Texte bzw. Texte mit literarischer Komponente mit Sprechern der Fremdsprache zu kommunizieren.

Begründung: Romane, Comics, Filme usw. bilden einen beliebten Gesprächsstoff. Der Auslandskorrespondent sollte diesen Gesprächsthemen z. B. auf Empfängen, bei Einladungen, bei gemeinsamen Busfahrten usw. nicht verständnislos gegenüberstehen, sondern in der Lage sein, sich an derartigen Gesprächen zu beteiligen.

4. Der Lerner sollte befähigt werden, sich in seiner Freizeit mit literarisch kodierten fremdsprachlichen Texten zu beschäftigen.

Begründung: Literarische Texte ermöglichen u. a. sprachliche Weiterbildung in angenehmer Form.

Hinzu kommt der motivationale Aspekt. Da Literarität den Gefühlsbereich des Menschen anzusprechen und Probleme der Einzelexistenz wie des menschlichen Zusammenlebens sichtbar zu machen vermag, können von ihr wichtige, für den Unterricht in der Fremdsprache nutzbare Impulse ausgehen. Literatur als Sprechanlaß: In einem stark zweckgerichteten und der Gefahr der Ermüdung ausgesetzten Unterricht könnte dies bereits ein hinreichender Grund für die Einbeziehung literarischer Formen sein (vgl. WEBER 1976).

(3) Versuch einer inhaltlichen Konkretisierung

Aus dem bisher Gesagten geht hervor, daß ein Kurs „Strukturen und Funktionen des Literarischen", „Formen literarischer Kodierung" o. dgl. die Zweckformen alltäglicher Kommunikation einbeziehen muß. Werbetexte, politische und andere Reden, aber schließlich auch Gedichte, Kurzgeschichten usw. sollten in dem Kursangebot enthalten sein.

Der folgende Versuch einer Konkretisierung muß sich auf wenige Beispiele beschränken. Entsprechend Abschnitt 1.2. erfolgt eine Aufgliederung nach dem linguistisch-strukturalen und dem semiotisch übergreifenden, pragmatischen Aspekt.

(3.1) *Linguistischer Aspekt*

Aus der Vielzahl der Textvorkommen sollen eine Anzeige, eine Ansprache und ein Gedicht herausgegriffen werden. Die Möglichkeiten einer strukturalen und semantischen Erschließung im hier gegebenen Zusammenhang sollen wenigstens andeutungsweise sichtbar gemacht werden.[5]

(3.1.1) *Werbung*

Um Literarität erkennbar zu machen, sollten Werbetexte die entsprechenden Charakteristika besonders auffallend zeigen. Dies trifft für die folgende Anzeige zu:

Deux mots que l'on murmure derrière une femme heureuse:
Arpège de Lanvin

Oui, Arpège est tendre. Quel bonheur! Oui, Arpège est romantique.
Tant mieux pour ceux qui ne craignent pas les élans du coeur.
Arpège, en vrai parfum, est profond comme une passion durable.
Arpège, en eau de toilette, est léger comme une bouffée de tendresse
(en atomiseur, c'est délicieux, la tendresse!).
Ah! il existe aussi une insinuante et voluptueuse douceur nommée

Un voile d'Arpège. Pour le corps.

Es handelt sich, wie bereits eine erste Lektüre erkennen läßt, um eine werbliche Äußerung, die sich in starkem Maße poetischer Vertextungsverfahren bedient. Leser, denen man die Anzeige vorlegt, meinen vielfach spontan: Das liest sich wie ein Gedicht. Parallele Strukturierungen bzw. Rekurrenzen lassen sich hier auf den verschiedenen linguistischen Ebenen konstatieren.

So auf der phonologischen: Bereits der Name des Parfums enthält eine leicht variierende Wiederaufnahme der Vokale des Firmennamens (hinzu kommt das Merkmal der Nasalität): [a–ɛ] / [ã–ɛ̃]. Die gesamte Überschrift, an deren Ende diese Klangkombination erscheint, ist phonologisch stark durchkomponiert. Im konsonantischen Bereich finden sich beinahe ausschließlich stimmhafte Konsonanten und Liquide (Ausnahmen nur: *que* . . . *femme* . . . *Arpège*), im vokalischen fällt die Dominanz der dunklen (hinteren) Phoneme [ø] [o] [ō] [y] auf, wobei in der Langzeile das [ø] in Anfangs- und Endposition steht. Prosodisch weist die Überschrift eine völlig symmetrische Struktur auf. Sie besteht aus einem Zwölfsilbler (Alexandriner) und einem Sechssilbler mit Mittelzäsur. Klanglich hebt sich von dem dunklen Hintergrund der Langzeile, die sich (lautmalend) einem rhythmischen Gemurmel annähert, die hellere Tönung der Kurzzeile deutlich ab: die beiden Namen erhalten ein klares klangliches Profil. Auch im weiteren Textverlauf fallen die Häufungen von dunklen Vokalen, z. T. mit Alliterationen *(parfum [. . .] profond comme une passion durable / insinuante et voluptueuse douceur / Un voile d'Arpège. Pour le corps)* auf. Gelegentlich finden sich auch hier Kontraste mit Gruppierungen von hellen Vokalen *toilette[...] léger[. . .] bouffée / il existe aussi)*. Nicht zu übersehen ist die leitmotivische Verwendung des Vokals [ø], der z. T. nach [œ] hin geöffnet wird (vgl. die Reime *mieux / ceux, bonheur / coeur / douceur)*.

Auch auf der lexikalischen und der morpho-syntaktischen Ebene fehlt es nicht an Wiederholungen und strukturellen Entsprechungen. Neben wörtlichen Rekurrenzen *(Arpège, oui, tendresse)* finden sich Morphemwiederholungen *(tendre: tendresse)* und eine Vielzahl von syntaktischen Parallelismen. Zum Beispiel:

Oui, Arpège est tendre
Oui, Arpège est romantique
(Struktur: Oui + Name + être + Adj.)

Und, in modifizierter (erweiteter) Form:

Arpège, en [. . .], est léger comme [. . .] (2×)

Zu diesen durchkonstruierten Sätzen stehen die verblosen Konstruktionen *(Tant mieux pour ceux [. . .], Pour le corps)* in Kontrast, und der vorletzte Satz *(Ah, il existe [. . .])* rückt den Namen des Produkts, der vorher immer am Satzanfang erschien, ans Ende.

Durch den hohen Grad an syntaktischer Parallelität gewinnen die immer an der gleichen funktionalen Leerstelle erscheinenden Gefühlsadjektive *(tendre, romantique, profond, léger, délicieux)* einen besonderen Akzent. Innerhalb des durch sie aufgebauten Konnotationsfeldes des Erotischen gibt es auch einen Kontrast: *léger: profond*. Die Gegensätze ergänzen sich zur Totalität.

In der Originalanzeige wird die Wirkung des Textes durch eine Fotografie, die die obere Hälfte der Gesamtfläche einnimmt, ergänzt. Ein Paar lehnt an einer Terrassenbrüstung, dahinter eine Mondlandschaft in verfließenden, zarten Farben. Auch hier wird Zärtlichkeit, Romantik, Leidenschaft suggeriert. Die Vermittlerin aller dieser Werte ist die Frau. Sie aber kann ihren Zauber erst entfalten kraft der gleichsam magischen Wirkung von *Arpège de Lanvin*.

(3.1.2) *Ansprache*

Durch die Analyse von Ansprachen jeder Art kann man dem Lerner Einblick in die Topik und das stilistische Arsenal des öffentlichen Redens geben und ihn nach Möglichkeit für die Anwendung einiger dieser Redemittel qualifizieren. Dabei kann es nicht um ein einfaches Kopieren gehen, vielmehr sollte der Lernende für den sprachlichen Gestus und die Stillage des öffentlichen Sprechens im Französischen sensibilisiert werden. Für den Erfolg einer translatorischen Tätigkeit im öffentlichen Bereich, bei Empfängen, Diners, Partnerschafts-Begegnungen usw. ist das Gespür für das rhetorisch Angemessene unverzichtbar.

Die Antrittsrede des französischen Staatspräsidenten Giscard d'Estaing, die hier als Beispiel genommen wird, verrät in hohem Maße den Sinn für stilistisches Kalkül. Das literarische Mittel des Parallelismus spielt in ihr eine ebenso wichtige Rolle wie die Aktivierung affektiver Sinnkomponenten im lexikalischen Bereich:

> L'installation de M. Giscard d'Estaing à L'Elysée
>
> 1 Messieurs les présidents, mesdames, mesdemoiselles,
> messieurs,
> De ce jour date une ère nouvelle de la politique fran-
> çaise. Ceci n'est pas seulement dû, monsieur le président
> 5 du Conseil constitutionnel, à la proclamation du résultat
> que vous venez de rappeler et dont, par respect pour la
> France et pour sa longue histoire, je mesure l'honneur;
> ceci n'est pas seulement dû aux treize millions trois cent
> quatre-vingt-seize mille deux cent trois femmes et hommes
> 10 qui m'ont fait la confiance de me désigner pour devenir
> le vingtième président de la République française; c'est
> dû en réalité à la totalité des suffrages du 19 mai 1974.
> Ces suffrages, égaux selon la règle démocratique, qu'il
> s'agisse de ceux des femmes et des hommes, des jeunes et
> 15 des moins jeunes, des travailleurs et des inactifs, et
> qui se sont prononcés chacun à leur manière, et selon
> leur préférence, en témoignant leur volonté de changement.
> J'adresse le premier salut du nouveau président de la
> République à ceux qui, dans cette compétition, aspiraient

20 à le devenir et qui avaient la capacité de le faire, et
notamment M. François Mitterand et M. Jacques Chaban-Del-
mas. Ainsi, c'est moi qui conduirai le changement. Mais
je ne le conduirai pas seul. Si j'entends assumer plein-
ement la tâche de président, et si j'accepte à cet égard
25 les responsabilités qu'une telle attitude implique,
l'action à entreprendre associera le gouvernement dans
ses initiatives et le Parlement dans son contrôle et dans
ses droits. Je ne le conduirai pas seul, parce que j'é-
coute et j'entends encore l'immense rumeur du peuple fran-
30 çais qui nous a demandé le changement. Nous ferons ce
changement avec lui, pour lui, tel qu'il est dans son
nombre et dans sa diversité. Et nous le conduirons en
particulier avec sa jeunesse, qui porte comme des torches
la gaieté et l'avenir. Messieurs les présidents, mes-
35 dames, mesdemoiselles, messieurs, voici que s'ouvre le
livre du temps, avec le vertige de ses pages blanches.
Ensemble comme un grand peuple uni et fraternel, abordons
l'ère nouvelle de la politique française.

Der Text weist, anders als die Arpège-Anzeige, keine phonologische Se-
kundärstruktur auf. Ein syntaktischer Parallelismus aber findet sich bereits
in Satz 2:

Ceci n'est pas seulement dû [. . .];
ceci n'est pas seulement dû [. . .];
C'est dû . . . (Zeilen 2–12)

Parallel konstruiert sind ferner:

qu'il s'agisse de ceux des femmes et des hommes,
des jeunes et des moins jeunes,
des travailleurs et des inactifs
(Zeilen 13–15)
Nous ferons ce changement avec lui . . . Et nous le conduirons [. . .] avec sa jeunesse
[. . .]
(Zeilen 30–33)

Auch an wörtlichen Wiederaufnahmen fehlt es nicht. So bilden Textanfang
und Textende einen Ringschluß:

De ce jour date une ère nouvelle de la politique française .
. . . abordons l'ère nouvelle de la politique française.

Das zentrale Wort des Textes (Changement) wird insgesamt viermal wiederholt (Zeilen 17, 22, 30, 31), und der Wunsch nach Gemeinsamkeit drückt
sich unter anderem aus in der Wiederholung:

je ne le conduirai pas seul (Zeile 23)
Je ne le conduirai pas seul (Zeile 28)

Bildhafte Wendungen mit expressiver Funktion konnotieren Gemeinsamkeit, Aufbruch, Feierlichkeit:

> J'écoute et j'entends encore l'immense rumeur du
> peuple français [. . .] (Zeilen 28–30)
> sa jeunesse qui porte comme des torches la gaieté
> et l'avenir (Zeilen 33–34)
> voici que s'ouvre le livre du temps, avec le vertige de
> ses pages blanches (Zeilen 35–36)

Valery Giscard d'Estaing läßt seine literarische Bildung anklingen: Der schwindelerregende Anblick der weißen Seite ist ein Topos bei Mallarmé, und der erste Satz des Textes wandelt ein Goethezitat ab („Von hier und heute geht eine neue Epoche der Weltgeschichte aus, und ihr könnt sagen, ihr seid dabei gewesen[6]." Hier wird andeutungsweise auch eine Brücke geschlagen zum kulturellen Deutschland. Der neue Staatspräsident will einerseits die Größe seines eigenen Landes feiern und die nationalen Gefühle seiner Landsleute ansprechen (vgl.: *respect pour la France et pour sa longue histoire*, Zeilen 6–7, sowie: *un grand peuple uni et fraternel*, Zeile 37), er will aber zugleich auch, zum mindesten für die Gebildeten unter seinen Zuhörern, Gemeinsamkeiten über die nationalen Grenzen hinweg anklingen lassen.[7]

(3.1.3) *Gedicht*

Der paradigmatische Fall von Literarität bzw. Poetizität ist das Gedicht. Das Phänomen gewinnt hier seinen autonomen Status.

An einem Gedicht von Prévert läßt sich Differenzqualität gut verdeutlichen:

Le message

La porte que quelqu'un a ouverte
La porte que quelqu'un a refermée
La chaise où quelqu'un s'est assis
Le chat que quelqu'un a caressé
La fruit que quelqu'un a mordu
La lettre que quelqu'un a lue
La chaise que quelqu'un a renversée
La porte que quelqu'un a ouverte
La route où quelqu'un court encore
Le bois que quelqu'un traverse
La rivière où quelqu'un se jette
L'hôpital où quelqu'un est mort.

(PRÉVERT 1971, S. 138)

Eine Reihe höchst erwartbarer Kollokationen (*la porte* + *ouvrir, la porte* + *refermer, la chaise* + *s'asseoir* usw.) konstituiert den Text. Doch die Parallelität und Symmetrie in der Anordnung führt zur poetischen Aufladung des scheinbar Trivialen. Die Reihung von beinahe identisch konstruierten Satzbruchstücken ist um eine Mittelachse angeordnet (zentrale Akte: Lesen des Briefs, Umwerfen des Stuhls). Da die Vorgangsverben, die jeweils das Versende bezeichnen, im Denotatbereich eine logische Folge bilden, kann der gesamte Text als Handlung gelesen werden, die zunächst auf den Akt des Brieflesens zuläuft und dann, nachdem der Brief sich als erschütternd erwiesen hat, zur Katastrophe führt. Der wörtlich wieder aufgenommene Vers

La porte que quelqu'un a ouverte

bedeutet in der zweiten Hälfte sowohl sachlich wie affektiv etwas anders als in der ersten. Zu beachten ist auch die Variation im Tempusgebrauch: Einzelne Phasen im Ablauf des Geschehens treten in der zweiten Hälfte nicht perfektisch-punktuell, sondern präsentisch (vergegenwärtigend, gleichsam filmisch) in Erscheinung. Umso unerbittlicher wirkt der damit kontrastierende perfektische Schluß.

Bemerkenswert ist schließlich, daß die Äußerungsfolge keinerlei explizite Verknüpfungen aufweist. Das Gedicht ist defizitär auf der Satzebene, insofern nirgendwo ein Satz zu Ende geführt wird. Es ist aber zugleich defizitär auf der Textebene, insofern pronominale, konjunktionale oder sonstige Verknüpfungsoperationen nirgendwo erfolgen. Was zunächst wie ein sprachdidaktisches Pattern anmuten könnte, wird durch logische Verbfolge, sekundäre Strukturierung und nicht zuletzt auch durch die thematische Bündelung in der Überschrift erst eigentlich zum Text. Es besteht also ein Spannungsverhältnis zwischen negativer Normabweichungen auf der primären und positiver Normabweichung auf der sekundären textlichen Ebene.

(3.2) *Pragmatischer Aspekt*

Die Tatsache, daß (literarische) Texte nicht nur sprachlich, sondern auch durch außersprachliche Faktoren konstituiert werden, kann den Lernern durch die Konfrontation mit willkürlich zusammengefügten Äußerungen verdeutlicht werden. Die Wahrscheinlichkeit ist groß, daß manche oder gar die meisten Schüler derartige Nichttexte als poetische Texte lesen.

Für das Experiment hat sich folgende Zusammenstellung von Werbesprüchen bewährt:

Affiches

Moi je m'arrête chez ESSO
Je suis fou du chocolat LANVIN
BNP. Banque nationale de Paris
Buvez ORANGINA
Monsieur meuble. votre confort
Restaurant au bord de l'eau. Fritures. Spécialités
ESSO. Bonne route
HOTEL DE LA PAIX. Chambres
Prenez le temps d'une Mützig
Vin fou. HENRI MAIRE
Bonne Auberge. Restaurant. Hôtel. Friture
SHELL vous rend service
La bière de maître KANTER
A 100 m escale touristique
Restaurant l'ECURIE
TOTAL à 1500 mètres
Hôtel restaurant AU SOLEIL D'OR
Ville propre

Durch ihre Begegnung mit moderner Lyrik an Kohärenzbrüche gewöhnt, sind viele Leser offenbar bereit, auch das völlig Zusammenhanglose als (poetischen) Text zu lesen und hinter der Willkür einen geheimen Sinn zu vermuten. In der Tat verändern ja auch die Herausnahme der einzelnen Äußerungen sowie der neue Kontext, in dem sie gelesen werden, ihre kommunikative Funktion. Unter diesem Gesichtswinkel erscheint es dann gar nicht mehr so abwegig, wenn Leser versuchen, den für sie bei der Lektüre entstandenen „Text" zu interpretieren.

(4) Anordnung des Materials und Methode

Es bleibt noch zu fragen, in welcher Abfolge den Lernern das didaktische Material anzubieten ist und in welcher Weise es sich am zielgerechtesten erschließen läßt.

Die erste Frage ist durch die hier erfolgte Anordnung im Grunde bereits beantwortet. Der Schüler soll Literarität nicht als realitätsfernen ästhetischen Bezirk erfahren, sondern als eine kommunikative Dimension, die in vielen Bereichen menschlicher Verständigung sichtbar gemacht werden kann. Daher empfiehlt sich der Weg von den Zweckformen hin zur eigentlichen Literatur.

Dabei sollte freilich auch deutlich gemacht werden, daß ein Werbetext in

Gedichtform und ein Gedicht zwar strukturell gesehen ganz ähnliche Merkmale aufweisen können, daß aber ihre Funktion verschieden ist. Die Grenze zwischen dem geschickten Einsatz literarisch-poetischer Mittel und Literatur-Poesie darf nicht verwischt werden. Indem Kunst sich der Zweckrationalität verweigert, modelliert sie eine Gegenwelt zur Welt der sogenannten Sachzwänge. Ein Gedicht (wie etwa das von Prévert) ist nicht auf eine Verkaufsabsicht oder irgendeinen Nutzwert festzulegen. Es ist von seinem Wesen her uneindeutig und gewinnt erst im Lesevorgang, das heißt, indem der Leser die in ihm enthaltenen „Leerstellen" (ISER 1975, passim) schließt, seine je eigene Bedeutung.

Was die Methodik angeht, so können hier nur einige knappe Hinweise gegeben werden. Im übrigen sei auf die Vorschläge verwiesen, die vom Verfasser an anderer Stelle gemacht wurden (vgl. RÜCK 1974, 1977 und 1978). Dort wird besonders auf dem Kunstgriff des Kontrastes insistiert: Man kann Differenzqualität vor dem Hintergrund thematisch ähnlicher, aber strukturell verschiedener Texte besonders gut erkennbar machen.

Im aktiven Zielbereich dürfte es auch und nicht zuletzt um den Erwerb von translatorischen Fähigkeiten gehen (Dolmetschen beim Besuch ausländischer Geschäftspartner, bei Empfängen usw., Übersetzen von Briefen, von Zeitungsartikeln, von Reklametexten usw.). Übersetzung, Übersetzungsvergleich und Übersetzungskritik werden daher methodisch eine wichtige Rolle zu spielen haben. Der Lerner muß mit den Problemen der Übertragung von sekundären Kodierungen, Konnotationen, semantischen Ambivalenzen usw. vertraut gemacht werden. Beim Durchspielen verschiedener Übersetzungsmöglichkeiten läßt sich z. B. aufzeigen, daß die „literarische" Komponente einer Ansprache, das was ihren spezifischen „Ton" ausmacht, kommunikativ sehr wichtig sein kann und daß eine Transformation in kurze, saloppe Sätze die Wirkung zerstören oder gar ins Gegenteil verkehren würde.

Man wird nicht erwarten können, daß Absolventen der Kollegschule die schwierige Aufgabe der literarischen Übersetzung in vollem Umfange meistern. Aber ein Gespür für ihre Möglichkeiten und Probleme sollten sie mitbekommen haben.

Klaus Netzer

Grammatikunterricht:
Stiefkind der Reform der Sekundarstufe II

(1) Zur gegenwärtigen Lage des Grammatikunterrichts

Im Zuge der Reform des Fremdsprachenunterrichts in der Sekundarstufe II wurde in den letzten Jahren geradezu eine Flut von Veränderungen vorgenommen, die sowohl die wissenschaftliche Orientierung als auch die dadurch beeinflußte fachdidaktische Konzeption des Fremdsprachenunterrichts betreffen.

Wenn dabei so wichtige Gebiete wie die Methoden der Textarbeit sowie die Orientierung an den einzelnen Fertigkeiten (Hören, Sprechen, Lesen, Schreiben) erheblich durch die Reform verbessert wurden, so wird ein gewichtiges Stoffgebiet doch stiefmütterlich behandelt: die Grammatik. In der Sekundarstufe II wird durchweg ein Grammatikunterricht praktiziert, der sich nicht wesentlich vom Grammatikunterricht in der Sekundarstufe I mit seinem *pattern practice* unterscheidet. Seine Funktion erschöpft sich darin, hartnäckige Lücken aus dem Grammatikpensum der Sekundarstufe I zu stopfen. Dabei werden ohne theoretisch-systematischen Zusammenhang nach ad-hoc Entscheidungen einzelne Kapitel der traditionellen Schulgrammatik wiederholt. Ein derart degradierter Grammatikunterricht entspricht allerdings in keiner Weise den Prinzipien, die ansonsten für den Fremdsprachenunterricht in der Sekundarstufe II gelten: Orientierung an den Erkenntnissen der Fachwissenschaft, an ausgewiesenen Lernzielen und an den Bedürfnissen der Schüler.

Hier ist ein Umdenken erforderlich. Dies betrifft zunächst die Bedürfnisse der Schüler selbst. Einerseits soll die Notwendigkeit der Wiederholung einzelner Kapitel der Elementargrammatik keineswegs bestritten werden. Andererseits sollte sich der Bedarf an Grammatik nicht am verständlichen, doch vordergründigen Interesse der Schüler erschöpfen, die Kenntnisse in Elementargrammatik für bevorstehende Klausuren und Prüfungen aufzufrischen. Die Grammatikarbeit sollte vielmehr *systematisch* den Erfordernissen der *Textarbeit* entsprechen und die Schüler in die Lage versetzen, ihre Sprechfertigkeit der Lernstufe gemäß *situationsgerecht* zu vervollkommnen.

Das Umdenken betrifft zum zweiten den Begriff ‚Grammatik‘ selbst. Grammatik wird bei Praktikern und in Lehrbüchern allenthalben noch als

Wort- oder Satzgrammatik verstanden. Entsprechend beziehen sich die Übungen auf grammatische Einzelphänomene wie z. B. im Englischen den Gebrauch der Zeiten, *ordinary* und *continuous form*, den unterschiedlichen Gebrauch von *used to* und *would* sowie anderer für den Schüler schwieriger Grammatikkapitel. Die Übungen sind häufig ohne Text- und Anwendungszusammenhang, so daß die Beherrschung einzelner grammatischer Regeln losgelöst von deren Anwendung in konkreten Sprechsituationen angestrebt wird[8]. Demgegenüber sind es gerade die Einbeziehung der Sprechsituation und die Anwendung der sprachlichen Elemente in einem bestimmten sprachlichen oder außersprachlichen Kontext, die in der jüngsten Forschungsrichtung der Linguistik, der *Pragmalinguistik*, als Bezugsrahmen für die Beschreibung von Sprechen bzw. Kommunikation im weiteren Sinne gewählt werden.

An dieser Stelle soll kurz dargestellt werden, inwieweit sich die Fachdidaktik bemüht hat, das Mißverhältnis zwischen dem Grammatikbegriff in der Linguistik einerseits und in der Schulpraxis andererseits zu überwinden und dadurch Denkanstöße für die praktische Grammatikarbeit zu liefern.

(2) Der Grammatikbegriff in Linguistik und Schulpraxis

Seit etwa zehn Jahren ist die Fachdidaktik zunehmend bemüht, neue Wege der Grammatik zu beschreiten, d. h. die traditionelle Schulgrammatik in Frage zu stellen und aktuelle, wissenschaftliche Grammatikmodelle auf ihre Umsetzbarkeit in den Fremdsprachenunterricht zu überprüfen.[9] Während zunächst versucht wurde, die Transformationsgrammatik Noam Chomskys als „Neue Grammatik" für den Unterricht nutzbar zu machen,[10] häufen sich in jüngster Zeit die Beiträge zur Umsetzung pragmalinguistischer Ansätze (vgl. hierzu stellvertretend MINDT 1978). Bei diesem Ansatz spielt nicht so sehr die grammatische Richtigkeit einer Äußerung eine entscheidende Rolle, sondern vielmehr ihre Angemessenheit in bezug auf Sprechabsicht, Textsorte und Sprechsituation. Den Praktiker interessiert nun die Frage, wie die vom Schüler zu erlernenden sprachlichen Mittel bzw. Inventare bestimmten Sprechsituationen oder den enger definierten Sprechakten (SEARLE 1969) zugeordnet werden können.

Schon PIEPHO (1974a, 1974b) hat mit Verweis auf John R. Searles Sprechakttheorie darauf hingewiesen, daß Sprechakte bei der Planung fremdsprachlicher Unterrichtseinheiten mitberücksichtigt werden müßten. Allerdings hat die didaktische Diskussion gezeigt, daß Sprechakte als übergeordnete Einheit fraglich sind, da sie nie isoliert, sondern immer nur in Ketten auftreten (MINDT 1978, S. 351). Mindt setzt sich mit verschiedenen Versuchen auseinander, „sprachliche Elemente" (MÜLLER 1971, vgl. MINDT 1978, S. 350) bzw. *categories of communicative function: argument, rational inquiring, evaluation* (vgl. WILKINS 1973 u. MINDT 1978, S. 341) – bestimmten Sprechakten zuzuordnen. Diese Versuche scheitern, „da es bis heute weder eine hinreichende Übereinstimmung über die Zuordnung sprachlicher Mittel zu Sprechakttypen noch eine gesicherte Taxonomie von Sprechakttypen [gibt]" (MINDT 1978, S. 344).

Angesichts der noch ungelösten Probleme schlägt Mindt vor, als Bezugsrahmen für Sprechintentionen und die ihnen zuzuordnenden Inventare den „*Diskurs*" zu wählen. Dieser Begriff hat seinen Ausgangspunkt in der Textlinguistik (vgl. HARRIS 1972) und „bezeichnet dort ursprünglich die dem Satz übergeordneten, größeren linguistischen Einheiten" (MINDT 1978, S. 351). Die Textlinguistik befaßt sich bei der Analyse der Makrostruktur von Texten vornehmlich mit satzübergreifenden Gliederungssignalen im Text (vgl. GÜLICH 1974) und mit der Kohärenzfunktion einzelner Textelemente wie Tempus, Pronomina, Artikel (vgl. KALLMEYER u. a. 1974).

Die Analyse der Makrostruktur von Texten mit Hilfe der Textlinguistik sowie die Verfahren der Zuordnung von Sprechintentionen und sprachlichen Mitteln in der Pragmalinguistik stellen nun m. E. den wissenschaftlichen Rahmen für eine *didaktische Grammatik* mit ihren curricularen und methodischen Ansprüchen in der Sekundarstufe II dar.

(3) Möglichkeiten einer didaktischen Grammatik

Unter didaktischer Grammatik (vgl. UNGERER 1974) wird eine Grammatik verstanden, die ihre Kategorien aus der Zuordnung zu Sprechintentionen gewinnt und dabei sowohl wissenschaftsorientiert wie auch anwendungsbezogen ist. Im Blick auf die Bedürfnisse des Unterrichts in der Kollegschule wird der Grammatikstoff nicht nach den Paradigmen der traditionellen Wortgrammatik, sondern nach studien- und berufsbezogenen Situationen geordnet. Eine solche Grammatik löst die Phase des elementaren Grammatikunterrichts in der Sekundarstufe I ab durch eine Phase des anwendungsbezogenen Grammatikunterrichts in der Sekundarstufe II. Sie entspricht damit den typischen Bedürfnissen des Schülers der Sekundarstufe II, dessen Äußerungen oft zwar formal korrekt, jedoch in bestimmten Anwendungsbereichen aus Gründen des schlechtem Stils, des unidiomatischen Ausdrucks oder wegen Germanismus nicht akzeptabel sind.

Ein praktikables Modell einer solchen Grammatik scheint das von UNGERER 1974 vorgestellte Modell einer *Optionsgrammatik* zu sein. Ungerer stellt fest, daß „die Schulgrammatik in ihrer heutigen Form nicht den optimalen Beitrag zur Förderung der Sprechfertigkeit leisten [kann], da sie nicht im Hinblick auf die Bereitstellung von sprachlichen Realisierungen bestimmter Intentionen organisiert ist" (UNGERER 1974, S. 24).

Besonders interessant für den Unterricht in der Sekundarstufe II erscheinen:

1. *modale Optionen:*

Intention, Befürchtung, Hoffnung, Resignation, Begeisterung, Indifferenz, Entsetzen

2. *kommunikative Optionen:*

arrogant, respektvoll, unterwürfig, barsch, höflich, engagiert, distanziert (UNGERER 1974, S. 26).

Die Optionsgrammatik stellt ein offenes System dar, das vom Fachlehrer individuell der Lernsituation und der curricularen Zielsetzung seiner Gruppe angepaßt werden kann. Eine solche Grammatik kann mehr als Stilistik und Idiomatik leisten, da sie „die stilistische Schulung unter dem Gesichtspunkt der Optionen gezielt auf Bereiche abstellen [kann], in denen der Mangel an stilistischer Differenzierung in besonders fataler Weise in Erscheinung tritt, wie z. B. bei den für die zwischenmenschlichen Beziehungen so bedeutsamen kommunikativen Optionen (Höflichkeit, Schroffheit, etc.)" (UNGERER 1974, S. 34).

Wegen ihres offenen Charakters kann die Optionsgrammatik nur in Einzelbereichen sinnvoll erprobt werden. Dazu bietet es sich an, die *Variationen* in der Verwendung der Zielsprache bewußt zu machen, denn es gibt nicht die *eine* Zielsprache und nicht die *eine* anwendungsbezogene Zielsprachengrammatik. Als mögliche Variationen kommen z. B. in Frage:

– in der Stilebene:	*intimate/familiar/formal*
– nach der Form:	*written/oral*
– nach dem Sprechanlaß und der sozialen Rolle des Sprechers:	*register*
– nach der sozialen Zugehörigkeit des Sprechers:	*dialect*

(ARNDT 1969, S. 25)

(3.1) Berufsbezogene Aspekte

Besonders für den berufsbezogenen Erwerb von Sprechfertigkeiten ist es von Bedeutung, im Englischen die Variationen der gesprochen von der geschriebenen *Geschäftssprache* zu unterscheiden, die eigenen Gesetzen folgt (JASPER 1978). Stärker noch gilt diese Forderung für die Kenntnis der Besonderheiten der Syntax der *technischen Fachsprache* Englisch mit ihrem charakteristischen Gebrauch nominaler Konstruktionen, infiniter Verbformen, des Passiv, bestimmter Zeitformen sowie attributiver Gruppen zur Modifizierung des Nomens (JASPER, S. 583). Wenn auch in der Fachdidaktik der Mangel an linguistisch abgesicherten Konzeptionen eines berufsbezogenen Englischunterrichts beklagt wird (vgl. JASPER 1978, S. 582), so kann man doch zum Beispiel für das Wirtschaftsenglisch einige Bereiche und Fertigkeiten angeben, die für einen pragmatischen Grammatikunterricht relevant sind. Die empirischen Bedarfsanalysen von Konrad Schröder (vgl. JASPER 1978, S. 584) haben gezeigt, daß in den Berufsfeldern Handel, Industrie, Verwaltung, Lehre und Forschung die Fertigkeiten des Lese- und Hörverstehens für folgende Textsorten vorrangig sind: Fachtexte, Gebrauchsanweisung, Geschäftsbriefe, Telefongespräche. Diese Textsorten sind situativ bezogen auf solche Sparten wie Einkauf, Verkauf, Technik, Management und Produktion. Detaillierte Hinweise auf Sprechanlässe und zugeordnete Textsorten aus dem Wirtschaftsenglisch mit Übungen finden sich bei PARSONS (1972, S. iv). Für den berufsbezogenen Grammatikunterricht ist es daher von Nutzen, gezielt die Konstitution der genannten Textsorten mit Hilfe der Methoden der Textlinguistik zu analysieren (vgl. dazu KALLMEYER u. a. 1974, Bd. 2 s. v. *Textkonstituenten*, S. 55–70).

Eine weitere methodische Hilfe sind die inzwischen didaktisch wieder aufgewertete Übersetzung und der kontrastive Vergleich fachsprachlicher Texte.[11] Insbesondere der kontrastive Vergleich des Deutschen mit dem Englischen macht die grammatisch-syntaktischen Besonderheiten dieser Sprachen deutlich, die gerade wegen ihrer sprachgeschichtlichen Verwandtschaft häufig Ursachen für Fehlerquellen sind.

(3.2) Studienbezogene Aspekte

Im studienbezogenen Bereich des Fremdsprachenunterrichts spielt in zunehmendem Maß die *Reflexion* spezifischer Eigenarten der Sprachsysteme z. B. des Deutschen und des Englischen in lexikalischer, syntaktischer und pragmatischer Hinsicht eine Rolle. Beispiele für Unterrichtseinheiten und Unterrichtsmaterial enthält das Kurskonzept für den Leistungskurs Englisch im Kollegschulversuch (GÖTZ u. a. 1979).

Dem Lernziel Reflexion über Sprache dient darüber hinaus der Vergleich verschiedener Grammatikmodelle anhand ausgewählter Kapitel, die sich an den typischen Lernschwierigkeiten und Fehlerquellen der Schüler z. B. im Bereich der Syntax und der Textkonstitution orientieren. Dem Vergleich können sowohl verschiedene, gängige Schulgrammatiken als auch die *Text Grammar of English* von WERLICH (1976), die *Grammar of Contemporary English* von QUIRK u. a. (1978) sowie die *Communicative Grammar* von LEECH/SVARTVIK (1978) zugrunde gelegt werden.

Ferner werden die Übungen zur Textanalyse im Hinblick auf eine studienbezogene Qualifikation sinnvoll ergänzt durch begleitende Arbeiten zum Textbegriff, zur Textsorte und vor allem zum makrostrukturellen Aufbau von Texten. Gerade zur Analyse der Makrostruktur von Sachtexten und fiktionalen Texten im Französischen liegen Forschungsergebnisse aus der Textlinguistik vor, die auf ihre Anwendbarkeit im Fremdsprachenunterricht an exemplarischem Textmaterial überprüft worden sind (vgl. GÜLICH 1974, RAIBLE 1974). Für das Englische liefert die *text grammar* von WERLICH (1976) in einzelnen Kapiteln wertvolle Anregungen dazu, wie Begriff und Methoden der Textlinguistik für eine wissenschaftspropädeutische Textanalyse im Unterricht nutzbar gemacht werden können. Dies trifft vor allem für die ausführlichen Kapitel 2: *Text*, Kapitel 5: *Text form* und das Kapitel 7: *Composition* zu.

Man kann sich nur wünschen, daß die vorgestellten wissenschaftlichen und didaktischen Ansätze auf breiter Basis für den Fremdsprachenunterricht – nicht nur in doppelqualifizierenden Bildungsgängen – erprobt werden, damit der Grammatikunterricht im Angebot der Lernstoffe nicht länger unverdient stiefmütterlich behandelt wird.[12]

Edeltraud Meyer

Übersetzen und Dolmetschen als sprachliche Fertigkeiten in einem Studien- und Berufsqualifizierenden Bildungsgang

(1) Einleitung

Die im Bildungsgang „Fremdsprachenkorrespondent/Allgemeine Hochschulreife" zu vermittelnden Qualifikationen sind an potentiellen Verwertungsbereichen in Studium und Beruf, in Öffentlichkeit und privatem Alltag orientiert. Dem Übersetzen und auch dem Dolmetschen wird in diesem Rahmen ein bedeutend größerer Stellenwert zuerkannt als im herkömmlichen gymnasialen Oberstufenunterricht. Dies erscheint gerechtfertigt in einer Zeit, wo die informationsorientierte, pragmatische Übersetzung „annähernd die Dimension eines interlingualen Massenkommunikationsmittels" erreicht hat (WILSS 1974, S. 23), und ist eine Antwort auf die Anforderungen, die die Gesellschaft an Schule und Unterricht stellt. Zugleich wird durch die berufsorientierte Schwerpunktbildung den individuellen Lerninteressen einzelner Schüler Rechnung getragen.

Je besser nun die Integration der Anforderungen für die Abiturprüfung mit den Anforderungen für die Prüfung zum Fremdsprachenkorrespondenten gerät, um so leichter fällt den Schülern die Doppelqualifikation (vgl. M. A. MEYER 1979, S. 58). Die Anforderungen, die für beide Qualifikationen verwertbar sind, sollten deshalb möglichst umfangreich sein. Hierbei unterscheidet M. A. Meyer

– die Ebene der fremdsprachlichen Fertigkeiten,
– die Ebene der Themenfelder bzw. Sachbereiche,
– die Ebene der Textsorten und kommunikativen Zielsetzungen.

Basierend auf dem Profilkonzept (vgl. M. A. MEYER, in diesem Band) geht es mir in den nun folgenden Ausführungen darum, Möglichkeiten aufzuzeigen, wie die Fertigkeiten des Übersetzens und Dolmetschens in der Kollegstufe verwirklicht werden können, angebunden an berufsorientierte Themenfelder und Sachbereiche und unter Berücksichtigung fachsprachlicher Kommunikationssituationen. Ich beziehe mich dabei auf das Fach Französisch.

(2) Rückübersetzungen und bewußter Sprachvergleich zur Vermeidung von Interferenzen auf der Grundstufe

Das Dogma von der ‚absoluten Einsprachigkeit' und die falsche Prämisse des ‚natürlichen' Fremdsprachenerwerbs hatten der Übersetzung und der zweisprachigen Wortschatzarbeit für Jahrzehnte den Boden entzogen (vgl. E. MEYER 1976, S. 3ff.). Psycholinguistische Untersuchungen zum Frühbeginn des Fremdsprachenunterrichts haben jedoch gezeigt, daß Schüler, die im Alter von 10 oder 12 Jahren mit dem Zweitsprachenerwerb beginnen, die fremde Sprache nicht mehr in erster Linie auf imitativ-reaktiver Basis erlernen, wie in der frühen Kindheit. In dem Maße, wie das abstrakte Denken zunimmt, schwindet die Fähigkeit zur Imitation. Bei den Zehnjährigen halten sich beide Fähigkeiten in etwa die Waage, danach überwiegt das bewußte Lernen (,,conceptual learning"). Es besteht nun die Gefahr des negativen Transfers von muttersprachlichen Sprechgewohnheiten auf die Zielsprache (vgl. ANDERSSON, 1960, S. 303). Auch jüngere Untersuchungen zur Lernersprache und zur Fehlerlinguistik gehen von der Tatsache aus, daß die Bedingungen des schulischen Zweitsprachenerwerbs die des ‚compound bilingual' sind, Interferenzen zwischen Muttersprache und Zielsprache also unvermeidlich sind (vgl. KIELHÖFER 1975, S. 90 ff.).

Vor diesem Hintergrund ist die Vorherrschaft der audiolingualen und audiovisuellen Unterrichtsmethoden in Frage zu stellen; sie sind durch kontrastive, kognitive Verfahren zu ergänzen. Schon in der Sekundarstufe I sollten daher meines Erachtens das Übersetzen und Dolmetschen, wenn auch nicht als Lernziele eigener Art, so doch als methodische Möglichkeiten curricular festgelegt werden.

Rückübersetzungen von bekannten Lektionen in mündlicher und schriftlicher Form können Interferenzen zwischen der Muttersprache und der Zielsprache bewußt machen und die Phase des Einübens von sematischen und syntaktischen Strukturen durch die sogenannten Strukturmusterübungen abkürzen. Bewußt internalisierte Strukturen können schneller und sicherer auf neue Kommunikationssituationen transferiert werden. Das Fortschreiten vom reproduktiven zum produktiven Sprechen wird erleichtert. (In manchen fremdsprachlichen Lehrwerken finden sich Rückübersetzungsübungen erst am Ende des zu einer Lektion gehörenden Übungsteils. Solche Übungen erfüllen deshalb oft nicht ihren Zweck, weil sie erst dann herangezogen werden, wenn die Schüler den Lektionstext wieder vergessen haben. Das führt dann zu einem mühsamen Wort-für-Wort-Übersetzen.)

Nicht nur die Rückübersetzung, auch der explizite Sprachvergleich sollte bereits im fremdsprachlichen Anfangsunterricht seinen Platz haben.

Fremdsprachliche Strukturen, die auf Grund einer Nichtentsprechung mit den muttersprachlichen Strukturen vom negativen Transfer bedroht sind, sollten vokabelmäßig eingeprägt werden. Ich nenne einige französische Beispiele: *aller dans la rue, avoir deux ans, demander à quelqu'un, suivre un chemin, boire dans une tasse, habiter une rue*. Neben diesen interlingualen Interferenzen sind auch die sogenannten intralingualen Interferenzen eine häufige Fehlerquelle im französischen Anfangsunterricht. Ich erwähne als Beispiel ,*il a*' (= *avoir*) und ,*à deux heures*'. Das präpositionale *à* und die konjugierte Form von *avoir* werden häufig von den Schülern verwechselt; ebenso die Formen ,*ils sont*' und ,*son père*', also die Pluralform des Verbs ,*etre*' und die maskuline Form des Possessivpronomens. Ein dritter Interferenztyp wird hervorgerufen durch eine bereits erlernte erste Fremdsprache. Hierbei sind gleichlautende bzw. ähnlichlautende Wörter im Englischen und Französischen zu nennen: *Charles/Charles, table/la table, page/la page, dinner/le dîner, television/la télévision*.

Um Interferenzfehlern rechtzeitig zu begegnen, sollten bestimmte Formen der Wortschatzarbeit etabliert werden, die sich nicht auf die Darstellung semantischer Oppositionen und schon gar nicht auf einsprachige Vokabelteile in Lehrwerken beschränken. Vielmehr sind der bewußte Sprachvergleich und das Lernen von Wörtern in Kollokationsfeldern erforderlich. Es erscheint nämlich wenig sinnvoll, erst am Ende des zweijährigen grammatischen Grundkurses (Niveau I) eine korrektive Grammatik einsetzen zu lassen, ,,deren Ziel es ist, den (Interferenz-) Fehlern, die nach dem Abschluß des grammatischen Kurses häufig auftreten, zu begegnen" (CURRICULUM OBERSTUFE: FRANZÖSISCH NW, 1973, S. 31). Forschungen, die eine ,,Interimsprache" ansetzen, haben deutlich werden lassen, daß der Schüler von sich aus, ungesteuert durch Lehrer oder Lehrmaterial, Strukturen der Muttersprache auf die zu erlernde Zielsprache überträgt (,,transferiert"). Diese Übertragungsprozesse durch Fremdsprachenunterricht steuerbar zu machen, um den Anteil von Interferenzen zu verringern, bleibt eine wichtige Aufgabe der Sprachlehrforschung (vgl. zum Problem BAUSCH 1977).

(3) Übersetzen und Dolmetschen in Verbindung mit der Textarbeit auf der Übergangsstufe

In der Übergangsstufe *(Niveau II)*, die auf der zweijährigen, durch das *Français fondamental I* geprägten Grundstufe aufbaut, setzt im Regelsystem die Arbeit mit authentischen fiktionalen und nicht-fiktionalen Texten ein. Diese Festlegung ist auch in der Kollegschule sinnvoll, dabei sollte jedoch m. E. zweierlei verstärkt berücksichtigt werden: der fachsprachliche Aspekt und die Übungsformen des Übersetzens und Dolmetschens; beides sollte schon in die Übergangsstufe eingebracht werden, wo sich der Umgang mit Texten in der Hauptsache an folgenden drei Texttypen realisiert: dem informativen Text (Sachtext), dem Texttyp der persönlichen Stellungnahme (Interview) und dem appellativen Texttyp, der stark empfängerbezogen ist und dem Texte mit Anweisungscharakter, wie z. B. Gebrauchsanweisungen oder Küchenrezepte, Reklameschriften, Briefe etc. untergeordnet werden. Sachtexte können in geschriebener oder gesprochener Form fixiert sein, als Dialog, Diskussion, Debatte oder Rede. Sie können durch verschiedene Medien übermittelt werden, durch Radio, Tonband, Fernsehen, Telefon, Zeitung oder durch ein persönliches Gegenüber.

Die bisherige Textarbeit hatte zum Ziel, den Schüler durch eine entsprechende Analyse der Textkonstituenten dazu anzuleiten, das Gelernte auf die eigene Textproduktion zu übertragen, womit unter anderem die Technik des Resümees vorbereitet wurde. Die oben aufgeführten Texttypen erscheinen mir jedoch auch bestens dafür geeignet, Übersetzungen, speziell Herübersetzungen und Dolmetschübungen, anzuschließen. Dies wäre für die Schüler nicht schwer, weil sich der Schwierigkeitsgrad einer Übersetzung ohnehin vom Texttyp her bestimmen läßt und jeder Übersetzung eine gründliche Textanalyse vorausgehen muß.

(3.1) *Dolmetschübungen in Form einer Debatte*

Während die Übersetzung in der Übergangsstufe und auch noch in der differenzierten gymnasialen Oberstufe als Mittel der Semantisierung, der Verstehenskontrolle und als kognitive Hilfe für den Erwerb typisch fremdsprachlicher Strukturen im Bereich von Lexik, Grammatik und Pragmatik angesehen werden kann, sind Dolmetschübungen dadurch zu legitimieren, daß sie auf reale Kommunikationssituationen vorbereiten, denn jeder Schüler kommt im alltäglichen Leben einmal in die Lage, Dolmetscher spielen zu müssen. Dolmetschsituationen können sich ergeben: auf dem Bahnhof, im Zug, im Restaurant, beim Einkaufen, im häuslichen Bereich, wenn Besuch aus dem Ausland da ist, vor allem aber auch im Beruf. Dolmetschen läßt sich in Form von Rollenspielen schon im Anfangsunterricht inszenieren, wo es zunächst im Rahmen der Umgangssprache verläuft. Es stellt eine abwechslungsreiche Übungsform dar, die dem Schüler zeigt, in welchen Zusammenhängen er seine noch unvollkommenen Sprachkenntnisse anwenden kann.

Als Gesprächsform sollte im Sinne der Progression zunächst der informative Dialog im Mittelpunkt stehen, später müßten Formen der Diskussion, der Debatte und der Argumentation hinzukommen. Für diese pragmatisch genau festgelegten Sprachhandlungen sollten den Schülern die geeigneten Redemittel auf Grund der vorangegangenen Analyse von Radio-, Tonband- oder Zeitungstexten zur Verfügung stehen. Sie müssen aber auch eingehend und gesondert geübt werden, wenn sie in Dolmetschübungen frei verfügbar sein sollen.

Sehr brauchbare Vorschläge zur Technik der Debattenführung finden sich bei C. OLIVIERI (1978), zum Beispiel die Form des ‚pro' und ‚contra' mit den entsprechenden Wortführern, wobei der Lehrer die Rolle des Moderators einnehmen kann. Simuliert man sowohl deutsch- als auch französischsprachige Gruppenteilnehmer, dann bedarf es eines oder mehrerer Dolmetscher, die die Meinung der Wortführer wiedergeben. Solche Situationen können sich wirklich ergeben, bei deutsch-französischen Jugendtreffen, bei Schüleraustauschfahrten etc. Es kommt dann darauf an, Themen von gemeinsamen Interesse zu finden: Umweltschutz, Energieversorgung, Freizeitaktivitäten, aber auch berufliche Probleme. Um zustimmende oder ablehnende Meinungen zum Ausdruck zu bringen, listet Olivieri einen Katalog von syntaktischen Strukturen auf:

J'approuve; je l'approuve de (+ Infinitif); *j'accepte l'argument; j'admets que . . .; je suis d'accord avec . . .; je suis du meme avis; oui, bien sûr; naturellement; évidemment; peut-être . . .*

oder

Jamais de la vie; pas du tout; absolument pas; ca n'a pas de sens; ton raisonnement ne tient pas debout . . . (OLIVIERI, 1978, S. 35 f.).

(4) Formen des Übersetzens und Dolmetschens in der Kollegschule

(4.1) *Grundbildungskurs Französisch 11.1*

Während in der Regel sechs Jahre Englischunterricht vorausgesetzt werden können, sind es nur zwei oder vier Jahre Französischunterricht, die die Schüler in der Oberstufe nachweisen, sodaß zunächst einmal eine Bestandsaufnahme über die vorhandenen Kenntnisse bzw. Lücken in den Fertigkeiten des Hörverstehens, Sprechens, Leseverstehens, Schreibens und Übersetzens in mündlicher und schriftlicher Form erfolgen muß. Von daher erscheint es einleuchtend, daß die Grundbildungskurse, im Französischen wahrscheinlich noch mehr als im Englischen, auf die Grundfertigkeiten bezogen sein müssen.

Da in den gültigen Richtlinien für die Sekundarstufe I Übersetzen und Dolmetschen weder als Übungsform noch als Fertigkeit ausgewiesen sind, muß davon ausgegangen werden, daß diese beiden Fertigkeiten so gut wie nicht vorhanden sind; zumal der Fremdsprachenunterricht audiolingual oder audiovisuell ausgerichtet ist, methodisch gesehen also auf der Einsprachigkeit und auf imitativen Unterweisungstechniken basiert.

(4.2) Leistungskurse 11.2 und 12.1

In den Jahrgangsstufen 11.2 und 12.1 erhalten die fremdsprachlichen Skills eine gewisse Leitfunktion für die Kursauslegung, d. h. es geht in erster Linie um ihre systematische Schulung, während sich die Auswahl der Themen und Textsorten diesem Ziel unterordnen soll (PROFILKONZEPT 1978, S. 22). Im Sinne einer Progression vom Rezeptiven zum Produktiven ist es das Ziel der Jahrgangsstufe 11.2, zunächst die Fertigkeiten des Hörverstehens/Sprechens (ein Drittel des Stundenvolumens) und des Lesens (zwei Drittel des Volumens) zu fördern und zu vertiefen. Im Unterschied zu herkömmlichen gymnasialen Verfahren nimmt also das Leseverstehen einen sehr breiten Raum ein und wird definiert als Fähigkeit „zur bewußt selektiven, globalen und detaillierten Informationsentnahme und Informationsverarbeitung" (PROFILKONZEPT 1978, S. 27). Leserollen werden durch die Art der Verarbeitung der Leseinformation determiniert. Dazu gehört auch der Leser in der Funktion des Sprachmittlers, der in der Lage ist, durch Lektüre erworbene Argumente, Meinungen oder Sachkenntnisse in eine Diskussion, ein Fachgespräch oder in Geschäftsverhandlungen einzubringen oder seine Leseinformation für schriftliche Mitteilungen in Form eines Berichtes, eines Referates oder eines Kommentars festzuhalten; sei es nun detailliert in einer Wort-für-Wort-Übertragung oder global in einer gekürzten Zusammenfassung.

Der Förderung des rezeptiven Leseverstehens folgt systematisch in der Jahrgangsstufe 12.1 die Förderung der produktiven Fertigkeit des Schreibens, und zwar schwerpunktmäßig mit dem Ziel der persönlichen und sachlichen Stellungnahme, der Interpretation von Texten, der Fixierung von Informationen, – auch in der Rolle des Sprachmittlers, der in der Lage ist, einen in der Muttersprache vorgegebenen Text in die Zielsprache zu übertragen und umgekehrt (vgl. GÖTZ u. a. in diesem Band).

Während im Regelsystem (das heißt hier, in den Leistungskursen der Gymnasien) die mündlichen fremdsprachlichen Fertigkeiten im Vergleich zu den schriftlichen stärker gefördert werden sollten, ist im Bildungsgang

„Fremdsprachenkorrespondent/Allgemeine Hochschulreife" eine gleich-
gewichtige Behandlung der vier sprachlichen Fertigkeiten und zusätzlich
die angemessene Berücksichtigung des Übersetzens und Dolmetschens erforderlich, weil sowohl für die fremdsprachliche Korrespondenz als auch
im neuphilologischen Studien- und Berufsbereich und im Bereich des
Übersetzungswesens die Beherrschung der Schriftsprache unverzichtbar
ist. Da für die zielsprachlichen Kommunikationssituationen in den Jahrgangsstufen 11.2 und 12.1 soziokulturelle und sozioökonomische Sachbereiche ausgewiesen sind, stehen nicht-fiktionale Texte im Vordergrund, in
denen die fachsprachliche Komponente mehr oder weniger zum Tragen
kommt.

(4.3) Exkurs auf die Fachsprachen

Den Fachsprachen als Subsystemen der Schriftsprache wurde bisher in der
Linguistik wenig Aufmerksamkeit geschenkt. Diese Tatsache hing eng mit
dem für lange Zeit auf allen Lernaltersstufen gültigen Primat des Mündlichen zusammen, das aus der strukturalen, monosystematischen Linguistik
übernommen worden war; für den amerikanischen Strukturalismus hatte
das Axiom ‚the speech is the language' absolute Gültigkeit.

Die Prager linguistische Schule allerdings unterschied schon in den drei-
ßiger Jahren mehrere Einzelfunktionen der Schriftsprache: den künstlerischen Stil (Literatursprache), den Fachstil, der noch einmal differenziert
wurde in den praktischen Sachstil des amtlichen öffentlichen Verkehrs, der
Wirtschaft und der Technik und in den theoretischen, wissenschaftlichen
Fachstil (vgl. DROZD, 1966, S.25, HAVRANEK, 1971, S.19ff.).

In der heutigen Zeit vollzieht sich nun eine Umbewertung der Sprach-
stile, die bewirkt, daß die Fachsprachen mehr und mehr an Geltung und
Ansehen gewinnen. Die Fremdsprachendidaktik kann dabei wieder an die
Tradition der Prager Schule anknüpfen. Man hat erkannt, wie gewaltig der
fachsprachliche Anteil der Kommunikation in den heutigen Kultursprachen ist, daß die fachsprachliche Differenzierung ständig zunimmt und daß
hierauf in der Schule vorbereitet werden sollte.

Zur Aufnahme der Fachsprachen in den Unterricht wurden von französischer Seite Vorarbeiten geleistet durch die Erstellung eines ‚Vocabulaire
Générale d'Orientation Scientifique' (V.G.O.S.), die von A. Phal im Auf-
trag des CREDIF durchgeführt und 1971 veröffentlicht wurde. Bei der Erstellung des V.G.O.S. ging man davon aus, daß es viele Ausdrücke gibt, die
im Kontext der unterschiedlichsten Wissenschaften auftauchen; z. B. wird
‚flux' in der Medizin als ‚flux sanguin', in der Physik als ‚flux magnétique'
und in den Wirtschaftswissenschaften als ‚flux monétaire' verwendet. Ähnliches gilt für symétrie, opération, coefficient etc.

Zur Methode der Enquéte von A. Phal ist zu sagen, daß aus einem möglichst großen Corpus von wissenschaftlichen Texten eine Wörterliste nach den Prinzipien der *fréquence* und der *répartition* (d. h. der Anzahl der unterschiedlichen Kontexte, in denen ein Wort auftrat) erstellt wurde. Bei den untersuchten Texten handelte es sich zwar um drei verschiedene Sprachniveaus – 1. um Lehrbücher der gymnasialen Oberstufe, 2. um Texte für Anfangssemester, 3. um populärwissenschaftliche Texte – aber alle gehörten der *langue écrite* an. Was die Priorität der gesprochenen Sprache anbelangt, formuliert Phal in aller Deutlichkeit: *Il semble donc que le postulat de la primauté du parlé sur l'écrit soit remis en question par les sciences. La langue écrite apparait comme la langue premiére de toutes les sciences . . .* (PHAL 1968, S. 14).

Ein allgemeinwissenschaftlicher Grundwortschatz erscheint mit von der Tatsache her gerechtfertigt, daß die Grenzen zwischen den einzelnen wissenschaftlichen Disziplinen fließend sind und daß sich bei der Schnelligkeit des wissenschaftlichen Fortschritts die Terminologien rasch ändern. Der relativen Stabilität des gemeinsprachlichen Vokabulars steht die Instabilität des technischen Vokabulars gegenüber. Bedenkt man außerdem, daß es praktisch nicht möglich ist, aus der Vielzahl der Fachsprachen die *richtige* Auswahl für den Unterricht zu treffen, so dürfte sich eine allgemeine Einführung in die Wissenschaftssprache des Englischen, Französischen etc. nicht nur vom linguistischen Standpunkt sondern auch vom didaktischen Standpunkt aus als sinnvoll erweisen und müßte die Vorstufe für das Studium einer bestimmten Spezialsprache sein, die man benötigt, um die fremdsprachige Literatur des gewählten Studienfaches lesen und übersetzen zu können. Dabei dominieren zunächst die rezeptiven Sprachkenntnisse, die dann in Richtung auf produktive Kenntnisse erweitert werden sollten, etwa wenn man beabsichtigt, im Ausland zu studieren.

(4.4) *Die Gewichtung von Herübersetzung und Hinübersetzung*

Die Schwierigkeiten der Herübersetzung zeigen sich gerade da, wo es sich um inhaltlich schwierige Texte handelt. Man kann nur übersetzen, was man verstanden hat. Deshalb hat die Herübersetzung als Form der Verständnisüberprüfung auch im Gymnasium ihre Stellung behaupten können, trotz des Postulats der Einsprachigkeit. Für den Bildungsgang „Fremdsprachenkorrespondent/Allgemeine Hochschulreife" sind eine Einführung in das ökonomische Fachwissen und die entsprechenden Terminologien (in der wirtschaftswissenschaftlichen Kursfolge) deshalb besonders wichtig, da dann die für das Gelingen von Herübersetzungen sozio-ökonomischer Texte dringend erforderliche Sachkompetenz zum Teil muttersprachlich vorausgesetzt werden kann. Methodisch betrachtet stellen detailerfassende Herübersetzungen eine Alternative zum kursorischen Lesen dar, das Inhalte global erfaßt. Die jeweilige Zielsetzung des Unterrichts wird den Ausschlag dafür geben, ob eine eingehende Beschäftigung mit dem Gegenstand der Lektüre lohnt oder nicht, d. h. ob Detailkenntnisse in einer Herübersetzung festgehalten werden sollen.

Bei der Hinübersetzung bereitet die Verstehensphase, die der eigentlichen Übersetzungsphase vorausgeht, weniger Schwierigkeiten als bei der Herübersetzung, denn es ist in der Regel leichter, muttersprachliche Texte sinngemäß zu verstehen als fremdsprachliche. Anders verhält es sich in der Übersetzungsphase, wenn es darum geht, das in der Muttersprache Gemeinte fremdsprachlich zu bezeichnen, denn hierzu sind aktive fremdsprachliche Kenntnisse erforderlich. Diese aktiven fremdsprachlichen Kenntnisse sollten m. E. schwerpunktmäßig in den Kursen für Handelskorrespondenz, und zwar zunächst – für das Französische – in dem eingegrenzten, weitgehend standardisierten Bereich des *Français Commercial* systematisch aufgebaut werden.

Im Mittelpunkt steht hier das Abfassen bestimmter Brieftypen *(demande, offre, ordre, confirmation)* mit ihren jeweiligen Phraseologien, Termini und Abkürzungen, die z. T. als Stichwortbriefe muttersprachlich vorgegeben sind. Die aktive Übersetzungskompetenz sollte sich jedoch nicht auf Geschäftsbriefe beschränken, sondern sie sollte erweitert werden durch Grundkenntnisse in der Rechts- und Verwaltungssprache, wodurch auch die Übersetzung von Verträgen, Protokollen, Anträgen etc. ermöglicht wird.

(5) Übersetzungskurse 13.1 und 13.2

Nachdem in den Leistungskursen 11.2 und 12.1 der Fächer Englisch und Französisch das Leseverstehen bzw. das Schreiben im Mittelpunkt standen (wobei auch Übersetzungen mitberücksichtigt wurden), wird die eigentliche Übersetzungsfähigkeit in den dafür vorgesehenen Übersetzungskursen der Jahrgangsstufe 13.1 und 13.2 aufgebaut.

Im Hinblick auf die angestrebte Doppelqualifikation unterstützen die Kurse den Erwerb der für die Prüfung vor der Industrie- und Handelskammer erforderlichen Übersetzungsfertigkeiten (Her- und Hinübersetzungen), darüber hinaus stellen sie so etwas wie einen Grundstock für eine weiterführende Ausbildung im Bereich des Übersetzens und Dolmetschens dar. Den Übersetzungskursen wird dabei eine berufsqualifizierende *und* eine sprachtheoretische und damit wissenschaftspropädeutische Funktion zugeschrieben.

Im folgenden versuche ich, Vorschläge für die Auslegung der beiden Übersetzungskurse zu unterbreiten. Als Kriterium für die Progression von leichten zu schwierigen Übersetzungstexten muß das Verhältnis von Wort-für-Wort-Übersetzungen und Paraphrasierungen angesehen werden, die ein bestimmter Text verlangt. Innerhalb der übersetzungsrelevanten Texttypen gilt es zu unterscheiden zwischen den sachorientierten, ‚informativen' Texten – mit den Textsorten: Bericht, Aufsatz, Urkunde, Gebrauchsanweisung –, den senderorientierten ‚expressiven' Texten – Roman, Novelle, Lyrik, Schauspiel –, und den verhaltensorientierten, ‚operativen' Texten – Predigt, Propaganda, Reklame (vgl. REISS, 1976, S. 17ff.). Schwierigkeitsgrade lassen sich feststellen nach den Unterscheidungen in Gemeinsprache, Literatursprache, Fachsprachen, wobei innerhalb der Fachsprachen nochmals zwischen einem praktischen und einem theoretischen Stil differenziert werden kann. Allgemein gilt, daß jeder Text „vor der Wahl der geeigneten Übersetzungsmethode" daraufhin zu untersuchen ist, „welche kommunikative Funktion er erfüllen soll" (REISS 1976, S. 17). Das heißt, die Kollegiaten sollten zu einer übersetzungsrelevanten Textanalyse befähigt werden und außerdem in der Lage sein, die notwendigen Hilfsmittel wie Lexika, Beispielsammlungen, Fachwörterbücher etc. sinnvoll zu benutzen. Sie sollten Hinweise dafür erhalten, wie sie sich später im Beruf selbst die Hilfs- und Arbeitsmittel zum Übersetzen beschaffen können. Übersetzerische Perfektion in der einen oder anderen Fachsprache läßt sich ohnehin erst nach langer Einarbeitung in die Praxis erreichen.

(5. 1) *Die berufsqualifizierende Komponente*

Die für die Kollegschule konzipierten Übersetzungskurse könnten die folgenden Fachsprachen berücksichtigen: die Sprache der Industrie und der Wirtschaft, des Außenhandels, des Rechtswesens, der Banken, der Versicherungen und des Verkehrswesens. Im Rahmen von zwei Halbjahreskursen wird es aber nicht möglich sein, ein gründliches Studium all dieser Fachsprachen vorzunehmen; es bietet sich deshalb an, exemplarisch in *eine* der möglichen Fachsprachen einzuführen. Eine allzu enge fachsprachliche Differenzierung ist allerdings in der Kürze der zur Verfügung stehenden Zeit weder möglich noch wünschenswert, weil das zukünftige Berufsfeld der Kollegiaten noch nicht genau abzustecken ist und ihnen daher auch die notwendige Lernmotivation fehlen würde. Kennzeichen des modernen Berufslebens ist gerade eine verstärkte Mobilität, die von den Arbeitnehmern erwartet wird. Außerdem lassen sich auf einer guten gemeinsprachlichen

158

Basis leichter fachsprachliche Kenntnisse aufbauen; das haben die Befragungen J. Benekes bei Angehörigen von internationalen Firmen ergeben. Schwierigkeiten entstehen für den im Managment tätigen Personenkreis beim ,small talk', in umgangssprachlichen Kommunikationssituationen, wo es auf schnelles Reagieren mit den geeigneten Redemitteln ankommt (vgl. BENEKE 1979, S. 61 ff.). In den Übersetzungskursen sollten daher auch Themen aufgegriffen werden, die zur Sprache kommen, wenn z. B. Deutsche und Franzosen gesellig beisammen sind: persönliche und allgemeinpolitische, kulturelle und soziale Themen.

(5.2) *Die sprachtheoretische Komponente*

Da den Übersetzungskursen nicht nur eine berufsqualifizierende sondern auch eine sprachtheoretische Funktion zugeschrieben wird, erhebt sich die Frage, wie den Kollegiaten der Zugang zu sprachwissenschaftlichen Fragestellungen der Übersetzungswissenschaft erleichtert werden kann. Ich halte es für sinnvoll und in der Jahrgangsstufe 13 durchaus realisierbar, M. WANDRUSZKAS Monographie „Interlinguistik" (1971) als einleitende Kurslektüre zu behandeln, weil dadurch übersetzungswissenschaftliche Probleme unter den Aspekten des synchron-deskriptiven Sprachvergleichs und der Soziolinguistik angegangen werden können.

Ausgangspunkt für Wandruszka ist die soziokulturelle Mehrsprachigkeit, die sich manifestiert als Kindersprache, Schülersprache, Studentensprache, Sportsprache, und die in den Fachsprachen breit differenziert ist. Von daher zieht Wandruszka den Schluß: „Unsere Sprachen sind keine Monosysteme. Jede Sprache ist eigentlich ein Konglomerat von Sprachen, jede Sprache ist ein Polysystem". (WANDRUSZKA, 1971, S. 8). Wandruszka kritisiert deshalb Chomskys sprachtheoretischen Ansatz, einen idealen Sprecher-Hörer in einer völlig homogenen Sprachgemeinschaft zu hypostasieren. Schon in unserer Muttersprache übersetzen wir, d. h. wir sind in der Lage, regionale, soziale, gruppenspezifische Varianten der Muttersprache zu benutzen, je nachdem, mit wem wir sprechen. „Wir übersetzen immer wieder von einer Teilsprache in eine übergreifende Gemeinsprache oder in eine andere Teilsprache." (WANDRUSZKA, 1971, S. 127) Der sprachlichen Vielfalt innerhalb der Muttersprache steht die unabsehbare Vielfalt der auf dem Globus gesprochenen Sprachen gegenüber, die der Mensch nur dank seiner Anlage zur Mehrsprachigkeit bewältigen kann. Das läßt Wandruszka zu der lapidaren Feststellung gelangen: „Wo Sprache ist, ist auch Übersetzung." Die Unvollkommenheit der Übersetzung sieht er in drei Ursachen begründet: der unvollkommenen Zweisprachigkeit des Übersetzers, der Unvollkommenheit der Entsprechungen zwischen zwei

Sprachen und der Unvollkommenheit jeder einzelnen natürlichen Sprache. Dies genauer zu untersuchen, darin sieht er die besondere Aufgabe einer Linguistik der Übersetzung (WANDRUSZKA, 1971, S. 9f.).

Wandruszka gelingt es, sprachwissenschaftliche Begriffe wie den der Universalien, der Norm, der *Faux Amis*, der Polymorphien, Polysemien etc. an Hand einer Fülle von Beispielen in einer anschaulichen Sprache zu exemplifizieren.

Im Anschluß an die Behandlung der Monographie können in den Übersetzungskursen rein übersetzungswissenschaftliche Werke auszugsweise konsultiert werden, zum Beispiel:

KOLLER, W.: Einführung in die Übersetzungswissenschaft, Heidelberg 1979

MOUNIN, G.: Die Übersetzung. Geschichte, Theorie, Anwendung, München 1967

REISS, K.: Texttyp und Übersetzungsmethode. Der operative Text, Kronberg 1976

WILSS, W.: Übersetzungswissenschaft. Probleme und Methoden, Stuttgart 1977

Um die Kollegiaten mit den Problemstellungen und Forschungsansätzen der Übersetzungswissenschaft bekannt zu machen, eignen sich m. E. die folgenden Themen:

1. Der empirische, der sprachwissenschaftliche und der kommunikationstheoretische Zugang zu den Fragen des Übersetzens und Dolmetschens.

   Hierhin gehört die Beschreibung des Translationsvorganges als eines bilingualen Kommunikationsakts.

2. Die Übersetzbarkeitsproblematik als sprachtheoretisches, linguistisches und literar-ästhetisches Problem.

   Unübersetzbarkeit wird aus der Verschiedenheit der Grundstrukturen der natürlichen Sprachen abgeleitet. Zum Beleg dieser These können Weisgerbers Schriften zum spezifischen Weltbild einer jeden Sprache oder B. L. Whorfs ‚linguistisches Relativitätsprinzip' herangezogen werden. Der linguistische Übersetzbarkeitsbegriff geht von der unterschiedlichen Segmentation der außersprachlichen Wirklichkeit in den Einzelsprachen aus, der Tatsache also, daß zwischen den semantischen und syntaktischen Einheiten zweier Sprachen selten Eins-zu-eins-Entsprechungen vorliegen. Als Beispiele für Nichtentsprechungen nennt Wandruszka Verwandtschaftsbezeichnungen im Deutschen und Französischen (WANDRUSZKA, 1971, S. 23 ff.), Whorf die vielfältigen Bezeichnungen für ‚Schnee' in der Eskimosprache u. a. (WHORF, 1963, S. 15). Als ‚klassischer' Beweis für die Unübersetzbarkeitsthese wird bis auf den heutigen Tag angeführt, ein Gedicht sei weder von der Form noch vom Inhalt wiederzuerkennen, wenn man es aus der Zielsprache in die Ausgangssprache rückübersetzt. Es ist möglich, dieses Experiment z. B. mit einem einfachen Gedicht Goethes durchzuführen, indem es die

Schüler ins Englische oder Französische übertragen und anschließend die verschiedenen Übersetzungsvarianten vergleichen. Dann wird deutlich, daß der Übersetzbarkeitsbegriff eng auf die Textart bezogen ist: Im Bereich der literarisch-poetischen Texte verschärft sich die Übersetzbarkeitsproblematik; im Bereich fachsprachlicher Texte sind dagegen Übersetzungen eher möglich.

3. Übersetzungsrelevante Texttypologien.

Hierbei verweise ich auf die von K. Reiß erarbeiteten Unterscheidungen, die ich weiter oben ausgeführt habe. Die Übersetzungswissenschaft bietet zwar einen Katalog von relevanten Kriterien für die Auswahl von Übersetzungstexten nach verschiedenen Schwierigkeitsgraden, die für einen bestimmten Kurs zu treffende Auswahl jedoch bleibt ein empirisches Problem.

4. Die systematische Beschreibung von Übersetzungsprozeduren in Anlehnung an die ,Stylistique comparée' (vgl. MALBLANC 1968), d. h. die Klassifizierung von Übersetzungsprozessen in wörtliche und nichtwörtliche usw.

Hierbei sind als Sonderfälle der Direktanlehnung die sogenannten ,faux amis' zu beachten; eine reiche Sammlung derselben hat H.-W. Klein vorgenommen (KLEIN, 1968). Aber auch ein Exkurs auf das ,Franglais' liegt nahe, zumal dieses schon im Leistungskurs Französisch, Jahrgangsstufe 13.1 behandelt wird (vgl. BAHNERS u. a. in diesem Band). Sowohl die deutsche als auch die französische Sprache haben in den letzten dreißig Jahren eine Menge Wörter aus dem angloamerikanischen Sprachbereich übernommen: darunter viele konsonantische Einsilber, die sehr einprägsam sind: *match, start, drink, rush, hit, spot, jet, stress*, u. a. Die Computersprache ist ebenso mit Anglizismen durchsetzt wie die Sprache der Technik und des Management. Zu denken ist an *planning, design, hardware, software, brainstorming* etc.

(6) Schluß

Die Übersetzungsfertigkeit kann zwar erst in der Sekundarstufe II systematisch gefördert werden, der Schüler selbst übersetzt aber vom ersten Moment an, wenn er mit der fremden Sprache in Kontakt kommt, denn schulisches Sprachenlernen vollzieht sich nun einmal vor dem Hintergrund der Muttersprache. Das Konzept der ,aufgeklärten Einsprachigkeit' und die von der Sprachlehrforschung entwickelten Ansätze zur Untersuchung der Lernersprache geben Anlaß zu der Hoffnung, daß die zum Teil aus der Tradition des neusprachlichen Unterrichts herrührenden Vorurteile gegen das Übersetzen weiter abgebaut werden und einem differenzierteren Methodenverständnis Raum geben. Dann wird es auch leichter, die Übersetzung als Lernziel in der Kollegstufe zu legitimieren.

Günter Kutscha

Fremdsprachenausbildung und Wirtschaftswissenschaftliche Grundbildung im doppeltqualifizierenden Bildungsgang „Fremdsprachenkorrespondent/allgemeine Hochschulreife"

(1) Vorbemerkungen und Problemstellung

Die curricularen Vorgaben für den Schwerpunkt „Sprache und Literatur" in der Kollegschule weisen einen doppeltqualifizierenden Bildungsgang aus, der den studienqualifizierenden Abschluß fremdsprachlichen Profils mit dem berufsqualifizierenden Abschluß des Fremdsprachenkorrespondenten verknüpft. Die Planungen für diesen Bildungsgang gehen von der Konstruktionshypothese aus, daß es möglich und sinnvoll sei, den fremdsprachlichen Unterricht als erstes und zweites Abiturfach im Sinne der Regelungen für die gymnasiale Oberstufe und den Unterricht im Fach „Sozialwissenschaften, Schwerpunkt: Wirtschaftswissenschaften" als drittes Abiturfach didaktisch so auszulegen, daß die Kollegiaten den Anforderungen sowohl der Reifeprüfung als auch der Prüfung für den fremdsprachlichen Korrespondenten gemäß Prüfungsordnung der zuständigen Industrie- und Handelskammer (hier: Düsseldorf, Beschluß des Berufsbildungsausschusses vom 15.10. 1964) gewachsen sind.

Für das doppeltqualifizierende Schwerpunktprofil „Fremdsprachenkorrespondent/Allgemeine Hochschulreife" sind die Prüfungsanforderungen der Industrie- und Handelskammer eine schulexterne Vorgabe, die sich dem Einfluß der Kollegschule entzieht und auf die das Curriculum Bezug zu nehmen hat, sofern die Schülerinnen und Schüler die Prüfung für den fremdsprachlichen Korrespondenten erfolgreich sollen ablegen können. Damit sind jedoch Ausbildungsinhalte und didaktische Struktur des Bildungsgangs keineswegs determiniert, über sie muß nach Kriterien entschieden werden, die sich aus der Konzeption der Kollegschule begründen lassen (SCHULVERSUCH KOLLEGSCHULE NW 1976). Hierbei stellt sich nicht zuletzt die Frage, unter welchen Bedingungen der wirtschaftswissenschaftliche Unterricht einen sinnvollen Beitrag zur Ausbildung des Fremdsprachenkorrespondenten im Schwerpunkt „Sprache und Literatur" leisten kann.

Sich mit dieser Frage zu befassen heißt, vom Stand der fachdidaktischen Theorie betrachtet, Neuland zu betreten. Die Ausdifferenzierung der

Wirtschaftsdidaktik unter dem Anspruch curricularer Funktionalität, orientiert an den Ausbildungsanforderungen in den unterschiedlichen wirtschaftlichen Entscheidungs- und Handlungsbereichen, steht ohnehin erst in den Anfängen (ZABECK 1976). In der Praxis behilft man sich weitgehend mit tradierten Lehrmustern und überläßt den Unterricht in den speziellen Betriebswirtschaftslehren (Bankbetriebslehre, Handelsbetriebslehre etc.) der Fachkompetenz von Handelslehrern und erfahrenen Berufspraktikern. Weitmehr im argen liegt die fachdidaktische Reflexion jener Bereiche, für die eine ordnungsgemäße Ausbildung in Betrieb und Schule nicht verbindlich geregelt ist. Das gilt für den kaufmännischen Weiterbildungsbereich insgesamt, wenngleich aufgrund des unterschiedlichen Organisiertheitgrades der Ausbildung und der informellen vertikalen Berufsschichtung und Anforderungsstruktur erhebliche Unterschiede im Niveau der Qualifikationsprozesse festzustellen sind. Soweit kaufmännische Fortbildungsberufe (nach § 46 Abs. 1 des Berufsbildungsgesetzes) auf anerkannte Ausbildungsberufe (nach § 25 des Berufsbildungsgesetzes) aufbauen und sie sich überdies an dem systematisierten Fachwissen entsprechender Hochschuldisziplinen orientieren können, wie es zum Beispiel beim Industrie-, Bank- oder Handelsfachwirt der Fall ist, gibt es auch in fachdidaktischer Hinsicht vergleichsweise anspruchsvoll gestaltete Bildungsgänge. Solche günstigen Voraussetzungen liegen bei der Ausbildung zum fremdsprachlichen Korrespondenten indessen nicht vor. Weder bestehen Verbindungen zu bestimmten Ausbildungsberufen noch lassen sich eindeutige Bezüge zu den berufspragmatisch ausgerichteten Teildisziplinen der Wirtschaftswissenschaften identifizieren. Dem Fremdsprachenkorrespondenten fehlen die typischen Professionalisierungsattribute eines durch Bezugswissenschaften legitimierten beruflichen Spezialwissens und einer darauf bezogenen Ausbildung. Dementsprechend vage bleiben in den Berufsbeschreibungen der Bundesanstalt für Arbeit die Anforderungsmerkmale hinsichtlich der nichtsprachlichen Berufskompetenzen des Fremdsprachenkorrespondenten. Die Hinweise auf das Tätigkeitsbild des Fremdsprachenkorrespondenten thematisieren Wirtschaftskenntnisse lediglich in der lapidaren Feststellung: „Erforderlich sind betriebswirtschaftliches Fachwissen in der Mutter- und Fremdsprache sowie Kenntnisse über das Land des Korrespondenzpartners". (BUNDESANSTALT FÜR ARBEIT 1971, S. 11). Bezüglich der Ausbildung wird hinzugefügt: „Im Hinblick auf die selbständige Arbeit des Fremdsprachenkorrespondenten müssen jedoch die gemeinsprachlichen und fachlichen Kenntnisse ausgebaut werden und sich auf schwierige Texte, vor allem auf dem Gebiet der Wirtschaft, erstrecken. Hinzu kommt die Erlernung der Handelskorrespondenz sowie der Grundzüge der Außenwirtschaft und Handelspraxis". (BUNDESANSTALT FÜR ARBEIT 1971, S. 18).

Nun könnte man es bei solchen Andeutungen bewenden lassen, wenn deren referentielle Funktion durch eine didaktische Tradition gesichert wäre, die den Zusammenhang von fremdsprachlichem Unterricht und wirtschaftswissenschaftlich-kaufmännischer Ausbildung paradigmatisch repräsentiert. Davon kann jedoch nicht die Rede sein. Genauer gesagt: nicht mehr. Ein Rückblick auf die Geschichte der kaufmännischen Berufserziehung vermag einige wichtige Aspekte zum Verständnis des Problems freizulegen.

(2) Fremdsprachenausbildung und kaufmännische Berufserziehung: Ein berufsgeschichtlicher Rückblick

(2.1) Der Kaufmannslehrling als „sprakeler": Zur Funktion der Fremdsprachenausbildung in der hanseatischen Berufserziehung des Mittelalters

Berufsgeschichtlich stehen kaufmännische Berufserziehung und Fremdsprachenausbildung in einem engen Zusammenhang, bildete diese doch den didaktischen Kern der ersten eigenständigen kaufmännischen Berufslehre zur Zeit der Hanse, urkundlich belegt seit dem 12. Jahrhundert (vgl. BRUCHHÄUSER 1979). Da der Kaufmann zu jener Zeit seine Ware in der Regel bis zum Bestimmungsort begleitete, wo er sie in direktem Kontakt mit dem dortigen Geschäftspartner absetzte und neue Ware erwarb, mußte er in der Lage sein, Kauf und Verkauf von Waren in fremdsprachlicher Kommunikation abzuwickeln. Zur Aneignung dieser Qualifikationen, die nicht unbedingt das Lesen- und Schreibenkönnen einschlossen, wurden die Kaufmannssöhne als „lerekints", auch „sprakelers" – Sprachschüler – genannt, an den auswärtigen Handelskontoren, insbesondere in London, Bergen, Brügge oder Novgorod ausgebildet, wo sie zugleich mit dem Erwerb landes- und warenkundlicher Kenntnisse die handelsübliche Fremdsprache erlernten. Welche Bedeutung diesen Qualifikationsprozessen im Hinblick auf das Zustandekommen und die Entwicklung von Handelsbeziehungen beigemessen wurde, läßt sich daran ablesen, daß im Fall des Osthandels die hanseatischen Kaufleute durch Verbote und Sanktionen zu verhindern versuchten, daß nicht-hanseatischen Kaufmannssöhnen der Zugang zu der als berufliches Spezialwissen gehüteten russischen Sprache eröffnet wurde. Dahinter stand die Absicht, sich von unerwünschter Konkurrenz, namentlich seitens der holländischen Kaufleute, freizuhalten.

Mit der Ausweitung des Binnenhandels und den dadurch beeinflußten

Entwicklungen im Geschäftsverkehr entstanden neue kaufmännische Lehrberufe, für die nicht mehr die Fremdsprachenausbildung im Vordergrund stand, sondern der Erwerb von Kenntnissen und Fertigkeiten auf den Gebieten der Buchhaltung, des Rechnens und Schreibens. Aber auch hierbei hatte die Fähigkeit zur fremdsprachlichen Kommunikation zunächst insofern noch eine Bedeutung, als die Ausbildung vornehmlich mit einem Auslandsaufenthalt in Oberitalien – dem Entstehungsort der modernen Buchhaltung – verbunden war. Vor allem süddeutsche Kaufleute schickten ihre Söhne zu Handelsniederlassungen oder zu Geschäftsfreunden in die oberitalienischen Isstädte, wo sie bei bedeutenden Lehrmeistern in Theorie und is des Buchhaltungs- und Rechnungswesens unterwiesen wurden. Die Vermittlung dieser Inhalte wurde später, seit Beginn des 16. Jahrhunderts, von den deutschen Schreib- und Rechenschule übernommen, womit die Verbindung zur fremdsprachlichen Ausbildung weitgehend verlorenging. So heißt es in einem Bericht von Johannes Agricola aus dem Jahre 1528: „Die fürnehmsten Stände lassen jetzt niemand mehr Künste und Sprache lernen, sondern sobald ein Knab deutsch sprechen und lesen kann, so muß er gen Frankfurt, Antwerpen und Nürnberg und muß Rechnen lernen und des Handels Gelegenheit". (Zitiert bei: BERKE 1960, S. 139).

(2.2) *Fremdsprachen im handlungswissenschaftlichen Curriculum: Zur enzyklopädischen Vorbildung des kaufmännischen Handlungsgehilfen im 18. Jahrhundert*

Neue und wirksame Impulse auf die Förderung des Zusammenhangs von Fremdsprachenausbildung und kaufmännischer Berufserziehung gingen im 17./18. Jahrhundert von der merkantilistischen Gewerbepolitik und der durch sie beeinflußten Gründung vollzeitschulischer Berufsfach- und Fachschulen aus. Die Didaktik der kaufmännischen Berufserziehung als systematische Reflexion der an kaufmännischen „Handlungen" insgesamt orientierten Vorbereitung auf den Beruf hat hier ihren Ursprung. Wollte man aus der Literatur des 18. Jahrhunderts die vielfältigen theoretischen Ansätze, Begründungen und Empfehlungen zur Berufserziehung des Kaufmanns in dem paradigmatischen Konstrukt des „handlungswissenschaftlichen Curriculum" idealtypisch zusammenfassen, so wäre als hervorstechendes Merkmal die enge Verflechtung von Fremdsprachenunterricht, Landeskunde/Geographie und Handlungswissenschaft zu nennen. Pointiert forderte Johann Carl May, ein Hauptvertreter der systematischen Handlungswissenschaft, in seinem „Versuch einer allgemeinen Einleitung in die Handlungswissenschaft, theoretisch und praktisch abgehandelt"

(1785): „Wann man einen Knaben zur Handlung bestimmet hat, so muß derselbe in Schreiben, Rechnen und Sprachen unterrichtet werden. Die französische Sprache ist insonderheit vorzüglich zu erlernen, . . . Die Stunden, welche nicht zur Information angewendet werden, müssen zum Lesen guter Bücher über die Handlung, und Reisegeschichten, dienen; man erlanget dadurch einen vorgängigen Begriff von dem allgemeinen Wesen der Handlung und dem Charakter der Völker, mit denen man dereinst in Geschäfte gerathen kann . . ." (Abdruck in: POTT 1977, S. 30).

Informativer als solche allgemeinen Programmschriften erweisen sich die curricularen Dokumente, die aus den Schulexperimenten der damaligen Zeit hervorgegangen sind, wie z. B. die Lehrverfassung der von Joh. Michael Friedrich Schulz im Jahre 1791 gegründeten und bis 1803 geleiteten Handlungsschule in Berlin.

Schulzes Konzeption mutet – aus Sicht der Kollegschulplanung – geradezu modern an. Sie ist geprägt von den aufklärungspädagogisch-utilitaristischen Ideen des Dessauer Philantropinum, dem Schulz mehrere Jahre als Lehrer angehörte und wo ihn insbesondere die ketzerischen Auffassungen Basedows in der Absicht bestärkten, Schulnot und „lateinische Michelei" durch einen vernünftigen und zweckmäßigen Schulunterricht zu überwinden – das hieß: wissenschaftliche Erkenntnis nutzbar zu machen für die Vorbereitung auf den künftigen Beruf der Lernenden. Dabei dachte Schulz keineswegs daran, wie Bildungstheoretiker des Neuhumanismus argwöhnten, die Bildung der Heranwachsenden auf überlieferte Handlungsanweisungen und unreflektierte Gewohnheiten der Alltagspraxis zu reduzieren. „Nein! Gott sey Dank, die Zeiten bessern sich, wir werden immer klüger." „Auch für den Kaufmann ist jetzt eine wissenschaftliche Vorbereitung zu den Geschäften und Pflichten seines Standes nötig." (Zitiert bei: GILOW 1906, S. 75). Freilich hätte Schulz vermutlich nie die Unterstützung der Berliner Kaufmannschaft für sein Schulvorhaben gefunden, wäre es ihm nicht gelungen, auch Praktiker davon zu überzeugen, daß ein wissenschaftsorientierter Unterricht zugleich – und besser als die im „gewöhnlichen Maitre-Unterricht" der Rechenmeister vermittelten Rezepte und Memorierstoffe – der beruflichen Qualifikation des Kaufmanns nütze. „Praxis lernt sich allerdings durch wirkliche praktische Übung am besten; aber bei solchen Geschäften des menschlichen Lebens, die nicht geradezu als bloßes mechanisches Handwerk betrieben werden können, nur dann erst, wenn die nöthigen theoretischen Vorkenntnisse da sind." (Zitiert bei: GILOW 1906, S. 76).

Die von Schulz konzipierte Lehrverfassung der Berliner Handlungsschule trägt in allen Zügen das Signum der zeitgenössischen Lehrplantheorie. Angelegt als Curriculum scholasticum, als wohlgefügtes Ganzes mit klarer Funktionsbestimmung seiner Teile, repräsentierte sie eine handlungswissenschaftliche Enzyklopädie, in der auch das nicht sollte ausgeschlossen bleiben, „wovon der Kaufmann wenn nicht geradezu als Kaufmann so doch als Mitglied einer gebildeten Menschenklasse etwas wissen müsse, um nicht ein ganz einseitiger Mensch zu werten." (Zitiert bei: GILOW 1906, S. 114). Im einzelnen umfaßte die kaufmännische Enzyklopädie die Bereiche: Sprachen und Korrespondenzfach, Wissenschaften mit besonderer Ausrichtung auf die Handlungswissenschaften und das Rechenfach, Kunstfertigkeiten (insbesondere Schönschreiben) sowie Hilfs- und Nebenwissenschaften. Schulz legte großen Wert darauf, enge Beziehungen zwischen diesen Bereichen herzustellen, „damit auf solche Weise immer ein Rad ins andere griffe". Dabei wurden insbesondere die didaktischen Zusammenhänge zwischen Sprachenunterricht, mutter- und fremdsprachlicher Korrespondenz und Handlungswissenschaften unter unterschiedlichsten Aspekten herausgearbeitet, und zwar in einem Ausmaße, wie man es späterhin kaum noch vorfindet. (Übersicht auf S. 167)

Was die Fremsprachendidaktik betrifft, so übernahm Schulz das bei den Philanthropinisten in Anlehnung an Comenius bevorzugte Konzept der Realsprachmethode. Durch sie sollten Handlungswissenschaft und Fremdsprachenunterricht eng miteinander verknüpft werden. Es galt jeweils „mit einem Stein zwei Würfe zu tun": im Fremdsprachunterricht auch Inhalte der Kommerzgeographie, Warenkunde, Technologie und Geschichte zu vermitteln sowie über handlungswissenschaftliche Sachverhalte fremdsprachlich zu kommunizieren, z. B. in öffentlichen Prüfungen, für die *Comptoir-Scenen* in französischer Sprache inszeniert wurden. Nebenbei sei bemerkt, daß Schulz hierzu eigene Schulbücher verfaßte und dabei das Prinzip der Integration von fremdsprachlichem und handlungswissenschaftlichem Unterricht für praktische Lehrzwecke konkretisierte, wofür sein „Kaufmännisch-französisches Lehrbuch" von 1791 ein Beleg ist.

Das handlungswissenschaftliche Curriculum der kaufmännischen Berufserziehung kann selbstverständlich angemessen nicht gewürdigt werden, ohne die Arbeits- und Ausbildungsverhältnisse im 18. Jahrhundert mitzubedenken. Schulzes Konzept der kaufmännischen Enzyklopädie zielte auf die Vorbereitung anspruchsvoller Handlungtätigkeiten ab, für die nur eine verhältnismäßig kleine Gruppe von Handlungslehrlingen und -gehilfen in Frage kam. Die Ausbildung der kleingewerblichen Krämerlehrlinge, die Qualifikation zum einfachen Kontor- und Ladendiener für die gewöhnlichen Geschäfte vollzog sich in einer vier- bis siebenjährigen Lehrpraxis ohne theoretische Vorbereitung und ohne ausbildungsbegleitenden Schulunterricht mit berufsqualifizierendem Inhalt. So fehlt es denn auch nicht an Rechtfertigungen der Art, daß die Einförmigkeit in den Beschäftigungen derjenigen Volksklassen, die ausführende Arbeit zu verrichten hätten, eben auch nur eine „Einförmigkeit in ihrer Denkungsart, ihren

Lehrverfassung der Berlinischen Handlungsschule
nach dem Plan von Joh. Michael Friedrich Schulz
(Abdruck aus: GILOW 1906, S. 115):

I. Sprachen und Korrespondenzfach	II. Wissenschaften		III. Kunstfertigkeiten	IV. Hilfs- und Nebenwissenschaften
	IIa. historische	IIb. des Rechnungsfachs		
1. Deutsch, einschließlich kaufmännischer Briefstil	1. Geschichte und Statistik, Gesch. des Handels und der Schiffahrt	1. Rechnen, kaufmännisches Rechnen	1. Kalligraphie	1. Mathematik, Naturgeschichte, Physik, Chemie
2. Französisch	2. Geographie, Kommerzgeogr. einschließlich a) Warenkunde (in Verbindg. mit etwas Naturgesch.) b) Technologie, (Manufaktur- und Fabrikenkunde) in Verbindung mit etwas bürgerlicher Rechtskunde	2. Münz-, Maß- u. Gewichtkunde	2. Zeichnen	2. Religion
3. Latein		3. Lehre vom Wechselgeschäft		3. praktische Logik, Moral.
4. Englisch (anfangs nur als Privatunterricht)		4. Italienisches Buchhalten		
5. Holländisch anfangs nur als Privatunterricht				
6. Italienisch (nur als Privatunterricht)				

Einsichten und Entschlüssen" erforderten (J. G. BÜSCH: „Über die Einförmigkeit des Lebens", 1790, zitiert bei: ZABECK 1978). Was heute unter dem Schlagwort von der Qualifikationspolarisierung angesprochen wird, kennzeichnet durchaus schon – wenn auch in anderen Formen und Ausmaßen – die Situation der kaufmännisch Beschäftigten im 17./18. Jahrhundert, in der häufig idealisiert dargestellten „ersten großen Periode in der Geschichte der deutschen Kaufmannsbildung (vgl. hierzu: POTT 1977,

S. 25f.). Einer Mehrzahl schlecht ausgebildeter Laden-, Gewölb- und Bürodiener für Routinetätigkeiten beim Einkauf und Verkauf, bei der Sortierung und Versendung stand eine relativ kleine Anzahl sozial höher eingestufter Handlungsgehilfen gegenüber, die wegen der durchschnittlich geringen Betriebsgrößen und dementsprechend wenig fortgeschrittenen Arbeitsteilung umfassend ausgebildet sein mußten, um den vielfältigen Anforderungen in der deutsch- und fremdsprachlichen Korrespondenz, der Buchhaltung und den sonstigen Handlungsgeschäften gewachsen sein zu können.

(2.3) *Technologischer Wandel und Arbeitsteilung im modernen Büro: Zur Berufsrolle des fremdsprachlichen Korrespondenten*

In der zweiten Hälfte des 19. Jahrhunderts – insbesondere während der sogenannten Gründerjahre – nahmen Zahl und Betriebsgrößen der Handelsfirmen beträchtlich zu, wodurch sich die Funktionsgliederung im kaufmännischen Beschäftigungsbereich auf hierarchisch-vertikaler und horizontaler Ebene schärfer herausbildete. Diese Tendenz wurde durch die Einführung neuer Technologien, z. B. der Textbearbeitung (zunächst mechanische Schreib- und Rechenmaschinen, heute zum Teil automatisierte Text- und Datenverarbeitung), in der Weise verstärkt, daß vormals komplexe Kontortätigkeiten unter arbeitsorganisatorischen Effizienzgesichtspunkten in Spezialfunktionen zerlegt werden konnten. Das Kontor des „königlichen Kaufmanns" als die zur Erledigung umfassender Büro- und Korrespondenztätigkeiten zuständige, mit nur wenigen Mitarbeitern besetzte Nebenstelle wurde abgelöst durch moderne Großraumbüros, vor denen die Tylorisierung der Arbeitsprozesse nicht haltmachte. Die Ausweitung kaufmännischer Verwaltungstätigkeiten, bedingt durch die Vergrößerung der Betriebe und durch die immer komplizierter werdenden Bestimmungen der Handels-, Zahlungsverkehrs-, Steuer-, Arbeits- und Sozialgesetzgebung, induzierte kostensenkende Rationalisierungsmaßnahmen durch Einführung arbeitskräftesparender Technologien bei gleichzeitiger Aufspaltung der Tätigkeitskomplexe nach unterschiedlich kostenintensiven Funktionen, wobei die Differenzierung nach Sachbearbeitern, Korrespondenzfachkräften und leicht anlernbaren Jedermannsbzw. Routinetätigkeiten als typisches Merkmal hervorsticht. Der Sachbearbeiter in Außenhandelsgeschäften muß nicht unbedingt selbst fremdsprachlich kommunizieren können, wie umgekehrt der als „Spaltprodukt" der Arbeitszerlegungsprozesse neu entstandene Beruf des Fremdsprachenkorrespondenten nicht primär auf die inhaltliche Sachbearbeitung (z. B. in der Export-Import-Auftragsbearbeitung, im internationalen Zahlungsverkehr oder im grenzüberschreitenden Transportwesen) gerichtet ist, sondern sich auf die von Sachbearbeiteraufgaben getrennten fremdsprachlichen Kommunikationsfunktionen spezialisiert. Hierbei muß freilich nach unterschiedlichen Tätigkeitsbereichen unterschieden werden, und zwar einerseits hinsichtlich der Branchen, in denen Fremdsprachenkorrespondenten arbeiten (Außenhandel, Speditions- und Transportwesen, Banken u. a.) und andererseits nach Funktionsebenen innerhalb eines Betriebes. So zum Beispiel kommen bei einem Industrieunternehmen mit Außenhandelsbeziehungen insbesondere folgende Einsatzbereiche mit jeweils besonderen Anforderungen in bezug auf kommunikative Kreativität und spezifische Sachkenntnisse in Betracht:

- fremdsprachliche Korrespondenz im Managementbereich (weniger fachlich spezialisiert als mehr auf Sekretärinnenfunktionen in der Unternehmensführung ausgerichtet),
- fremdsprachliche Korrespondenz in der Auftragsbearbeitung (Annahme von Bestellungen, Versand, Beantwortung von Kundenrückfragen; in der Regel fachlich differenziert nach Produkt- bzw. Dienstleistungsarten mit zum Teil eigenen Sachbearbeiterfunktionen),
- fremdsprachliche Korrespondenz im Produktionsbereich (Übersetzung von Texten technischen Inhalts, zumeist nach eng definierten Vorgaben).

(3) Ein Strukturkonzept für die wirtschaftswissenschaftlich-kaufmännische Grundbildung im Bildungsgang „Fremdsprachenkorrespondent/Allgemeine Hochschulreife"

Die hier in aller Kürze angedeuteten Qualifikationsstrukturentwicklungen weisen darauf hin, daß die Beschäftigungsmöglichkeiten für fremdsprachliche Korrespondenten nach Art und Größe der Betriebe erheblich variieren und ein breites Spektrum an Aufgaben umfassen, für die fremdsprachliche, büroorganisatorische und wirtschaftlich-kaufmännische Kenntnisse und Fertigkeiten auf unterschiedlichen Qualifikationsniveaus vorausgesetzt werden. Demnach kann die in der Kollegschule angebotene Ausbildung zum Fremdsprachenkorrespondenten *mit Hochschulreife* die bisherigen Ausbildungsformen an Berufsfachschulen bzw. in Lehrgängen der beruflichen Fortbildung zwar nicht ersetzen, diese wohl aber sinnvoll ergänzen, indem sie auf diejenigen Tätigkeitsbereiche vorbereitet, die weniger rezeptiv-mechanische als mehr kreativ-kommunikative und Sachbearbeiterfunktionen einschließende Leistungen erfordern bzw. die Fähigkeit zur Kooperation mit dem Management und dem Sachbearbeiterstab verlangen. Eine hierauf bezogene wirtschaftswissenschaftlich-kaufmännische Grundbildung sollte mit dem Naheliegendsten beginnen: Hilfe zu leisten bei dem Versuch, die überwältigende Fülle an Informationen und Eindrücken über die Vielfalt wirtschaftlicher Erscheinungen mit Hilfe fundamantaler Elementarstrukturen so zu ordnen, daß die Schüler lernen, die Komplexität der Wirtschaftswirklichkeit zu beherrschen, statt unverstandene Reduktionsschemata als abfragbaren Wissensbestand zu akkumulieren (vgl. KELL/ KUTSCHA 1977, S. 360 ff.). Lernprozesse im Ökonomieunterricht sollten darauf abzielen, kognitive Fähigkeiten aufzubauen, die zur Verbesserung des wirtschaftlichen Orientierungs-, Entscheidungs- und Konfliktverhaltens beitragen. Dazu ist ein unterrichtsmethodisches Vorgehen gefordert, das vom anschaulichen Erkennen wirtschaftlicher Phänomene ausgeht, zu problemlösendem Denken hinführt und zugleich kritisch begreifendes Denken anregt.

Damit sind zunächst nur Fragen der Unterrichtsmethode angesprochen, die bekanntermaßen immer auch pädagogische Intentionen implizieren. Für die fachdidaktisch-inhaltliche Dimensionierung der wirtschaftswissenschaftlich-kaufmännischen Grundbildung müssen zusätzliche Entscheidungen getroffen und begründet werden. Hierzu liegt ein Vorschlag vor, der das Konzept der ökonomischen Transaktionsanalyse als Strukturansatz empfiehlt, um eine Alternative zu der von Paragraphenwissen, Begriffsdiffusionen und institutionellen Details überfüllten Wirtschaftskunde herkömmlicher Provenienz anzubieten (KUTSCHA 1976, S. 104 ff.). Der Ansatz geht von der Leitthese aus, daß sich die moderne Wirtschaft in bezug auf andere Bereiche der Gesellschaft durch ein nach ökonomischen Erfolgsmaßstäben (z. B. Gewinnmaximierung, Rentabilität) reguliertes System von Güter-, Geld- und Informationstransaktionen definieren, das heißt, als soziales Teilsystem spezifischer Prägung abgrenzen und zugleich zur Umwelt in Beziehung setzen lasse. „Transaktion ist jede Beziehung zwischen Betriebswirtschaft und einer Organisation oder einem Individuum der Umwelt. Sie wird von beiden Transaktionspartnern hergestellt und aufrechterhalten, um den „Wert" ihrer Entscheidungsfelder zu erhöhen". (HEINEN 1968, S. 73). Objekte einzel- und gesamtwirtschaftlicher Prozesse und Entscheidungen sind die Transaktionsmedien Güter, Geld und Information, zwischen denen ein systemkonstitutiver Zusammenhang besteht: „Wie das Geld eine Voraussetzung dafür darstellt, daß Produktionsprozesse durchgeführt werden können, so stellt die Information eine wichtige Grundlage für die Steuerung der Güter- und Geldströme in der Unternehmung dar." (MEFFERT 1975, S. 1). Der hier angedeutete Systemzusammenhang ist in der Grafik schematisch dargestellt.

In studienpropädeutischer wie berufsqualifizierender Hinsicht zeigt die Transaktionsanalyse für didaktische Überlegungen ein fortschrittliches Moment an. Indem sie den Blick auf funktional-*dynamische* Vorgänge

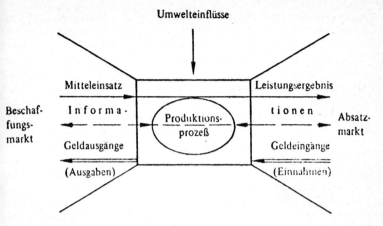

Zusammenhang zwischen Gütern, Geld und Information (HEINEN, 1979, S. 132)

zwischen den Aktionseinheiten des Wirtschaftssystems lenkt (ohne sich in institutionell-*statischen* Detailbeschreibungen zu verlieren), gibt sie die modellplatonistische Praxisferne der „reinen Theorie" preis. An die Stelle des in Lehr- und Schulbüchern immer noch traktierten, für kaufmännische Orientierungs- und Entscheidungshilfen indes nutzlosen ökonomischen Rationalprinzips unter Prämissen vollkommener Information und kausal-technologischer Zweck-Mittel-Relationen tritt das Prinzip kluger Informationssuche, -beschränkung und -verarbeitung unter Einbeziehung der sozialen Dimension bei multiplen Systemreferenzen. Eine solchermaßen auf Knappheit wirtschaftlicher Güter, Wertunbeständigkeit monetärer Äquivalenzen und risikobehaftete Umweltkontingenzen gerichtete Problemorientierung bietet vielfältige Ansatzmöglichkeiten, die argumentationsleere und schematische Darbietung ökonomischen Schulwissens zugunsten einer Denkeinstellung und -bereitschaft zu durchbrechen, sich mit fehlender Eindeutigkeit rationaler Problemlösungen und häufig von Interessenkonflikten bestimmten Entscheidungslagen diskursiv auseinanderzusetzen (vgl. KUTSCHA/LOOSS/SADOWSKI 1979). In diesem Sinne kann das Konzept der Transaktionsanalyse für eine Revision des wirtschaftswissenschaftlichen Curriculum eine wichtige Fundierungsgrundlage sein. Es identifiziert die interdependenten Bezugsgrößen wirtschaftlichen Handelns im prozessualen Kontext innerbetrieblicher und betriebsübergreifender Transaktionen, womit einerseits die starre Trennung zwischen einzel- und gesamtwirtschaftlichen Betrachtungsweisen aufgehoben, andererseits aber vermieden wird, durch bloß globale Überschau entscheidungsrelevante Differenzen zwischen den Problemspezifika von Einzel- und Gesamtwirtschaft zu nivellieren.

Bei der didaktischen Konkretisierung des Transaktionsansatzes für die wirtschaftswissenschaftlich-kaufmännische Grundbildung im doppelt-qualifizierenden Bildungsgang „Fremdsprachenkorrespondent/Allgemeine Hochschulreife" sind nun curriculare Einheiten zu entwikkeln und zu evaluieren, die sowohl Basisinformationen über güterwirtschaftliche, monetäre und informationelle Transaktionen enthalten (z. B. Warenumsatz, Geldwesen und Zahlungsverkehr, Datenverarbeitung) als auch den Zusammenhang zwischen diesen Transaktionen an geeigneten berufsqualifizierenden Inhalten thematisieren (z. B. Außenhandel unter Aspekten der für grenzüberschreitende Transaktionen maßgeblichen Besonderheiten des Gütertransports, des internationalen Zahlungsverkehrs und Währungssystems sowie der darauf bezogenen Textverarbeitung und Dokumentengestaltung). Diesen Überlegungen entspricht die geplante Kursfolge Wirtschaftswissenschaften (3. Abiturfach) in folgender Weise: Die Schüler des Bildungsgangs „Fremdsprachenkorrespondent/Allgemeine Hochschulreife" erhalten in den ersten beiden Halbjahren der Jahrgangsstufe 11 eine Einführung in wirtschaftliche Zusammenhänge. Im ersten Kurs „Wirtschaftskreislauf/Markt und Preis" werden güterwirtschaftliche und monetäre Transaktionen unter Berücksichtigung informationeller Steuerungsprobleme in ihrer gesamtwirtschaftlichen Verflechtung und differenziert nach den Aktionseinheiten Haushalt, Unternehmen, Staat dargestellt. Dabei soll ein Schwerpunkt auf marktbezogene güterwirtschaftliche Unternehmer- und Verbraucherentscheidungen unter Bedingungen unterschiedlicher Marktformen gelegt werden. Der zweite Kurs „Geld im System der Marktwirtschaft/Wirtschaftssysteme und Information" vermittelt eine grundlegende Einführung in Funktionen und Funktionsstörungen des monetären Transaktionssystems und behandelt ausgewählte Probleme der Steuerung sowie der Koordinierung ökonomischer Entscheidungen unter besonderer Beachtung der informationellen Voraussetzungen wirtschaftlichen Handelns in unterschiedlich (zentral/dezentral) organisierten Wirtschaftssystemen. In den Jahrgangsstufen 12 und 13 folgen schließlich Kurse zu den Themen „Außenhandel und Währung" und „Marketing" sowie – zur Auswahl der Kollegiaten – zwei Kurse mit einzelwirtschaftlichen bzw. gesamtwirtschaftlichen Akzenten. Hierzu sind als Themenbereiche vorgeschlagen
– Import/Export unter betriebswirtschaftlichem Aspekt
– Werbung
– Wirtschaftliche Probleme von Entwicklungsländern
– Volkswirtschaftliche Gesamtrechnung und Konjunktur.

Es sei hervorgehoben, daß zusätzlich zum Kursprogramm der wirtschaftswissenschaftlich-kaufmännischen Grundbildung und neben den Leistungskursen in neuen Fremdsprachen (Englisch/Französisch) auch Veranstaltungen besucht werden, in denen berufspragmatisch-technologische Kenntnisse und Fertigkeiten auf den Gebieten der Handelskorrespondenz (einschließlich der damit verbundenen wirtschaftlichen Sachkenntnisse) und der Textverarbeitung (Maschinenschreiben) im Vordergrund stehen (vgl. NÖLKEN in diesem Band). Daraus ergibt sich ein curricularer Zusammenhang von Ausbildungsinhalten, die den Qualifikationsanforderungen der beruflichen Praxis sowohl unter dem Gesichtspunkt der fortschreitenden Spezialisierung als auch unter dem Aspekt des durch Spezialisierung hervorgerufenen Bedarfs an wissenschaftlich fundierter Orientierungsfähigkeit Rechnung tragen. Die Konzentration auf neue Fremdsprachen und Handelskorrespondenz sollte gewährleisten, daß der Kollegiat die dem Fremdsprachenkorrespondenten gestellten Kommunikationsfunktionen auf professionellem Niveau bewältigen kann; die wirtschaftswissenschaftlich-kaufmännische Grundbildung müßte ihn qualifizieren, seine Berufsrolle so auszuführen, daß er im komplexen Netz hochspezialisierter Einzeltätigkeiten nicht die beruflich relevanten Zusammenhänge aus den Augen verliert und zu kooperativem Handeln fähig bleibt.

TEIL 4

Fremdsprachlicher Unterricht und Fremdsprachenbedarf

Konrad Schröder

„Die beste Sprache ist die Sprache des Kunden" Oder: Wie man den Fremdsprachunterricht in der Sekundarstufe II verändern sollte

Die Schule alten Typs produzierte mit Blick auf ein Bildungsideal. Bedarfsorientierung war jenseits der „bloßen" Berufsschule tabu, ja es schien, als ob die Bedeutung eines Faches für das praktische Leben seinem bildenden Wert abträglich wäre. Der Fremdsprachenunterricht hat unter dem falschen Gegensatz von Berufsbildung und Allgemeinbildung stets in besonderem Maße zu leiden gehabt: Der „bloße" Sprachunterricht war Durchgangsstadium auf dem Wege zur eigentlichen Bildung, die je nach Zeitgeist mehr literarhistorisch, literarisch-kulturkundlich oder literarisch-ästhetisch ausfiel.

Bei so pointiertem Bildungsstreben mußten die praktischen Sprachkenntnisse auf der Strecke bleiben. Spätestens seit den 50er Jahren kamen die fremdsprachlichen Fächer bei der breiteren Öffentlichkeit und den Politikern als wenig effizient ins Gerede. (Daß der heutige Fremdsprachenunterricht an den allgemeinbildenden Schulen nur als Produkt einer *Verfallsgeschichte* des ursprünglichen neuhumanistischen Bildungsideals Wilhelm von Humboldts verstanden werden kann, ändert nichts an der Berechtigung einer scharfen Kritik.) Der Fremdsprachenunterricht in der Bundesrepublik steht deshalb heute vor einem Neuanfang. Kommunikationsorientierung ist die Parole, den Hintergrund bilden Probleme neuer Art: europäische Einigung und Vielsprachigkeit, wachsende internationale Mobilität, Exportorientierung. Die alte Zweiteilung von Allgemein- und Berufsbildung paßt nicht mehr.

Allerdings wird Kommunikationsorientierung zur gigantischen Leerformel, wenn es nicht gelingt, genauer darzustellen, wer mit wem wann wo worüber wie und in welcher Sprache redet. Die Lösung des Knotens impliziert Forschung für Jahrzehnte. Auf ferne Idealkonzepte zu warten, hat freilich keinen Sinn. Vielmehr müssen Defizite des heutigen Fremdsprachenunterrichts durch Schwerpunktstudien in den Bereichen Sprachlernerfahrung, Sprachlernbedürfnis und Sprachenbedarf quantifiziert und entsprechende Therapien eingeleitet werden. Studien dieser Art haben erhebliche politische Aussagekraft: Sie warten mit Fakten auf, wo die überkommene Bildungstheorie mit idealistischen Räsonnements und Gefühlen operierte. Freilich bedürfen die Fakten einer umsichtigen Interpretation.

Die zu beklagende Beharrlichkeit des Schulwesens der Bundesrepublik steht in deutlichem Kontrast zu den Anstrengungen anderer Länder. Die exportorientierten Länder des Ostblocks etwa verfügen seit 1962 über eine besondere Schulform mit erweitertem Fremdsprachenunterricht. In diesem Zusammenhang formuliert die DDR in der offiziellen Begründung ihrer neuen Lehrpläne im Jahre 1973 (NEUNER u. a. 1973, S. 378):

„Der Kreis der Menschen unserer Republik, die neben Russisch weitere Fremdsprachen beherrschen müssen, nimmt ständig zu. Aufgrund der wachsenden internationalen politischen und wirtschaftlichen Geltung der DDR, infolge der steigenden Zahl diplomatischer Beziehungen und offizieller Kontakte zu den um ihre Freiheit kämpfenden Völkern der jungen Nationalstaaten, zur Verwirklichung des proletarischen Internationalismus mit der Arbeiterklasse in den imperialistischen Ländern, wegen des ständig wachsenden Außenhandels sowie zur Nutzung wissenschaftlicher und anderer Veröffentlichungen werden Englisch und Französisch als weitere Verständigungsmittel von vielen unserer Bürger benötigt. Deshalb sind sie als 2. bzw. 3. Fremdsprache in das System des Fremdsprachenunterrichts in unserer sozialistischen Schule eingeordnet. Neben Russisch, Englisch und Französisch werden an einigen erweiterten Oberschulen der DDR die Sprachen unserer sozialistischen Nachbarländer Polnisch und Tschechisch, weiterhin auch Spanisch . . . unterrichtet."

Auch wenn die ideologische Rhetorik bei der Begründung für einen differenzierten, expansiven Fremdsprachenunterricht bundesdeutsche Leser zunächst irritieren mag, die klare Erkenntnis, daß der Fremdsprachenunterricht nicht ohne Bezug zur wirtschaftlich-politischen Stellung des eigenen Landes bestimmt werden kann, wird im DDR-Lehrplanwerk artikuliert, ist dagegen in der Bundesrepublik und auch in anderen westlichen Ländern in der Regel nicht zu finden. Man meint, mit Englisch auskommen zu können.

Obwohl für die westliche Welt das Englische unbestritten die Funktion der internationalen Kommunikationssprache hat, geht aber der fremdsprachliche Bedarf in der Bundesrepublik ebenso wie in den übrigen Ländern über dieses Leitmedium hinaus. Stellvertretend für andere, die dies erkannt haben, sei der Ausspruch eines japanischen Industriellen angeführt, den der Direktor der Alliance Française, Paris, in einem Aufsatz in voller Zustimmung zitiert: „J' ai cru longtemps, disait-il, que l'anglais suffirait à tout: je sais à présent que la meilleure des langues commerciales est celle du client." (BLANCPAIN, 1975, S. 494)

Wenn nun die beste Handelssprache die des Kunden ist, so sollten die Dokumentation und die Erforschung und curriculare Verwertung des Sprachenbedarfs von Handel und Industrie im Zusammenhang mit der heutigen Diskussion um den Fremdsprachenunterricht planmäßig vorangetrieben werden. Erste breitangelegte Regionaluntersuchungen zum Fremdsprachenbedarf von Handel und Industrie sind inzwischen vorgelegt worden (BAUSCH u. a. 1978, CHRIST/LIEBE/SCHRÖDER 1979, SCHRÖDER/LANGHELD/MACHT 1978, 1979). Über diese und vergleichbare zukünftige Dokumentationen und Analysen hinaus ist es erforderlich, auch die Lernerfahrungen mit Fremdsprachen, individuelles Sprachlernbedürfnis sowie die Einstellung verschiedener Gruppen zur europäischen Vielsprachigkeit zu untersuchen.

Die nunmehr vorliegenden Dokumentationen und Vorarbeiten zu den weiteren Projekten legen jedoch schon jetzt gravierende Kurskorrekturen auf dem Fremdsprachensektor nahe:

– Zwischen Vielfalt und Zahl der in der Schule gelernten Fremdsprachen und dem Bedarf einer exportorientierten Industrie besteht eine himmelweite Diskrepanz. An den Gymnasien, Realschulen und beruflichen Schulen der Bundesrepublik kommen auf 1000 Englischstunden zwar immer noch 407 Stunden Französisch, aber nur zwölf Stunden Russisch, zehn Stunden Spanisch und eine einzige Stunde Italienisch. Die von uns durchgeführte Firmenbefragung zeigt hingegen, daß 77 Prozent der 161 Firmen mit detailliert aufgelistetem Fremdsprachenbedarf zwei und mehr Sprachen benötigen, 41 Prozent der Betriebe haben Bedarf an drei und mehr Fremdsprachen. Bedeutsam sind neben Englisch und Französisch Spanisch und die EG-Sprache Italienisch, ferner Portugiesisch und Russisch. Hieraus folgt: Realschulabsolventen sollten solide Basiskenntnisse in einer zweiten Fremdsprache besitzen, Schüler des Gymnasiums müßten Gelegenheit haben, neben Englisch und Französisch weitere moderne Fremdsprachen zu erlernen.
– Gerade kleinere Betriebe haben einen deutlichen Bedarf an fremdsprachenkundigen Mitarbeitern jenseits der „Fremdsprachenberufe". Neben Englisch wird vor allem Französisch benötigt. Also muß die Fremdsprachenausbildung an den Schulen generell mehr Beachtung finden; der Unterricht muß stärker im Zusammenhang mit Ausbildungsprofilen gesehen werden, die nicht nur auf Fremdsprachenlehrer und die sprachmittelnden Berufe (Fremdsprachenkorrespondenten, Fremdsprachensekretärinnen, Dolmetscher und Übersetzer) abzielen sondern auch den fremdsprachlichen Bedarf für ein weites Feld kaufmännischer und technischer Berufe berücksichtigen (vom Monteur und Sachbearbeiter bis zur Führungskraft).
– Englischkenntnisse auf der Ebene eines Sekundar-I-Abschlusses müssen von möglichst allen Schulabsolventen gefordert werden. Sie sind auch im Privat- und Berufsleben von ehemaligen Hauptschülern nützlich. Der internationale Aspekt des Englischen steht dabei im Vordergrund. Daraus ergibt sich: Der Englischunterricht muß unterschiedliche Aussprache-Standards, Sprechgeschwindigkeiten sowie medienbedingte Filterungen stärker als bisher berücksichtigen. Er muß Techniken des Erfragens (über sie verfügen häufig noch nicht einmal anglistische Erstsemester) und des Sprechens mit solchen Partnern, die Englisch als Fremdsprache minder gut beherrschen, stärker in den Mittelpunkt rücken.
– Auf der Facharbeiter-Ebene genügen in vielen Fällen „ausreichende" Englischkenntnisse (Hörverstehen/etwas Sprechen/etwas Lesen). Dennoch ist der Englischunterricht der Hauptschule auch dann nützlich, wenn mit einem Teil der Schüler allenfalls mittelmäßige Ergebnisse in Teilfertigkeiten erreicht werden.

– Bei leitenden Mitarbeitern werden in erster Linie hervorragende Englischkenntnisse mit berufspezifischer Ausrichtung vorausgesetzt. Daneben spielen die schon
genannten weiteren Fremdsprachen eine gewisse Rolle. Folglich bedarf es an unseren Schulen eines Mehr an anspruchsvoller Sprachpraxis – gerade auch in der Sekundarstufe II. Dabei muß die Fähigkeit des Verhandelns einschließlich der hier-
her gehörenden verbalen Taktiken planvoll erworben werden.

– Die Fertigkeiten Hör- und Leseverstehen spielen in den Betrieben (wie auch in
der privaten Sphäre der Schulabsolventen) eine bedeutende Rolle. Deshalb müssen
diese Fertigkeiten planvoller als bisher gefördert werden. Dabei sind moderne
Techniken der Nachrichtenübermittlung zu berücksichtigen.

– Es lassen sich klar umreißbare thematische Bereiche und kommunikative Situationen darstellen, die unabhängig von der Branchenspefizik immer wieder vorkommen. Viele dieser Themen und Situationen sind in den privaten Bereich übertragbar. Demnach ist es sinnvoll, im Fremdsprachenunterricht der Schule auf einem
relativ niedrigen Spezialisierungsniveau solche Themen und Situationen zu behandeln.

– In jedem Fall muß davon ausgegangen werden, daß im Sinne eines lebenslangen
Lernens auch nach Schulabschluß Fremdsprachen zu erlernen bzw. bereits erworbene Fremdsprachen zu vertiefen sind. Daraus folgt gerade für den Unterricht in
der ersten Fremdsprache (Englisch): Er muß so konzipiert sein, daß er tatsächlich
effektiv ist und hinsichtlich der Lerntechniken auf den Erwerb weiterer Fremdsprachen vorbereitet.

Angesichts der Tatsache, daß sich die Dritte Welt anschickt, drei- bis fünf-
sprachig zu werden, daß weltweit Zwei- und Dreisprachigkeit eher die Regel als die Ausnahme ist und daß der Ostblock seit fast 20 Jahren über einen
Schultyp mit erweitertem Fremdsprachenunterricht verfügt, stellt sich die
Frage, wie lange sich die Bundesrepublik noch einen schulischen Fremdsprachenunterricht auf Sparflamme wird leisten können. In dieser Situation
sind alle Bemühungen, den traditionell beharrenden Fremdsprachenunterricht in Schulversuchen zu verändern, dann zu begrüßen, wenn sie von einer fundierten Analyse zukünftiger Verwertungssituationen für die im Unterricht zu vermittelnden Fremdsprachenkenntnisse ausgehen und dann
nach dem pädagogisch Sinnvollen fragen.

Der *Schulversuch Kollegschule NW* hat im Gesamtspektrum der Schul-
versuche in der Sekundarstufe II deshalb eine besondere Bedeutung, weil
zum einen erstmals eine Schwerpunktbildung möglich wird, die der individuellen Wahlneigung der Schüler ein abgestimmtes Gesamtcurriculum ent-
gegenzustellen sucht, und weil zum anderen die berufliche Verwertbarkeit
der erworbenen fremdsprachlichen Kenntnisse erstmals neben Anforderungen für die Allgemeine Hochschulreife curricular berücksichtigt wird.
Für eine kleine Gruppe von Schülern, die besonders an Sprachen interessiert ist, besteht in der Kollegschule die Möglichkeit, den doppeltqualifizierenden Bildungsgang „Fremdsprachenkorrespondent/Allgemeine Hoch-

schulreife" zu wählen und derart bei der Wahl von zwei Fremdsprachen als Leistungskursfächern mit dem Abitur eine Berufsqualifikation als Fremdsprachenkorrespondent zu verbinden.

Ein Schulversuch dient der *Erprobung* von Alternativen zum herkömmlichen Unterricht. Die folgenden Aspekte sollten im Rahmen der Erprobung des Bildungsgangs auf dem Hintergrund der oben angedeuteten Analyse des tatsächlichen Fremdsprachenbedarfs in Teilen von Handel und Industrie erwogen werden:

- Können andere Fächerkombinationen als die heute vorherrschende und auch im Bildungsgang realisierte Kombination von Englisch und Französisch als 1. und 2. Abiturfach erprobt werden, z. B. Englisch oder Französisch mit Spanisch oder Russisch?

- Kann dabei durch den Ausbau des Wahlbereichs der Schüler gesichert werden, daß sie eine dritte, in der herkömmlichen Schule selten vertretene Fremdsprache in einer fünf- oder sechssemestrigen Kursfolge belegen (Spanisch, Russisch, Niederländisch, Italienisch usw.)? Ist es möglich, diese dritte Fremdsprache stärker rezeptiv (Hör- und Leseverstehen) als produktiv (Sprechen und Schreiben) auszulegen?

- Welche didaktischen Möglichkeiten und Schwierigkeiten ergeben sich durch die in Industrie und Handel anzutreffenden Kombinationen von Fertigkeiten wie: Hörverstehen/Schreiben (d. h. zumeist nach Diktat schreiben), Hörverstehen/Sprechen (d. h. vor allem Telefonate abwickeln) und Leseverstehen/Schreiben (d. h. die Auslandskorrespondenz erledigen)?.

- Wie stark kann und soll der Berufsbezug im Fremdsprachenunterricht in der Sekundarstufe II im Hinblick auf die speziellen Bedürfnisse verschiedener Branchen von Handel und Industrie berücksichtigt werden? Ist neben einer sinnvollen allgemeinsprachlichen eine „generelle" fachsprachliche Kompetenz in den neuen Fremdsprachen vermittelbar, die es den Schülern ermöglicht, im späteren Beruf relativ leicht in unterschiedliche Spezialgebiete verschiedener Branchen „einzusteigen"?

- In welchem Umfang läßt sich die Vermittlung berufsbezogener fremdsprachlicher Kenntnisse zugleich für die studienqualifizierende Vorbereitung der Abiturprüfung einbringen? Ein erster, recht umfassender Katalog berufsspezifischer Situationen des Fremdsprachengebrauchs ist 1978 vorgelegt worden (SCHRÖDER/LANGHELD/MACHT, S. 226–228). Die Untersuchung von CHRIST/LIEBE/SCHRÖDER bietet ergänzendes Material. Kann hierzu ein Parallelkatalog erstellt werden, der die für ein philologisches Studium und die anschließende Tätigkeit als Fremdsprachenlehrer typischen Kommunikations- und Textproduktionssituationen erfaßt, so daß dann nach einem Strukturvergleich der beiden Kataloge begründete Aussagen über die didaktische Konkretisierung der Integration beruflicher und studienbezogener Bildung im Fremdsprachenbereich möglich werden?

– Sind Verfahren denkbar, die bei einer stärker berufsbildenden Ausrichtung der Texte auch primär studienorientierte, auf allgemeine Bildung bedachte Kollegiaten optimal fördern und ihr Interesse am Spracherwerb wach erhalten? Wie sehen solche Verfahren aus?

182

Jürgen Beneke

Zum Verhältnis von Fachsprache und Gemeinsprache: Der Bedarf im Bereich der Wirtschaft (Middle Managemen) und in Fremdsprachenberufen

(1) Vorbemerkungen zur Methode

Seit ziemlich genau 100 Jahren, seit VIETORS *Quousque Tandem: Der Sprachunterricht muß umkehren! Ein Beitrag zur Überbürdungsfrage* (1882), dem Beginn der Reformbewegung, wird immer wieder versucht, Bildung (im neuhumanistischen Sinne) und praktische Nützlichkeit zu harmonisieren. Der Streit um die Zielsetzung des Fremdsprachenunterrichts ist heute keineswegs zugunsten der einen oder der anderen Position entschieden, und er ist innerhalb dieser Polarität auch nicht entscheidbar. Man wird sich bei der Suche nach einer Lösung von der Ausschließlichkeit des einen auf Kosten des anderen freimachen müssen (vgl. BLANKERTZ in diesem Band).

Wenn nun die didaktische Grundfrage nach der Auswahl des in der Schule zu Lernenden nicht auf der Basis selbstverständlichen gesellschaftlichen Einverständnisses entschieden werden kann, wird man zu überlegen haben, wie denn darüber vernünftige Entscheidungen getroffen werden können. Mit Sicherheit kann über das für die Schüler „Richtige" nicht in unbekümmert dezisionistischer Weise verfügt werden. Mehr Erfolg verspricht es, bei den Betroffenen selbst nach Informationen zu suchen. „Betroffen" sind jene, die nach und außerhalb der Schule Fremdsprachen anwenden, um damit etwas für sie Relevantes zu tun.

Eine empirische Basis haben die folgenden Überlegungen und Lernzielformulierungen in dem Sinne, daß sie auf Interviews beruhen, die der Verfasser mit Arbeitnehmern internationaler Unternehmen an deren Arbeitsplatz geführt hat. Der größte Teil von ihnen ist in London, in der europäischen Zentrale internationaler Unternehmen oder der britischen Niederlassung deutscher Unternehmen tätig. Neben deutschen Fremdsprachenanwendern sind Vertreter etlicher anderer Nationen (Dänen, Finnen, Franzosen, Italiener) befragt worden.

Einschränkend zur Methode muß vermerkt werden, daß die Zahl der Interviewten (40) keine statistisch repräsentativen Aussagen zuläßt. Dennoch sind *qualitativ* relevante Ergebnisse zustande gekommen, auch deswegen, weil sich die Tendenz der Äußerungen innerhalb nur geringer Schwankungsbreiten wiederholte, so daß auch bei einer Erhöhung der Zahlen keine wesentlichen Änderungen zu erwarten gewesen wären. Ein anderes methodisches Problem, das übrigens auch mit statistisch repräsentativen Daten nicht zu vermeiden ist, liegt in der eingeschränkten Urteilsfähigkeit und dem zur Verfügung stehenden Beschreibungsraster der Befragten. Es hat sich gezeigt, daß sie die Qualität ihres zurückliegenden Fremdsprachenunterrichts und dessen wünschbare Veränderung in aller Regel nur mit den Kategorien eines traditionellen grammatikorientierten Sprachverständnisses beurteilen können. In diesem Modell eines vorstellbaren Unterrichts handelt es sich im allgemeinen nur um „Grammatik" und „Vokabeln", wenngleich gelegentlich erkennbar wird, daß eigentlich kommunikative Strategien gemeint sind, deren Fehlen bemängelt wird.

Die Befragungen der Fremdsprachenanwender wurden ergänzt durch Nachfragen bei Personal- und Ausbildungsbeauftragten von Wirtschaftsunternehmen im Raum Hamburg, Vertretern von Industrie- und Handelskammern, Arbeitsämtern und Verbänden professioneller Sprachmittler. Während die Interviews mit Fremdsprachenanwendern Aufschluß über die Anforderungen an das fremdsprachliche Können und über eventuelle Defizite geben sollten, ging es bei den zuletzt genannten Gesprächen um die Arbeitsmarktchancen von Dolmetschern/Übersetzern und Fremdsprachenkorrespondenten.

Im folgenden wird unterschieden zwischen *Fremdsprachenanwendern*, die erworbene Fremdsprachenkenntnisse beruflich und/oder privat anwenden, und professionellen *Sprachmittlern*, in erster Linie Dolmetschern und Übersetzern, die fremde Texte umsetzen, nicht jedoch eigene Texte kommunikativ handelnd produzieren. Fremdsprachenkorrespondenten gehören vom Berufsbild her ebenfalls zu dieser Gruppe; wenn sie funktionstypisch eingesetzt werden, schreiben sie Korrespondenz nach Anweisungen, die von anderen stammen (vgl. HITZKE/M. A. MEYER in diesem Band).

(2) Schule und Leben – oder die Nützlichkeit des Fremdsprachunterrichts für die Leute

Allenthalben sind Bestrebungen zu beobachten, Schule und Ausbildung näher an das „Leben" oder die „Praxis" heranzuführen. Es dürfte kulturhistorisch von nicht geringem Interesse sein, daß in unserem Kulturkreis – nennen wir ihn den europäisch beeinflußten, um auch die Sowjetunion einzuschließen – immer dann, wenn man von „Leben" oder „Praxis" spricht, sich fast zwingend der Gedanke an ein von Arbeit in dem uns vertrauten, spezifisch westlichen Sinne geprägtes Tätigkeitsfeld einstellt, so, als könne man dort, wo gearbeitet wird, des sogenannten Lebens in besonders handgreiflicher Weise habhaft werden, als sei die Berufswelt in vorzüglichem Maße „real". Zwar ist die Arbeitswelt in wirtschaftlicher Hinsicht besonders wichtig, denn hier muß das Geld für alle darüber hinausgehenden Interessen verdient werden, auch für staatlich organisierte Bildung. Aber es gibt fließende Übergänge, und die berufliche Welt ist kein abgeschlossenes Universum. Weite Bereiche der Kommunikation in der Berufswelt sind von „privaten" Kommunikationsabläufen nicht zu unterscheiden. Auch ist die „private" Welt nicht weniger real, und in dieser wird entschieden, gleich, ob in der Fremdsprache oder der Muttersprache, ob die sozialen Beziehungen gelingen. Voreilig wäre es, eine an sich wünschenswerte Praxisnähe des schulischen Fremdsprachenunterrichts von vornherein mit einer berufsspezifischen Orientierung gleichzusetzen und diese wiederum mit Fachsprache.

Die Einbeziehung realer Fremdsprachenanwendung kann eine Ausbildungskonzeption verhindern, die sich ständig selbst reproduziert, wie sie in einem Zirkelmodell erkennbar wird, das unbewußt manchen Ausbildungsgängen zugrunde liegt, dem *Ausbildungszirkel:*

Der Schüler lernt Englisch → studiert Anglistik → lehrt Englisch an Schulen so, daß → Schüler Anglistik studieren können (usw.)

Dem sei ein anderes Modell gegenübergestellt, die *Ausbildungskette:*

Der Schüler lernt Englisch → studiert Anglistik → lehrt Englisch an Schulen so, daß → am Ende der Kette möglichst viele möglichst viel damit in ihrem *künftigen Leben* anfangen können.

Enthalten ist in diesem zweiten Modell die Reflexion über Fremdsprachenanwendungssituationen als legitimierende Größe. Damit ist nicht gesagt, daß beispielsweise Anglistik ausschließlich Lehrerbildung sein soll; noch kann heutige Praxis *alleinige* Richtgröße sein. Zweierlei muß jedoch gewährleistet sein; erstens muß der Teil des Universitätsfaches (z. B. Anglistik), der als zweckdienlich für die fachliche Qualifikation von künftigen Englischlehrern angesehen wird, klar ausgewiesen sein und in seinem Stellenwert innerhalb der Ausbildungskonzeption wissenschaftlich vorgebildeter Fremdsprachenlehrer deutlich werden. Zweitens muß der künftige Lehrer die außerschulische Welt, das „Leben", für das er ja seine Schüler vorbereiten soll, selber kennen. Wo dies nicht möglich ist, soll die außerschulische Praxis wenigstens als Reflexionskategorie einbezogen werden. Es muß erreicht werden, daß unter „Praxisbezug" im Zusammenhang mit Studieninhalten nicht mehr nur die Welt des Unterrichts verstanden wird, sondern vordringlich das künftige außerschulische private und berufliche Anwendungsfeld der Schüler.

Aus den Interviews mit Fremdsprachenanwendern lassen sich Aussagen gewinnen über die Bedeutung der Fachsprache in der beruflichen Verwendung der Fremdsprache, über die Themenbereiche und sozialen Situationen, in denen kommuniziert wird, die Anforderungen in Bezug auf Sprachrichtigkeit (sprachliche Normen), die notwendige soziale Kompetenz (sozio-kulturelle Normen), den Wert fremdsprachlicher Kenntnisse für den Beruf und die persönliche Entwicklung (Bildung) sowie gelegentlich über „Lerngeschichten" (individuelle Lernerfahrungen).

Zunächst soll dem naheliegenden Gedanken – Praxisbezug durch die Verwendung von Fachsprache schon in der Schule – ein anderes Konzept entgegengesetzt werden: *Praxisbezug durch funktionale Sprachverwendung.* Funktional wird Sprache in ernstgemeinten, konsequenzenreichen Handlungszusammenhängen verwendet. Eher als durch Fachsprache läßt sich die Heranführung schulischen Fremdsprachenunterrichts an die Anforderungen des Lebens in der Gesellschaft durch eine stärkere Berücksichtigung der Ernsthaftigkeit der Kommunikation bewirken. Ein wesentliches Merkmal dafür ist eben darin gegeben, daß Kommunikation außerhalb von Schulsituationen *Folgen* hat, positive oder negative, sei es, daß man sich verabredet (und sich eventuell verpaßt, weil man sich unklar ausgedrückt hat), daß man eine Mahlzeit bestellt und diese dann auch erhält (oder eventuell das Verkehrte, weil man mißverstanden wurde), daß man eine geistreiche Bemerkung in der Konversation erfolgreich „anbringen" kann (oder sie eventuell „verpatzt") oder daß man ungewollt mürrisch und abweisend klingt. All dies ist typisch für „ungeschützte Kommunikation" (SCHWERDTFEGER 1977, S. 38–42), und in der Fremdsprache ist der Risikograd noch wesentlich höher als in der Muttersprache. Stets ergeben sich aus dem sprachlichen Handeln Folgen für die Selbstdarstellung, Selbst- und Fremdwahrnehmung. Der Erstspracherwerb findet unter Bedingungen statt, die es dem Kind ermöglichen, durch den ständigen Rückbezug von Daten sein Kommunikationsverhalten immer enger an die je gültigen Normen anzunähern.

Demgegenüber ist dieses feed-back in schulisch inszenierter Kommunikation stark vermindert und fast stets vermittelt durch das dazwischengeschaltete Bewußtsein des Lehrers, der mit der Forderung, etwa genauso differenziert und abgestuft zu reagieren wie eine zielsprachlich kommunizierende Sprechergemeinschaft, stark überfordert ist. Er wird seine Wahrnehmung nur auf Teilbereiche des kommunikativen Geschehens richten können. So bleibt es meist bei Korrekturen im Bereich des grammatikalischen und semantischen Systems, dessen Relevanz für das Gelingen von Kommunikation in Realsituationen oft überschätzt wird. Situationsangemessenes fremdsprachliches (Gesamt-)Verhalten, das auch den pragmatischen und nonverbalen Bereich einschließt, ist in inszenierter Kommunikation schwer zu vermitteln. Auch ein überwiegend einsprachig geführter

Unterricht hat daran wenig geändert. Es bleibt eben für das Alltagsleben des Schülers weitestgehend folgenlos, welches Ergebnis beispielsweise eine Textanalyse hat.

In dieser Feststellung ist keineswegs eine grundsätzliche Ablehnung der Textanalyse (oder des Literaturunterrichts im weiteren Sinne) enthalten. Es ist ja gerade ein Vorzug literarischer Texte, daß sie modellhaft und authentisch (im Unterschied zu dokumentarisch, wie ein Tonbandmitschnitt eines realen Kommunkationsereignisses) Sprache in Handlungszusammenhängen darbieten. Mithin lassen sich an literarischen Texten Kommunikationsprozesse studieren, die in der fiktiven Welt des Textes und darüber hinaus auf der Kommunikationsebene „(Autor) – Text – Leser" und „Leser – Leser" ernst gemeint sind. Diese Prozesse können zunächst textintern in Bezug auf ihre Konsequenzen für die (fiktiven) Akteure analysiert werden. Dann aber – und dies ist vor allem ein methodisches Problem der schulischen Textverarbeitung – muß die metakommunikativ orientierte Haltung der Analyse ergänzt werden in der Weise, daß konsequenzenreiches sprachliches Handeln der *Schüler* ermöglicht wird. In einer realen Gesprächssituation, etwa bei einer Unterhaltung über Gelesenes *in England*, wird man aufgrund der Urteile und Kommentare, die man abgibt, von seinen Gesprächspartnern eingeschätzt, zum Beispiel als „belesen", „phantasievoll", „informiert" oder „oberflächlich". Die Kommentare sind also insofern funktional, als sie der Darstellung der Persönlichkeit dienen (neben anderen möglichen Zwecken, etwa der Vertiefung des Textverständnisses in einer Diskussion). Es kommt also darauf an, den Schüler zu veranlassen, etwas *als er selbst sagen zu wollen,* das *inhaltlich* ernst genommen wird, zugleich jedoch mit dem Wissen darüber verbunden ist, daß es der Selbstdarstellung in der Gruppe dient und zu allen möglichen Schlüssen über Befindlichkeit, Intelligenz, Interesse des Sprechers einlädt. Selbstdarstellung geschieht ja stets in derartigen Formen und ist fast immer auch sprachlich vermittelt. Bei der Bildung von Urteilen über Personen sind wir in der Regel auf solche Schlußfolgerungen angewiesen: Die unverstellte Schau ins Innere einer Person gibt es nur in literarischen Texten, und auch dort nur bei einer bestimmten (auktorialen) Erzähltechnik.

Bei alledem soll nicht bestritten werden, daß gerade die Entlastung der Schule von einem Großteil der in der Außenwelt sonst zu gewärtigenden Folgen sprachlichen Handelns seine notwendige Bedingung ist, ohne die der komplizierte Sozialisationsprozeß nicht gelingen kann; insofern ist „geschützte Kommunikation" unverzichtbar. Es geht jedoch um die grundsätzliche Berücksichtigung von kommunikativer Ernsthaftigkeit und um deren Dosierung. Es hat sich nämlich gezeigt – so weisen es die Ergebnisse dieser Befragung aus –, daß das Lernen von Fremdsprachen in dem Maße befördert wird, als inszenierte durch reale Kommunikation ersetzt wird.

(3) Interviews

Die Gespräche dauerten zwischen 25 und 60 Minuten; der Bildungshintergrund der Interviewten war in der Regel ein akademisches Studium (Ingenieurwissenschaften, Chemie, Jura, Volks- und Betriebswirtschaft).
  1. Übereinstimmung herrschte bei allen Befragten, daß die Fachsprache für sie das geringste Problem darstellte. Sie ist relativ begrenzt und überschaubar, sie kann vorhergesagt werden und wird im täglichen Umgang mit der Materie häufig angewendet. Man erwirbt die Fachsprache zugleich mit dem Sachwissen, denn es besteht eine starke Motivation, ja geradezu eine Nötigung dazu, weil man sonst nicht arbeitsfähig wäre. Beim Gespräch unter Fachleuten kann zudem ein hoher Grad an gemeinsamem Vorwissen vorausgesetzt werden, das fachsprachlich artikuliert und gespeichert wird. Daher genügen oft Andeutungen, Kürzel und außersprachliche Mittel wie Illustrationen, um Verständigung zu erzielen. Im persönlichen Kontakt *(face-to-face interaction)* ist die Möglichkeit der klärenden Rückfrage gegeben.
  Das Lesen von Fachtexten wird allgemein als unproblematisch angesehen, einmal wegen des vorhandenen Sachwissens, zum anderen, weil der sprachliche Schwierigkeitsgrad (abgesehen von manchen Fachtermini, die aber gerade deshalb „leicht" sind, weil sie Teil eines fachlich fundierten Vorstellungsinhalts sind) gering ist. Fachtexte, so die Aussagen der Befragten, sind leichter zu verstehen als beispielsweise literarische Texte oder Zeitungstexte. Sie sind zudem, und dies mag teilweise den geringen Schwierigkeitsgrad erklären, oft von Experten geschrieben, die selbst die Publikationssprache als Fremdsprache verwenden. In den Worten eines Gesprächspartners: „Wer so weit ist im Englischen, daß er beispielsweise an Shakespeare herangeführt werden könnte, der kann allemal ingenieurwissenschaftliche Texte ohne größere Hilfen verstehen, vorausgesetzt, er versteht etwas von der Sache".
  Einschränkend muß allerdings hinzugefügt werden, daß diese Aussagen zur Fachsprache auf einem vorwissenschaftlichen, alltagssprachlichen Verständnis von Fachsprache beruhen, in dem Fachsprache gleichgesetzt wird mit Terminologie. Dies ist so nicht haltbar; denn zur Fachsprache gehört auch das Erkennen fachspezifischer Vertextungsmuster, Versprachlichung von Ursache- und Folgebeziehungen, Argumentationsmuster, das „sachliche" Vokabular im Gegensatz zu einem eher affektbetonten, die jeweils „zulässige" Form von Werturteilen, Empfehlungen und vieles mehr. Offenbar hat jedoch all dies den Fremdsprachenanwendern keine größeren Probleme bereitet, denn mit dem „Wissen über die Dinge" wird zugleich das Wissen darüber aufgenommen, wie man „von den Dingen redet".

Allerdings lernt der Fremdsprachenanwender die Beachtung derartiger Vertextungsstrukturen oft erst durch Versuch und Irrtum und eher zufällig als geplant. Besonders deutlich wurde in diesem Zusammenhang ein Defizit auf dem Gebiet der Produktion schriftlicher Texte erkennbar. *Native speakers* klagten gelegentlich darüber, daß beispielsweise die stilistischen Normen, die für das Abfassen von Berichten gültig sind, erst mühsam vermittelt werden müßten. Es handelt sich einerseits um ein spezifisches, sachliches Vokabular und das Überwiegen unpersönlicher Konstruktionen („*It can be assumed that* . . .“ statt „*I think* . . .“), darüber hinaus auch um satzübergreifende Strukturen wie die Gliederung in Absätze, und im weiteren um die Vertextungsstrukturen: Kenntlichmachung der Argumentationsstruktur, Vor- und Rückverweis, Anzeigen von Exkursen u. ä..

Im Hinblick auf eine größere Praxisrelevanz ist Fachsprache demnach nur von eingeschränkter Bedeutung. Dies erklärt sich unter anderem daraus, daß die Herstellung, Klärung und Aufrechterhaltung von Rollenbeziehungen, ja sämtlicher Interaktionsphänomene, gemeinsprachlich erfolgt. Insofern bleibt auch ein Gespräch unter Fachleuten ständig in eine soziale Situation eingebettet, und das Gelingen der Kommunikation wird eher auf der Beziehungsebene entschieden als auf der Ebene fachsprachlicher Normen. Hier ist wieder die Aussage eines Interviewten erhellend: „Bevor ich überhaupt in das Fachgespräch einsteigen kann, muß ich erst einmal Wärme ins Gespräch bringen. Dazu hilft mir die Kenntnis meiner chemischen Fachsprache nicht.“

2. Eine fachsprachliche Orientierung des Unterrichts schon auf der Schule wird eindeutig und mit sich ergänzenden Argumenten abgelehnt. Ein wichtiger, vielleicht von Berufspraktikern nicht erwarteter, jedoch sehr schlüssiger Einwand ist die Befürchtung, zu früh und zu ausschließlich eingeengt zu werden auf Dinge, die in einem vordergründigen Sinne „nützlich“ sind. In der Rückschau aus der Perspektive des Berufslebens mit seiner zwangsläufigen Begrenzung auf *ein* Tätigkeitsfeld wird vom schulischen Unterricht und somit auch vom Fremdsprachenunterricht ein Beitrag zur Horizonterweiterung, vielleicht im Sinne des Begriffs der Allgemeinbildung, erwartet. Eine Frühspezialisierung, so wird befürchtet, würde den Zugang zu Kulturgütern und Denkmodellen verschlossen haben. Damit wird der Schule die Funktion zugewiesen, gewissermaßen vorweg schon eine Kompensation für die Hochspezialisierung zu leisten, die zwar als unvermeidlich, aber als einengend gesehen wird. (In einer noch nicht abgeschlossenen Befragungsaktion des Verfassers bei Führungskräften der deutschen Wirtschaft wurde diesem Sachverhalt eigens nachgegangen. Die bisherige Auswertung zeigt tendenziell eindeutig, daß man speziell dem Fremdsprachenunterricht die Rolle zuweist, zur Bildung im Sinne von Horizonterweiterung in erheblichem Umfang beizutragen. Die Befragten

verweisen sowohl auf eigene Erfahrung und formulieren dies auch als Forderung an den Fremdsprachenunterricht.)

Gelegentlich wird auch auf die „Nützlichkeit" verwiesen, die eine Kenntnis englischer Autoren und anderer kultureller Phänomene als Gegenstand der „Konservation am Rande" auch in beruflichen Kontexten haben kann. Man wird diese „Verwertung" von Kulturinhalten nicht geringschätzen dürfen, auch wenn sie zunächst als oberflächlich erscheinen mag. Ernsthafte Diskussionen über Kunst und Literatur dürften in fremdsprachiger Kommunikation ohnehin selten ablaufen.

Das andere, genauso wichtige Argument gegen Fachsprachenunterricht in der Schule ist die zu frühe Festlegung; Wechsel der Fachrichtung sind bei dem hier angesprochenen Personenkreis häufig. Ein Volkswirt oder Chemiker kann, wenn er im Management einer Firma tätig ist (dies auch schon auf mittlerer Ebene) mit seiner ursprünglichen Fachsprache auch im Deutschen kaum noch etwas anfangen, wenn er über Arbeitsrecht, Training oder Personalführung diskutiert. Es wird, außer bei reinen Spezialisten, ein hoher Grad an Flexibilität erwartet. Dies schließt die Fähigkeit ein, sich in der eigenen und in der Fremdsprache in neue Gebiete einzuarbeiten.

3. Der schulische Fremdsprachenunterricht (dies ist hier der Unterricht etwa der Jahre 1950–1970) wird nicht pauschal negativ bewertet. Positiv vermerkt wird, daß er eine „solide Basis" vermittelt hat, auf der man aufbauen konnte. Bemängelt wird eine ungenügende Berücksichtigung des Hörverstehens, besonders gravierend beim Verstehen von *non-standard*-Sprechern und *non-native*-Sprechern. Auf der produktiven Seite fällt das Fehlen von kommunikativen Strategien besonders in Gewicht. Hierzu sind sowohl gesprächssteuernde Formeln (Redeeröffnung, Redeeinschaltung, Textgliederung u. ä.) zu zählen als auch die Fähigkeit, Sprecherattitüden angemessen auszudrücken, wie etwa Ironie, Distanz, spielerischen Unernst, rhetorisches „Geplänkel".

Die wohl wichtigste Kritik am schulischen Englischunterricht ist die Feststellung, daß er vielfach nicht die Fähigkeit zum spontanen Reagieren im Dialog erzeugt, sondern Hemmungen und Angst vor Fehlern aufgebaut hat. Übertriebene Korrektheitsforderungen in Teilbereichen des sprachlichen Systems sollten deshalb zurückgewiesen werden zugunsten einer stärkeren Berücksichtigung der Fähigkeit, Kommunikation auch bei sprachlicher Normabweichung herzustellen.

4. Im Zusammenhang mit den Feststellungen zu Punkt 3 werden Defizite im hörenden Verstehen von authentischer Sprache (s. o.) ausgemacht. Darüberhinaus ist die Fähigkeit zur stilistischen Variation und rhetorischen Modulation unterentwickelt. Dies resultiert auf seiten der Sprecher in dem Gefühl, in ihrer Persönlichkeitsdarbietung eingeschränkt zu sein („man fühlt sich amputiert").

Diese Befürchtung besteht zu recht, denn bei der Einschätzung einer Person kommt der sprachlichen Komponente eine erhebliche Bedeutung zu. In dem Wunsch, möglichst kontrolliert und „richtig" zu sprechen, entwickeln die Fremdsprachenanwender ein Kommunikationsverhalten, das eher negative Auswirkungen hat, nämlich die Äußerung geschlossener „Blöcke" von gedanklich *und* sprachlich vorformulierten Sätzen oder Phrasen, die „stoßweise" geäußert werden, ohne die für spontanes Sprechen sonst typischen Phänomene wie Vagheit, Pausen, Satzabbrüche, Satzbrüche (Anakoluthe) und ähnliches. Beim Hörer entsteht dabei der – meist unerwünschte – Eindruck eines sehr dezidierten Sprechens, das keinen Widerspruch duldet. Spontanes Sprechen von Muttersprachlern ist demgegenüber – so jedenfalls legen es die Regeln der englischen Konversation nahe – darauf angelegt, den Hörer an der Entwicklung der Gedanken teilnehmen zu lassen. Die Redeweise von *native speakers* enthält stets eine Zahl von „Angeboten", den Gedankengang zu modifizieren, zu präzisieren, anstatt einen Redebeitrag monolithisch geschlossen zu äußern.

An die Fremdsprachendidaktik ist daher die Forderung zu stellen, die authentische gesprochene Sprache in stärkerem Maße als Modell zu berücksichtigen.

Ein weiteres, damit zusammenhängendes Problemgebiet ist der gesamte Komplex der sozialen Verwendungsformen der Sprache, der *small talk* zum Beispiel und das Heraushören der „Untertöne" einer fremdsprachigen Äußerung (pragmatische Bedeutung). Dies ist nicht nur privat wichtig, sondern bis weit in die berufliche Verwendung von Sprache hinein, etwa in der Art, wie Redebeiträge oder Anweisungen formuliert werden. Widerspruch beispielsweise wird nur dann sozial akzeptabel, wenn bestimmte Formeln, die kulturell vorgegeben sind (gambits), verwendet werden. Je nach dem Vertrautheitsgrad, der zwischen den Sprechern herrscht, wird man unterschiedliche, in der Sprache bereitliegende Formeln verwenden. Die Regelhaftigkeit geht dabei noch über den rein sprachlichen Bereich hinaus. So formuliert ein neueres Lehrwerk, das eigens für diese Form der Sprachverwendung entwickelt wurde, zum Thema *Einladungen* (ELTDU, 1978, S. 26):

Section 2 – Etiquette
TIME OF ARRIVAL
Do NOT arrive on time. If you are asked to an English home at, for example, 7.30, you should arrive not before 7.35 and not later than 7.45. This is true whatever function you are attending, whether cocktail party, private dinner or any other function. [. . .]

BRINGING FLOWERS/CHOCOLATES ETC:
It is not an established custom to bring a gift when visiting an English home, although

you will find that some English people, influenced by countries such as Germany, are beginning to do this.
(. . .)
There is no English expression for „guten Appetit".
Say nothing.
Do cut potatoes with your knife.
(ELTDU, 1978, S. 26–27)

Die sprachlichen Regeln für die Konversation sind genauso kompliziert.

Notice that it is often typical of English to express certainty by uncertainty. Even if you are 100% sure of something, it is often considered polite to (and impolite not to!) add a degree of uncertainty to what you say. Those expressions that do not have a degree of uncertainty are quite ‚strong' and should be used with care – that is to say appropriately and with the appropriate intonation. (ELTDU, 1978, S. 40)

Mit diesen Hinweisen ist das Thema didaktisch keineswegs gelöst, und der Lerner wird immer noch sehr mühsam lernen müssen, was denn nun „*appropriate*" sei. Immerhin aber illustrieren die Zitate, daß die Bedarfslage von anderen Fremdsprachenanwendern ganz ähnlich gesehen wird. Eine Sensibilität für die sozialen Verwendungsformen ist vorhanden und erste Lösungsvorschläge werden sichtbar. Nicht von ungefähr ist das erwähnte Lehrwerk direkt aus den Anforderungen der Praxis beruflicher Fremdsprachenanwendung als Auftragsentwicklung hervorgegangen.

Faßt man die Befragungsergebnisse zusammen, so ergibt sich für einen großen und wichtigen Bereich nachschulischer Fremdsprachenanwendung folgendes. Die berufliche Verwendung der Fremdsprache in dem hier geschilderten Bereich ist durch ein Überwiegen der *face-to-face interaction* gekennzeichnet. Die Problemgebiete liegen im spontanen Gespräch und im Bereich der Interaktionsphänomene. Eine Annäherung an reale Anwendungssituationen müßte mehr den funktionalen Sprachgebrauch, weniger die ausschließliche Beachtung der sprachlichen Korrektheit anstreben. Größeres Gewicht sollte der Entwicklung kommunikativer Strategien zukommen. Es gibt keine strenge Trennung von beruflicher und privater Sprachverwendung, weil in beiden Fällen die soziale Basis jeglicher Kommunikation zu berücksichtigen ist, die *gemeinsprachlich* etabliert wird. Soweit Fachsprache überwiegend fachspezifische Terminologie ist, sollte sie zusammen mit dem Fach vermittelt werden (betriebsintern oder ausbildungsbegleitend) oder ungesteuert in der Praxis erworben werden („Learning by doing").

Vorbereitend kann die Schule tätig werden, indem sie die Prinzipien fachsprachlicher Kommunkation in sozial bestimmten Situationen kognitiv aufarbeitet. Die anderen genannten Defizitbereiche, wie das Hörverstehen von authentischen Texten, funktionale Sprachverwendung, soziale Verwendungsformen, Sprache als Medium von Interakion, lassen sich stärker als heute in der Schule berücksichtigen. Damit wäre ein wichtiger Beitrag für eine größere Nützlichkeit des Fremdsprachenunterrichts geleistet.

(4) Die Anforderungen der Wirtschaft an die Fremdsprachenausbildung

Unter „Wirtschaft" sollen hier einengend die Wirtschaftsgüter erzeugende und vertreibende Industrie sowie der Dienstleistungssektor oberhalb der Ebene des Kleinbetriebs verstanden werden.[13] Reine Handelsgesellschaften sowie das mittelständische Handwerk bleiben außer Betracht.

Wie sollte aus der Sicht einer wichtigen Gruppe von „Endabnehmern" fremdsprachlicher Ausbildung der Abschluß der Sekundarstufe II aussehen? Was sollte der Berufsanfänger fremdsprachlich können? Zunächst einmal muß festgestellt werden, daß die Wirtschaft äußerst selten das unverfälschte Ergebnis schulischer Fremdsprachenausbildung zu sehen bekommt. In der Regel ist nach Abschluß der Sekundarstufe II ein Zeitraum von mehreren Jahren verstrichen, durch Studium oder Wehrpflicht oder beides. Es käme also darauf an, den schulischen Unterricht so anzulegen, daß beim Eintritt in das Berufsleben möglichst viel und möglichst viel Brauchbares und Reaktivierbares übriggeblieben ist. Die Reaktivierung und die eventuell nötige fachsprachliche Aufstockung käme in einem Verbundsystem dem betriebsinternen Fremdsprachenunterricht und/oder den Einrichtungen der öffentliche Erwachsenenbildung zu. Brauchbar ist eine breite gemeinsprachliche Basis mit einem vielseitigen Inventar kommunikativer Strategien, der Fähigkeit zum spontanen Kommunizieren auch auf der Grundlage eingeschränkter Kenntnisse und eine positive Einstellung zum Sprachenlernen sowie eine Unterweisung in den Techniken des Lernens und Erhaltens fremdsprachiger Fertigkeiten. Weiterhin gehört zu den Desiderata die generelle Bereitschaft, grundsätzlich andere Denk- und Verhaltensweisen, andere sozio-kulturelle Normvorstellungen als eigenständig und eigenwertig zu akzeptieren. Damit wird an den Fremdsprachenunterricht die Forderung gerichtet, daß er die Schüler befähigt, sich in die Wertvorstellungen anderer Kulturen eindenken zu können. Hierbei kommt dem Englischunterricht als dem intensivsten Fremdsprachenunterricht – auch im Bildungsgang „Fremdsprachenkorrespondent/Allgemeine Hochschulreife" des Kollegschulversuchs – eine Pilotfunktion zu; denn hier sollte es nicht nur darum gehen, die Normen der angelsächsischen Länder kennen und tolerieren zu lernen, sondern Einsicht in die Grundsatzproblematik zu erwerben. Wenn der Schüler hier die Relativität von

Normansprüchen im Vergleich zu seinen eigenen erkannt hat, könnte ihn dies in die Lage versetzen, sich auch bei einem Aufenthalt in Japan, China oder Saudi-Arabien angemessen zu verhalten.

Die oben angeschnittene Frage der Reaktivierbarkeit bedarf der wissenschaftlichen Klärung. Daran, daß mit dem Eintritt in den Beruf ein Großteil des einmal vorhanden gewesenen Fremdsprachenkönnens verfallen ist, kann kein Zweifel herrschen. Dem wäre nur abzuhelfen, wenn die Absolventen der Sekundarstufe II ein Angebot vorfänden, ihre Kenntnisse zu erhalten. Erhaltungs- und Aufbaukurse für Studenten aller Fachrichtungen, etwa an den Sprachenzentren oder den Einzelseminaren der Universitäten, könnten dies leisten.

Neben guten Englischkenntnissen sollten Grundkenntnisse in mindestens einer weiteren europäischen oder außereuropäischen Fremdsprache vorhanden sein. Welche das sein sollte, wird branchenabhängig unterschiedlich beantwortet werden müssen.

Trotz der noch zunehmenden Bedeutung des Englischen als internationaler Verkehrssprache werden Wirtschaftszweige, die ihre Kunden auf den nationalen und regionalen Märkten ansprechen wollen, die Sprachen ihrer Zielländer wählen, „die Sprache des Kunden" (vgl. SCHRÖDER, in diesem Band). Hierzu gehört die gesamte exportorientierte Wirtschaft, den Technologie-Export eingeschlossen. Für Wirtschaftszweige, die mit der wissenschaftlich-technischen Entwicklung Schritt halten müssen, wird Leseverstehen zumindest in Russisch, nach Möglichkeit auch Japanisch, erwünscht sein. Die Kommunikation innerhalb der EG läßt es auch rein englisch (amerikanisch) orientierten Unternehmen ratsam erscheinen, einige Mitarbeiter mit Französischkenntnissen zu haben, z. B. für den Verkehr mit europäischen Behörden oder französischen Partnern in Gemeinschaftsprojekten. Die nachfolgend formulierten wünschenswerten Kenntnisse gelten zunächst aufgrund des Berufshintergrunds der Informanten für das Englische, dürften aber auf andere Fremdsprachen übertragbar sein. Sie stellen ein Idealprofil dar; je nach dem Arbeitsgebiet, das im Laufe des beruflichen Lebens sich in entscheidender Weise verändern kann, werden die einzelnen Teilfertigkeiten anders gewichtet werden müssen. Besonders deutlich unterscheiden sich die Anforderungen im Hinblick auf die Fähigkeit zur schriftlichen Produktion, wohingegen Lesefertigkeit, besonders von Fachtexten, ohne Einschränkung erforderlich ist.

Der Absolvent der Sekundarstufe II bzw. der Berufsanfänger sollte

- einen breitgefächerten gemeinsprachlichen Wortschatz besitzen
- die wichtigsten grammatischen Strukturen beherrschen
- die Fähigkeit besitzen, gesprochene Sprache bei normalem Sprechtempo auch unter erschwerten Hörbedingungen zu verstehen
- akzentgefärbtes Englisch verstehen können; dies schließt nicht nur die Hauptvari-

anten des Englischen (einschließlich des Amerikanischen) ein, sondern auch die Commonwealth-Varianten (West African, Indian) und die Varianten des Englischen, das von *non-natives* (z.. Italienern, Franzosen) gesprochen wird
- die Systemunterschiede zwischen Gesprochener und Geschriebener Sprache in ihrem Stilwert einschätzen können
- die stilistischen Varianten von *formal* über *neutral* zu *colloquial* in ihrer kommunikativen Funktion erkennen können
- fähig sein, spontan und flüssig zu sprechen. Seine Äußerungstüchtigkeit dürfte nicht durch Angst vor fehlerhaften Leistungen gehemmt sein
- fähig sein, Lücken im Wortschatz durch geeignete Strategien aufzufangen.

Die beiden letztgenannten Punkte bedürfen der Erläuterung. Es ist eine häufig zu beobachtende Erscheinung, daß Fremdsprachenanwender bei Formulierungsschwierigkeiten oder Lücken im Wortschatz ins Stocken geraten und abbrechen. Unter den Bedingungen der *face-to-face interaction* wiegen jedoch Fehler in der Grammatik und Lücken im Wortschatz weniger schwer, wenn es der Sprecher versteht, Lücken beispielsweise durch Paraphrase und gemeinsames Suchen nach einem geeigneten Ausdruck zu überbrücken. Wenn der Sprecher das richtige Wort für *Kahlschlag* nicht kennt (*clear-cutting* oder *complete deforestation*), sollte er sagen können: *when all the trees have been cut down.* Für *Atommüllbeseitigung* sollte er statt des „richtigen" *nuclear waste disposal* z. B. sagen können: *the problem is where to leave the dangerous left-overs, the waste of the nuclear power plants.*
  Weiterhin sollte er die Fähigkeit besitzen,

- Informationen in einer Sprache aufzunehmen, z. B. Deutsch, und in der anderen zu reagieren *(code switching)*
- rhetorische Strategien auch auf relativ niedrigem sprachlichem Niveau anzuwenden; vergl. den oben geschilderten Fall 1
- Texte auf ihre Argumentationsschemata zu durchschauen
- standpunktbezogen zu argumentieren
- grundlegende geistige Operationen in der Fremdsprache durchzuführen.

Letzteres umfaßt

- Beschreibung von Formen, Oberflächen und Strukturen
- Beschreibung von Zuständen
- Beschreibung von Veränderungen und Prozessen
- Beschreibung von Funktionen und Verwendungszwecken
- Erfassen und Beschreibung kausaler Beziehungen
- Aufgliedern komplexer Sachverhalte in einfachere
- Texte breiter inhaltlicher Streuung einschließlich von Fachtexten mit Hilfe von Nachschlagewerken sinnentnehmend zu lesen
- Berichte, Protokolle, Memos u. ä. mit Hilfe von Nachschlagewerken abzufassen
- Probleme seines Fachgebietes in freier Rede mit visuellen Hilfen darzustellen und über diese zu diskutieren.

Im Zusammenhang mit der Lösung von Problemen in Teamarbeit ist eine besondere Phraseologie erforderlich, die es erlaubt, Gruppeninteraktionsprozesse zu erfassen und zu steuern. Dies muß auch bei stark divergierenden Graden der Fremdsprachenbeherrschung möglich sein, d. h. es muß gewährleistet sein, daß auch dann erfolgreiche Gruppenarbeit in der Fremdsprache geleistet wird, wenn die Kenntnisse anderer Teammitglieder niedriger liegen als die eigenen. Die hierzu erforderliche Phraseologie ergibt sich aus dem gruppendynamisch erwünschten Verhalten. Dazu ist die Fähigkeit nötig

– eigene Vorstellungen undogmatisch und sozial akzeptabel zu artikulieren
– zuhören zu können und Aufmerksamkeit zu signalisieren
– Einwände und abweichende Meinungen sozial akzeptabel zu formulieren.

Eine vollständig ausgearbeitete Phraseologie wird sich an der wissenschaftlichen Literatur zur Interaktionsanalyse und Gruppendynamik orientieren können und müßte (ohne Anspruch auf Vollständigkeit) folgendes enthalten:

– sachanalytische Operationen: Was ist gegeben? Können wir irgendwelche Regelmäßigkeit feststellen? Treten die beobachteten Phänomene zum ersten Mal auf? Was ist gleich geblieben, was hat sich verändert? Wie können wir die vorliegenden Daten interpretieren? (usw.)
– Bewertungen vornehmen und Prioritäten setzen; kooperative Entscheidungen treffen: Was wollen wir erreichen? Wie hoch bewerten wir diesen Faktor? Wollen wir A oder B? (usw.)
– gesprächssteuernde (metakommunikative) Formeln *(gambits):* Können wir einmal alle Punkte auflisten, die für A sprechen? Können wir diesen Punkt vielleicht noch zurückstellen, bis wir . . . (usw.)
– Gruppensolidaritätserzeugende Formeln: Wir sind einer Lösung schon ein gutes Stück näher gekommen. Wir stehen gar nicht schlecht da. (usw.)

Soziale Kompetenz:
Teilweise überlappen sich die Forderungen zu diesem Stichwort mit einigen der oben genannten. Es geht darum, als Ersatz für ältere Konzeptionen von Landeskunde eine Distanzhaltung zu sozio-kulturellen Normen herzustellen. Derartige Normen sollten erfaßt werden und in ihrem Geltungsanspruch gegeneinander abgegrenzt werden können. Dazu gehören die Fähigkeit und die Bereitschaft, *eigene* Normen als historisch bedingte Hervorbringungen zu erkennen und vorübergehend außer Kraft zu setzen, aber ebenso Normen, von deren Wert oder Berechtigung man überzeugt ist, gegenüber ausländischen Gesprächspartnern in sozial angemessener Weise verteidigen zu können. Hier kann auch am ehesten „Bildung" im Sinne einer Erweiterung des geistigen Horizontes verwirklicht werden. Im einzelnen sollte der Fremdsprachenanwender die Fähigkeit haben

- soziale Kontakte herzustellen und zu pflegen
- über politische und gesellschaftliche Probleme des *eigenen* Landes zu sprechen
- über politische und gesellschaftliche Belange *anderer* Länder einschließlich der angelsächsischen Länder zu sprechen.

Das hier unter dem Stichwort Soziale Kompetenz Gefaßte ist auch bei Fremdsprachenanwendung in beruflich bestimmten Situationen durchaus unerläßlich.

(5) Einsatzmöglichkeiten für professionelle Sprachmittler

Aufgrund von persönlichen Gesprächen und Nachfragen bei Unternehmen, Industrie- und Handelnskammern, Arbeitsämtern und Verbandsvertretern ergibt sich insgesamt eine nicht allzu günstige Einschätzung der Bedarfslage für sprachmittelnde Berufe. Die Angehörigen dieser Berufsgruppe sehen sich einer scharfen Konkurrenz durch Fachkräfte ausgesetzt, die über zusätzliche Fremdsprachenkenntnisse verfügen. Jedoch scheinen die regionalen Unterschiede erheblich zu sein.

Bei der *Handelskammer Hamburg* zum Beispiel legen zweimal jährlich 50–60 Prüflinge die Prüfung zum Fremdsprachenkorrespondenten ab. Ihre Aussichten, gemäß ihrer Qualifaktion eingesetzt zu werden, schätzt man als ungünstig ein. Dabei ist zu bedenken, daß in Norddeutschland Hamburg als Wirtschaftsraum noch am ehesten wegen der Vielzahl von Handelsunternehmen hier einen Bedarf haben dürfte.

Im Raum Nordostniedersachen *(Industrie- und Handelskammer Lüneburg)* wurde eine Bedarfseinschätzung durchgeführt, um zu prüfen, ob es sinnvoll sei, eine Fachoberschulklasse für Fremdsprachenkorrespondenten an einer Berufsschule der Region einzurichten. Das Ergebnis war negativ. Es wird im allgemeinen der *Sachbearbeiter mit zusätzlichen Fremdsprachenkenntnissen* vorgezogen. Auch der Bedarf an Dolmetschern und Übersetzern für die gängigen Sprachen ist gut abgedeckt. Allenfalls für Italienisch oder Spanisch gibt es gelegentlich eine geringe Zahl von Positionen.

Die Situation in Nordrhein-Westfalen ist dagegen insgesamt günstiger, was für den Kollegschulversuch von Bedeutung ist. Die Zahl der Prüflinge vor der *Industrie- und Handelskammer Düsseldorf* verteilt sich für das Jahr 1978 wie folgt auf die verschiedenen Prüfungsarten und Sprachen:

(1) *Englisch:* 489 Teilnehmer, davon haben 388 die Prüfung bestanden (3 Dolmetscher, 23 Übersetzer, 93 Fremdsprachenkaufleute, 269 Korrespondenten)

(2) *Französisch:* 209 Teilnehmer, davon haben 153 die Prüfung bestanden (1 Dolmetscher, 16 Übersetzer, 15 Fremdsprachenkaufleute und 121 Korrespondenten)
(3) *Spanisch:* 11 Teilnehmer, davon haben 10 die Prüfung bestanden (1 Dolmetscher, 3 Fremdsprachenkaufleute und 6 Korrespondeten)
(4) *Polnisch:* 11 Teilnehmer, davon haben 6 bestanden (4 Dolmetscher, 2 Übersetzer)
(5) *Russisch:* 6 Teilnehmer, davon haben 3 bestanden (2 Dolmetscher und 1 Korrespondent)
(6) *Verschiedene Sprachen* (Italienisch, Niederländisch, Portugiesisch, Rumänisch, Serbokroatisch, Slovakisch, Schwedisch, Tschechisch, Türkisch und Ungarisch): 10 Teilnehmer, davon haben 8 bestanden: 5 Dolmetscher und 3 Übersetzer
(7) *Deutsch für Ausländer:* 52 Teilnehmer, davon haben 34 bestanden (22 Dolmetscher, 6 Übersetzer und 6 Korrespondenten)

Insgesamt haben 788 Personen an den Prüfungen teilgenommen; 602 Teilnehmer haben die Prüfung bestanden.

Man kann die Lage folgendermaßen zusammenfassen.

1. Englisch gehört inzwischen zu den selbstverständlichen Kulturtechniken; in den Bereichen der Wirtschaft, die von den Kommunikationsbeziehungen und von der Ebene der Betriebshierarchie dafür überhaupt in Frage kommen, ist Englisch so wichtig wie Lesen und Schreiben.

2. Die Anforderungen an den Beherrschungsgrad im Englischen sind in den zurückliegenden 20 Jahren gestiegen. Dies wurde ermöglicht durch den Englischunterricht „für alle", die qualitative Verbesserung des schulischen Englischunterrichts aller Schularten, die Weiterbildungseinrichtungen (Volkshochschulen, betriebsinterner Fremdsprachenunterricht vor allem in Großunternehmen, private Sprachenschulen im Inland und in den Zielsprachenländern, in den Ländern Hamburg und Bremen auch durch das Bildungsurlaubsgesetz sowie durch gewerkschaftliche Bildungsarbeit). Die Notwendigkeit, in Englisch „arbeitsfähig" zu sein, wird von Beschäftigten und Arbeitgebern gleichermaßen betont.

3. Im gleichen Maße, wie Englischkenntnisse vorausgesetzt werden (können), sinkt der Bedarf an Sprachmittlern aller Qualifikationsstufen. Die Übersetzungsabteilungen der Großunternehmen werden, was Englisch angeht, personell verkleinert oder abgebaut, wenn daraus auch nicht geschlossen werden darf, daß der Bedarf an Sprachmittlung für diese Sprache völlig zum Erliegen kommt. Es wäre jedoch heute z. B. für einen diplomierten oder graduierten Betriebswirt kaum noch vorstellbar, daß er sich seine englische Korrespondenz übersetzen ließe. Die Abnahme der Einsatzmöglichkeiten für Übersetzer in dem hier angesprochenen Bereich der Wirtschaft hängt zu einem Gutteil mit der Zunahme der persönlichen Kontakte zusammen; es wird weniger als früher schriftlich kommuniziert. (Die einseitige Informationsaufnahme durch gelesene Texte steht dazu nicht im Widerspruch). So ist in den häufigen Fremdsprachen die fremdsprachige Text*rezeption* (hier vor allem im Englischen) unerläßlich. Bei der Text*pro-*

duktion (geschriebene und gesprochene Sprache) dominiert die Eigenproduktion, d. h. ohne Sprachmittler.

Das Englische gehört nicht nur in den Commonwealthländern zur Arbeitsfähigkeit dazu; auch in einigen europäischen Ländern bewegen wir uns in eine Richtung, in der es Teilbereiche gesellschaftlich wichtiger Kommunikation übernimmt. Es gibt Fachzeitschriften, die nur in Englisch erscheinen, und es gibt, beispielsweise in Norwegen, Firmen, die Einstellungsgespräche in englischer Sprache führen; ein sehr heikler Bereich, die Bewertung der fachlichen und persönlichen Qualifikation eines Bewerbers, wird dort also in der Fremdsprache vorgenommen. Man kann daraus schließen, daß für einen beruflich orientierten fremdsprachlichen Bildungsgang neben den selbstverständlich zu fordernden Englischkenntnissen zufriedenstellende Kenntnisse in zumindest zwei weiteren Fremdsprachen dringend erwünscht erscheinen.

Für die fachsprachliche Profilierung im Englischen, auf der Basis breiter gemeinsprachlicher Fertigkeiten, empfiehlt sich ein System von Ergänzungsbausteinen, ebenso für die Aufstockung in anderen Fremdsprachen. Man wird in der Wirtschaft künftig den Sachbearbeiter, Kaufmann, Ingenieur usw. vorziehen, der sich zusätzlich fremdsprachliche Qualifikationen erwirbt, wie sie von den veränderbaren Bedarfslagen her notwendig werden, sei es Leseverstehen für russische Fachtexte der Verfahrenstechnik oder englische Verhandlungssprache. Was die immer noch verbreiteten Lehrgänge und Kursmaterialien in *Commercial Englisch*, Wirtschafts-, Handelsenglisch u. ä. angeht, auch an den wirtschaftswissenschaftlichen Seminaren der Hochschulen, so dominieren dort immer noch in ungerechtfertigter Weise der Außenwirtschaftsverkehr, die Bank- und sonstigen Handelstransaktionen. Ein Betriebswirt kann von diesen Kenntnissen in seiner anschließenden Berufspraxis wenig Gebrauch machen. Er wird dadurch nicht in die Lage versetzt, all das in der Fremdsprache zu tun, was weiter oben aufgelistet worden ist, z. B. schwierige geschäftliche Verhandlungen in Japan zu führen. Welche Konsequenzen sind aus dieser Einschätzung für den Kollegschulversuch zu ziehen? Einerseits ist die Schwerpunktbildung für die Schüler sicherlich sinnvoll, z. B. auf Wirtschaftswissenschaften oder auf Fremdsprachen oder auf naturwissenschaftlich-technologische Bildungsgänge. Andererseits zeigt sich deutlich, daß in der heutigen Arbeitswelt für ein weites Spektrum von Berufen fremdsprachliche Kenntnisse zu den *allgemeinen* beruflichen Qualifikationen hinzugehören. Ob dadurch der Bedarf an beruflicher Sprachmittlung durch eine hierfür eigens ausgebildete Berufsgruppe, eben die der Fremdsprachenkorrespondenten, Dolmetscher und Übersetzer, insgesamt zum Erliegen kommt oder ob sich dieser Bedarf auf seltenere Fremdsprachen verlagert, bleibt abzuwarten. Eine wesentliche Funktion im Hinblick auf die Berufsvorbereitung der Kollegschüler muß deshalb darin bestehen, ihnen dieses Problem bewußt zu machen und derart zu vermeiden, daß sie sich selbst in eine Sackgasse hineinmanövrieren, aus der sie dann nicht wieder herauskönnen. Die Möglichkeit, die berufliche Qualifikation des fremdsprachenlichen Korrespondenten durch eine kaufmännische Ausbildung nach dem Abitur zu ergänzen und dann die Prüfung des Fremdsprachenkaufmanns abzulegen, ist *eine* sinnvolle Perspektive. Die *andere* ist die der fremdsprachlichen Lehrberufe, denn in dem gleichen Umfang, in dem die direkte Sprach*mittlung* weniger verlangt wird, muß ja der allgemeine Fremdsprachen*unterricht* quantitativ zunehmen. Die dritte Möglichkeit ist die, in der Kollegschule einen fremdsprachlich angelegten Bildungsgang zu wählen und dann hinterher ein Studium oder einen Beruf zu ergreifen, der einen starken fremdsprachlichen Qualifikationsanteil hat, aber nicht direkt ein sprachmittelnder oder ein Sprachlehrberuf ist: Rechtsprechung, Wirtschaft, Politik, Journalistik, Verlags- und Bibliothekswesen, usw.

Insgesamt läßt sich sagen, daß die berufliche Praxis dahin tendiert, die Erkenntnisse der neueren Sprachwissenschaft immer deutlicher in ihrer grundsätzlichen Richtigkeit zu bestätigen, nämlich die Einheit von Sprache und Handeln, und zwar auch in der Fremdsprache.

(6) Problemlösungsspiele und Rollensimulationen: Einige methodische Aspekte

Im Sinne der Einheit von Sprache und Handeln auch in der Fremdsprache ist es wünschenswert, Sprache schon in der Schule erfahrbar zu machen als Medium, die Welt handelnd zu gestalten. Eine wichtige Anwendungssituation des Englischen (und auch von Fall zu Fall anderer Sprachen) ist die Projektarbeit in Teams. Fachleute unterschiedlicher Nationalität kommen z. B. in *study groups* zur Lösung eines Problems zusammen. Typisch dafür sind die oben aufgelisteten sprachlichen Prozesse. Entscheidend ist, daß am Ende vorzeigbare Resultate vorliegen, die *in der Fremdsprache* erarbeitet wurden. Die Qualität dieser Resultate – ein Mindestniveau vorausgesetzt – hängt nur zu einem Teil vom Beherrschungsgrad der Fremdsprache ab und ist eher Ergebnis der Fähigkeit, die sozialen Prozesse im Team produktiv zu steuern. Dies kann auch bei unterschiedlichem Kenntnisstand der Teilnehmer gelingen. In der Realsituation ist die leistungs*inhomogene* Gruppe die Regel. Daraus müßten methodische Konsequenzen für die Schule gezogen werden.

Projektorientierte Teamarbeit setzt vielfältige intellektuelle und soziale

Fähigkeiten voraus. Bei der schulischen Simulation projektorientierterTeamarbeit sollte es ebenfalls darum gehen, *in der Fremdsprache* sachlich und persönlich relevante Ergebnisse zu erzielen. Dazu sind Informationen aufzunehmen, zu verarbeiten, Arbeitsprozesse zu koordinieren, Konsens herzustellen, und es ist eine Entscheidung zu fällen. Am Ende eines Projektes sollte für die Teilnehmer nicht nur das Bewußtsein stehen, die Fremdsprache angewandt zu haben, sondern einen Zugewinn an Wissen und Können *in der Sache* verzeichnen zu können, der in diesem Medium erzielt wurde.

Hierfür eigenen sich Entscheidungsspiele, die als Multi-Media-Pakete in zunehmender Zahl produziert werden und die ursprünglich oft für den Einsatz in der Muttersprache konzipiert wurden. Als Beispiel sei hier eine Serie genannt, die von der *University of Bath* in Zusammenarbeit mit *BP Educational Service* entwickelt wurde. Aus der Serie *Decisions* sei *North Sea Challenge* kurz vorgestellt (LYNCH 1979). Das Spiel hat ursprünglich den Sinn, Schülern der oberen Klassen und Anfangssemestern der Fachhochschulen die Wechselbeziehungen wirtschaftlicher Entscheidungen in einem gesellschaftlichen Umfeld vorzuführen. Die Spieler finden Realmaterialien vor, aus denen sie die für ihre Entscheidung relevanten Daten herausfiltern müssen. Dann sollen sie sich über ihre Wertvorstellungen und die Prinzipien ihrer Entscheidungsfindung einigen und schließlich als Team eine Lösung finden, die sie gegen andere Lösungen verteidigen. Eine *Unit* handelt beispielsweise von den sozialen Folgen des Nordseeöls für eine kleine schottische Gemeinde, eine andere verarbeitet Probleme im Zusammenhang mit Umweltschutz. Es gibt stets mehr als *eine* „richtige" Lösung. Diese Projekte sollten nicht nur jene Schüler zur Mitarbeit anregen, die Spezialisten in Englisch oder Französisch werden wollen, sondern auch Experten anderer Ausrichtung. Wenn die Leistungskurse in den Fremdsprachen nur Sache der Fremdsprachenspezialisten bleiben, wird sich die Kluft zwischen denen, die wohl in der Sprache Bescheid wissen, nicht aber in den „Sachen", noch vertiefen, und die „Sachexperten" werden zunehmend äußerungsuntüchtig. Es wäre zu wünschen, daß der Kollegschulversuch einen Beitrag dazu liefert, diese Kluft zu verringern.

Auf die hier angedeutete Weise könnten Berufsbezug, gesellschaftliche Relevanz, Bildung und auch größere private Nützlichkeit verbunden werden, ohne daß man einer Frühspezialisierung zu viel Raum gäbe. Überdies würden „Kommunikationsexperten" (besonders leistungsfähige Fremdsprachenschüler) ein ihren Interessen entsprechendes Aufgabengebiet finden können, wenn sie in den Projektgruppen als Tutoren und Teammoderatoren mitarbeiten.

Birgit Hitzke/Meinert A. Meyer

Interviews aus Arbeitswelt und Schule

(1) Vorbemerkung

Wenn die Möglichkeiten der Fremdsprachenverwertung nach der Schule tatsächlich für die Reform des neusprachlichen Unterrichts relevant werden sollen, dann muß wesentlich umfangreicher und systematischer, als das bisher der Fall war, untersucht werden, was für Kommunikationssituationen auf die Schulabsolventen zukommen werden. Damit ergibt sich die Aufgabe, den konkreten Stellenwert fremdsprachlicher Fertigkeiten und Kenntnisse für die Berufswelt (neben den anderen antizipierbaren Bereichen – Fremdsprachen in der privaten Lebenswelt, in der Freizeit und im Urlaub, für die öffentlich-politische und für die kulturelle internationale Kommunikation usw.) zu identifizieren und zu ermitteln, ob und wie diese beruflichen Verwertungssituationen als kommunikative Zielsituationen in den Unterricht in der Sekundarstufe II transformiert werden können (vgl. M. A. MEYER, SCHRÖDER und BENEKE in diesem Band).

Die folgenden Interviews können für die Aufgabe der kollegschulspezifischen Erfassung der Sprachberufe nicht mehr als einen ersten Stimulus abgeben. Auf eine statistische Validierung wird bewußt verzichtet. Die Interviews ermöglichen aber gerade aufgrund ihrer Individualität eine größere Konkretion in der Beschreibung der beruflichen Anforderungen, als das in statistisch repräsentativen Untersuchungen möglich ist (vgl. BAUSCH u. a. (Hg.), 1978, SCHRÖDER/LANGHELD/MACHT 1979). Die Interviews können deshalb auch von den Schülern bei der Entscheidung, ob ein solcher Beruf für sie eine realistische Lebensperspektive eröffnen kann, eher herangezogen und von den Lehrern für die curriculare Gestaltung des berufsorientierten Fremdsprachenunterrichts im Bildungsgang „Fremdsprachenkorrespondent/Allgemeine Hochschulreife" leichter ausgewertet werden.

Die Interviews beruhen auf nicht-wörtlichen Mitschriften, die so ausformuliert wurden, daß die jeweils den Auskünften vorausgehenden Fragen nicht wiedergegeben werden. Vorbild für die Sammlung war das Buch von Studs TERKEL: „Working" (1975). Die Befragten haben den endgültigen Fassungen ihrer Berichte zugestimmt.

(2) Frau L., Fremdsprachenkorrespondentin in Soest, 28 Jahre

Ich habe nach der Mittleren Reife drei Semester lang eine Ganztags-Sprachenschule besucht. Meine Sprachen sind Englisch und Französisch. In der Sprachenschule gab es keine Kurse für Leute mit unterschiedlichen Vorkenntnissen. Daher war das Niveau sehr niedrig. Das System war überhaupt schlecht, nur der Lehrer war sehr gut. Er gab einsprachigen Unterricht, was für Anfänger natürlich Schwierigkeiten brachte. Deshalb hörten auch viele wieder auf. Es gab nur wirtschaftsbezogenen Unterricht, nur ab und zu mal Diskussionen. In der Schule hatte man ja nicht gelernt, Briefe zu schreiben; man mußte also viel arbeiten, um mitzukommen.

Wenn ich nochmal anfangen könnte, würde ich erst einmal eine Lehre machen oder die Handelsschule besuchen. Denn es ist nicht gut, an die Sprachenschule eine Lehre anzuschließen, weil man dann ja schon wieder einen Teil der Sprache während der Lehrzeit vergessen würde.

In der Sprachenschule war alles zu theoretisch. Es wäre einfach nötig gewesen, vorher ein Praktikum zu machen. (Ich hatte an meiner ersten Stelle sozusagen ein Praktikum, es war eben ein Lehrjahr für mich.)

Die Arbeit ist ganz anders, als ich sie mir vorgestellt hatte, ich hatte keinen Begriff von dem, was ich tun sollte. Ich dachte, daß ich einfach Texte zu übersetzen hätte, eingehende und ausgehende Korrespondenz. Heutzutage fände ich das ein wenig stupide. Die Arbeit ist vielseitig, man muß herumspringen und es kommt auch viel Hektik vor. Ich würde wieder Fremdsprachenkorrespondentin werden wollen – *nur* als Übersetzerin, das würde mir nicht liegen. Falls ich mich jedoch zu einem Studium entschließen und eine Lehrerausbildung machen sollte, dann würde ich lieber Berufsschul- als Gymnasiallehrerin werden, weil ich dann den Schülern in der Praxis etwas beibringen kann. Shakespeare ist zwar sehr schön, aber auf die Dauer bringt er doch nur im privaten Bereich was.

Einige meiner Aufgaben: Zimmerreservierung für Kunden, Besichtigungen und Stadtführungen für Besucher, Auftragsbearbeitung, Umsatzstatistiken für verschiedene Länder, Termine nachhalten; Fabrikation, Fertigungs- und Liefertermine und Akkreditive müssen miteinander abgestimmt werden. Ich muß auch Muster für interessierte Kunden im Lager erkämpfen. Ich mache also praktisch die Arbeit einer Exportsachbearbeiterin. Dazu gehört auch noch der Messedienst, d. h. ich muß den Besuchern der Messe die technischen Einzelheiten erklären können (in Englisch oder Französisch). Außerdem muß ich Ausschreibungen in der Fremdsprache machen und auch Prospekte übersetzen. Ich schreibe Protokolle und oft dolmetsche ich auch, obwohl viele unserer Angestellten Englisch und oft auch Französisch können.

Ich halte den Beruf des Fremdsprachenkorrespondenten für sehr ausbaufähig, gerade auch für Männer. Männer werden dann wohl eher eingesetzt für Kundengespräche. Es waren übrigens sehr wenig Männer, die die Sprachenschule besucht und die Prüfung abgelegt haben. Für Männer bestehen meiner Meinung nach sehr gute Aufstiegschancen als Exportsachbearbeiter, vor allem dann, wenn sie bereit sind zu reisen.

Wenn ich mich noch einmal entscheiden könnte, würde ich sofort eine Schule besuchen wie die Kollegschule, in der man zugleich die Ausbildung als Fremdsprachenkorrespondent machen und das Abitur bekommen kann, aber nie wieder in eine Privatschule gehen. Der Preis (DM 200,- monatlich im Jahre 1969) stand in keiner Relation zum Ergebnis, denn insgesamt war der Unterricht, wie gesagt, zu theoretisch. Es wurden Floskeln und Vokalbeln gelehrt, aber man lernte nicht die praktische Anwendung. Öffentliche Schulen können sicherlich genauso gut informieren.

(3) Frau K., Fremdsprachenkorrespondentin in Soest, 26 Jahre

Im Grunde war ich gar nicht auf diesen Beruf ausgerichtet, ich war auch gar nicht darauf gefaßt, hier zu landen. Nach dem Abitur habe ich Slawistik und Sozialwissenschaften studiert. Nach 14 Semestern habe ich dann die Magisterprüfung in Russisch, Tschechisch und Serbokroatisch gemacht. Ein Jahr habe ich in Persien gelebt. Meine Sprachen sind Russisch, Tschechisch, Serbokroatisch, Persisch, Englisch, Französisch und ein bißchen Spanisch. Für meine jetzige Firma, ein Exportunternehmen, das auch komplette Fabriken ins Ausland liefert, habe ich zuerst nur gelegentlich Übersetzungen gemacht, jetzt bin ich dort fest angestellt. Nebenher unterrichte ich auch noch an einer Volkshochschule Russisch und Serbokroatisch.

Ich finde die Arbeit als Fremdsprachenkorrespondentin recht interessant, recht abwechslungsreich. Die kaufmännische Grundbildung muß ich mir nebenbei aneignen. Das mache ich, indem ich auch oft mal etwas tue, was eigentlich nicht in mein Fach fällt: die Hälfte der 6 Monate, die ich jetzt bei meiner Firma bin, habe ich als Sekretärin gearbeitet, weil gerade jemand fehlte. Man muß hier und da mal einspringen; der Ablauf der Arbeiten ist unvorhersehbar. Es fallen viele Kleinarbeiten an, die eigentlich gar nicht viel mit Sprachen zu tun haben.

Meiner Meinung nach ist es nicht nötig, für Korrespondenten eine besondere Ausbildung zu haben, denn man kann sich das doch in einem halben Jahr aneignen. Ich habe immer nachgefragt, mir alles erklären lassen. Es kommt auf die Eigeninitiative an.

Fachvokabular habe ich an der Universität überhaupt nicht gelernt; da gab's nur Literaturwissenschaft. Firmenspezifische Spezialausdrücke wurden mir von der Firma vermittelt. Erst einmal habe ich das auf Deutsch gelernt. Spezialwörterbücher werden von der Firma gestellt. Es gibt aber auch Spezialfälle, wo man sogar ratlos vor dem Wörterbuch steht und andere fragen muß. Das Fachvokabular in Englisch kennen die Angestellten in der Regel aber bereits.

Der tägliche Kleinkram ist nicht so interessant, aber im Englischen habe ich auch öfter Studien zur Marktlage oder über die Verkaufsaussichten für einzelne Produkte zu übersetzen. Ich fahre mit nach Ländern, deren Sprache ich spreche. Ich muß übersetzen: Laboranalysen, technische und kaufmännische Texte, Angebote, Rechnungen, jeweils unterschiedlich nach Firma und Branche. Am liebsten schreibe ich Protokolle bei Verhandlungen oder dolmetsche in Französisch oder Russisch. Mir wäre es auf die Dauer zu nervtötend, immer nur die gleichen Sachen über Lieferbedingungen etc. zu übersetzen.

Ich nenne mich Fremdsprachenkorrespondentin, möchte mich aber nicht mein Leben lang darauf festlegen.

Ob es nötig ist, für meinen Beruf einen Hochschulabschluß zu haben, kann ich nicht beurteilen. Ich glaube, daß es sich finanziell auszahlt, aber die normalen Büroarbeiten muß man eben doch machen. Ein Vorteil für mich: ich habe mehrere Sprachen und kann deshalb abwechslungsreich arbeiten. Ich kann mir nicht vorstellen, daß man nur als Korrespondentin für Englisch und Französisch in einem Betrieb arbeiten kann.

Im Bereich des Dolmetsch- und Übersetzungswesens besteht eine scharfe Konkurrenz um Arbeitsplätze; die Arbeitsplätze werden teilweise durch *native speakers* der jeweils benötigten Zielsprachen eingenommen. Das folgende Interview mit einem englischen Übersetzer im Rat der Europäischen Gemeinschaften in Brüssel veranschaulicht diese „internationale Qualität" der sprachmittelnden Berufe. Bill W. hat in Deutschland gearbeitet, in England, nun in Brüssel; er war auf europäischer Ebene „mobil". Sein Bericht vermag zugleich inhatliche Probleme der Arbeit von Übersetzern zu verdeutlichen. (Ein Bericht einer deutschen Dolmetscherin, die sich speziell mit dem Problem der Sprachenvielfalt bei den Verhandlungen und Parlamentssitzungen der Europäischen Gemeinschaften beschäftigt, liegt vor: DIETZE 1976.)

(4) Bill W., Translator in the General Secretariat of the Council of Ministers of the European Community, Brussels

At the grammar school I attended in my home town in the north of England I studied French, German and Latin in the sixth form (i. e. the equivalent of the „Oberstufe"). After passing my „A" levels (equivalent of the „Abitur") I went to Birmingham College of Commerce, later to become Birmingham Polytechnic. It had been my intention, even if I had gone to university, not to follow the standard literature type of course, but a more practical one. The modern language course I took offered a choice of two main languages, in my case French and German, and a subsidiary language, in my case Spanish. In addition we attended lectures on marketing, economics and law. Although the course was three years my colleagues and I decided, with the approval of our tutors, to spend a year abroad. I went to the North Sea island of Langegooge as an English language assistant. I remember that on my arrival on the island, it was October time, I did not feel particularly happy. After spending nine months there I returned to Birmingham to complete my course and sat my final diploma examination in 1971 after which I set about looking for a job. A friend of mine in Frankfurt arranged for me to work temporarily at the International Telephone Exchange („Fernamt Frankfurt"). In fact it was the first time the Exchange had employed foreigners.

Three months and many job applications later I was fortunate enough to find a permanent post with ICI (Imperial Chemical Industries), Frankfurt, as a „Fremdsprachenkorrespondent". At least that was my official title, but I soon realised that in effect what I was doing was the job of an office-based salesman. Occasionally I was asked to make a telephone call to Paris or to write a letter in French. I eventually found that I was not cut out for business – it simply did not appeal to me.

I had always wanted to work with languages although careers advisers at school had said it was difficult to find a job involving languages without having other qualifications as well. You could be a teacher or businessman but there were very few jobs solely using languages, they said. As a result I had always been discouraged from achieving my ambition to be a translator.

While I was working in Frankfurt, one of my tutors from Birmingham sent me an advertisement for translator posts in Brussels. The European Economic Communities were looking for translators of Englisch mother tongue with a good knowledge of French and at least one other language.

I sat a written examination in Brussels at the beginning of 1972. The two papers I translated from French into Englisch consisted of a general text and a commercial text and as my second language I did a general paper from German into English.

In the meantime I left ICI and took up a job with an engineering company in Bedford, England, as a translator/interpreter for German. My work included interpreting at meetings, sometimes of high-ranking officials from Government Ministries in Germany, Italy and the United Kingdom. One had to acquire a knowledge of highly specialised vocabulary which, for me at least, meant that the job was very demanding indeed.

Later in 1972 I was invited back to Brussels for my interview at which I was asked about my work at ICI, and about the political situation in France and Germany. Over the years entry conditions have become much stiffer because of the number of applicants for the relatively few posts available. I was perhaps fortunate in that the English Translation Division hat to expand rapidly in 1972–1973 to cope with the volume of work following Britain's accession to the European Community.

The role of the Translation Service as a whole is to provide meetings at all levels with documents in the six official languages of the European Communities: French, English, German, Dutch, Italian, and Danish.

Sooner or later the present system of languages will have to be streamlined, at least as far as internal meeting documents and minutes of meetings are concerned. People in the Community realise that the two most widely used languages are French and English but, for political reasons, this is a very delicate subject. No German or Italian official will admit that his language is less important than another language. Nevertheless, over the years, I have seen a gradual change: English is increasing in importance but the French are not giving in easily. They have the advantage in that French has become so established as the principal working language of the Communities that even non-native speakers prefer to draft their texts in French, the main reason being that they are more familiar with the accepted terminology in French than in their own language.

What do I do all day long? Yesterday I was translating a report of a meeting of the Article 113 Commitee which takes its name from Article 113 of the Treaty of

Rome of 1957 concerning foreign trade, i. e. the external relations of the Community. The document dealt with trading relations with Bolivia and Malta and made reference to a trade agreement whith China. Probably the most typical kind of documents for translation are reports of meetings dealing with draft Community legislation – anything from silkworms to motor vehicles. These reports contain comments by the national delegations and their proposals for amendments to the draft legislative text in question. After each meeting the latest version of the text has to be translated into the six official languages.

An everyday problem is the need for consistency since wie rarely translate freely. There is a special form („job slip") with each document we receive for translation, indicating references to previous documents on the same subject. For political and legal reasons we must ensure that we translate accurately what delegates have said on a particular point. However, the fact that many documents are written by non-native speakers of French means that they contain typical mistakes and that they are drafted in a „Euro-language" full of clichés. If you were to show documents of this kind to the man in the street, it is highly likely that he would not understand them. Nevertheless, although the standard of French may at times be low, we do try to produce an acceptable English translation within the time available to us. Occasionally a document is written in such a way that it is deliberately vague which means that the English translation has to convey this vagueness as well, particularly where documents for high-level meetings are concerned.

Overall, I find my work quite satisfying although there are frustrating aspects to the job as well. We get the impression at times that the Administration does not really understand the problems of translators. As the Translation Service forms part of the technical departments responsible for everything to do with the printing of documents, people assume that they can give us a text and five minutes later we will churn out the translation like a machine. We work behind the scenes and national delegates often do not realise who produces the translations of their texts. As long as they have the documents ready for their meetings, they do not mind. On one occasion a delegate came into a jurist-linguist meeting (at which the texts of draft legislation are finalised in the official languages) and asked me in what capacity I was attanding the meeting. When I said I was a translator, he did not immediately understand my function. That was it, I told hin, I „translated" documents.

Eine generalisierende Interpretation der drei Interviews muß selbstverständlich unterbleiben. Es lassen sich jedoch Probleme verdeutlichen, die für den Bereich der Sprachmittlung kennzeichnend sind.

1. Die Aufgaben des Fremdsprachenkorrespondenten können je nach seiner Qualifikation und Einsatzbereitschaft auf anweisungsgebundene Übersetzung, Korrespondenz- und auf Schreibarbeit eingeschränkt sein, sie können jedoch auch fließend in den Aufgabenbereich eines Sachbearbeiters übergehen, wenn der Stelleninhaber die entsprechenden Sachkenntnisse besitzt oder sich in den jeweiligen Problembereich einzuarbeiten vermag. Ohne eine solche Sachkompetenz erhalten die Fremdsprachenkorrespondenten aber oftmals Aufgabenbereiche zugewiesen, die unter ihrer fremdsprachlichen Qualifikation liegen.

2. Vor allem das zweite und das dritte Interview verdeutlichen, daß sich das Fachvokabular und die Fachsprache, die für den jeweiligen Betrieb erforderlich sind, wohl kaum in der Schule antizipieren lassen. Dennoch scheint nach unserer Auffassung – im Gegensatz zu Beneke in diesem Band, der Berufstätige interviewt hat, die schon lange ihren Beruf ausüben – vielen beruflichen Verwertungssituationen ein gewisser *common core* beruflicher Kommunikation zuordenbar, der elementare Kenntnisse wirtschaftlicher Transaktionen impliziert und deshalb am ehesten in der Schule vermittelt werden sollte.

3. Es ist deutlich daß die beruflichen Aussichten stark von der Wahl der Fremdsprachen abhängen. Da nun aber quantitativ der Bedarf an Englisch- und Französischkenntnissen dominiert, wird eine schulische Lösung des Problems nur derart zu finden sein, daß sprachinteressierte Schüler in der Sekundarstufe II zumindest drei Fremdsprachen, nämlich Englisch, Französisch und eine dritte, seltenere Fremdsprache erlernen.

4. Der Bericht von Bill W. deutet einige der im engeren Sinne linguistischen Probleme an, die Übersetzer alltäglich lösen müssen. Wie übersetzt man Texte, die in einem mangelhaften Französisch verfaßt sind, in ein akzeptables Englisch? Wie reproduziert man die gewollte Vagheit der Formulierungen in der Übersetzung? Wie sichert man die terminologische Konsistenz und Exaktheit über Sprachen hinweg? Offensichtlich kann es beruflich zufriedenstellen, wenn man diese im engeren Sinne sprachlichen Anforderungen beim Übersetzen erfüllt. Es sieht jedoch so aus, als ob hinter dieser Anforderung nach Exaktheit und Konsistenz ein allgemeineres Berufsrollenproblem steckt, sozusagen als negative Seite des Positivbildes. Wenn die beste Übersetzung die ist, die am exaktesten reproduziert, was in der Ausgangssprache formuliert wurde, dann ist diejenige Übersetzung die beste, die am wenigsten auffällt. „We work behind the scenes", sagt Bill W. Es geht „nur" um die Sprache und die mit den jeweiligen Sachproblemen beschäftigten anderen Mitarbeiter sehen die sprachlich-kommunikative Seite oft überhaupt nicht.

(5) Ingrid R., Schülerin einer privaten Sprachenschule im ersten Jahr, 20 Jahre

Eigentlich wollte ich ja studieren. Mein Studienwunsch war Biologie und Sport, aber es gab nur einen Platz in Englisch und Französisch. Den habe ich aber nicht genommen, weil man dafür das große Latinum braucht, was ich vorher nicht wußte. Überhaupt wurde uns im Gymnasium nichts gesagt von den Berufsmöglichkeiten, die es gibt. Auch von der Sprachenschule, an der ich jetzt bin, habe ich nur durch eine Bekannte zufällig erfahren.

Die normale Kursdauer beträgt zwei Jahre. Meine beiden Sprachen sind Englisch und Französisch, die ich auch schon als Leistungskurse am Gymnasium hatte. Obwohl ich Französisch schon seit Quarta hatte, gibt es bei mir noch große Lücken. Wir haben täglich drei Stunden Französisch, zwei Stunden Englisch und dann noch durchschnittlich drei Stunden Hausarbeiten. Es gibt einen Lehrplan, d. h., wir müssen bestimmte Bücher durchgenommen haben, im Englischen ist das z. B. *Hoffmann: Aufbaukurs Wirtschaft. Englisch für Sie.* Anfangs hat uns die Textinterpretation in der Schule eigentlich gefehlt, aber wir haben uns jetzt mit dem Lehrer darauf geeinigt, daß das einmal in der Woche gemacht wird.

Der Kurs an der Sprachenschule ist recht teuer. Das ist mit ein Grund, warum ich eventuell einen Intensivkurs machen möchte, damit es schneller geht. Aber ich weiß nicht, ob an unserer Schule ein solcher Kurs überhaupt angeboten wird, auch meine Lehrkräfte wissen das nicht. Eigentlich möchte ich ja überhaupt lieber Spanisch als Französisch machen, aber ich weiß nicht, ob das möglich ist.

Für mich ist es sehr wichtig, daß man mit der Ausbildung zur Fremdsprachenkorrespondentin beruflich mehr Chancen hat als bei einer Lehrerausbildung. Gerade bei Lehrern mit Sprachen ist es doch jetzt ganz mies. Trotzdem, wenn ich fertig bin, wird es mir wahrscheinlich nicht sofort gelingen, einen Arbeitsplatz zu bekommen, deshalb möchte ich zuerst nach Frankreich gehen. Französisch ist nämlich meine schwächere Sprache und England interessiert mich nicht die Bohne. Als Korrespondentin stelle ich mir die Arbeit ganz schön blöd vor: ich finde es nicht optimal, von morgens bis abends Briefe zu übersetzen. Eine genauere Vorstellung von dem Tagesablauf habe ich aber noch nicht. Man hat mir gesagt, daß man mit einem Aufbaustudium Betriebswirtschaft ganz große Chancen haben würde.

(6) Karin F., Schülerin einer privaten Fremdsprachenschule im dritten Jahr, 20 Jahre

Nach der Mittleren Reife habe ich hier an dieser Schule meine Berufsausbildung als Fremdsprachenkorrespondentin für Englisch und Spanisch gemacht. Die Prüfung habe ich bereits abgelegt. Ich mache jetzt weiter, weil ich mich auf die IHK-Prüfung als Dolmetscherin in Englisch und Spanisch vorbereite.

Die Eingangsvoraussetzung für die Schule ist Mittlere Reife oder Abitur. In der Regel bleibt man hier 18 Monate. Nach 6 Monaten gibt es eine Mittelstufenprüfung, am Ende der 18 Monate eine interne Prüfung hier und dann die eigentliche Prüfung vor der IHK. Hier in der Schule lernen wir: Wirtschaftsterminologie, die Abwicklung von Exportaufträgen in allen Einzelheiten mit den dazugehörigen Dokumenten, Versanddokumenten etc., Zahlungsbedingungen, Ex- und Import, satzweises Dolmetschen, Übersetzen in die Fremdsprache und aus der Fremdsprache, Abfassen von Briefen. Und eben Handel allgemein, alles was dazugehört. Natürlich auch solche

Sachen wie Grammatik. Außerdem noch Stenographie und Maschinenschreiben; Maschinenschreiben ist Voraussetzung bei der IHK-Prüfung.

Ich hatte von vornherein das Ziel, Dolmetscher und Übersetzer zu werden. (Das bedeutet aber nicht, daß ich annehme, mit meiner jetzigen Ausbildung keine Stellung zu bekommen.) Wenn die anderen Schüler die hier sind, die Prüfung vernünftig ablegen, werden sie wohl auch eine Stellung bekommen, wenn es aber nur mit „knapp ausreichend" geschieht, wird es wohl ein bißchen schwierig. Alle, die mit mir vor 2 Jahren die Prüfung in Englisch gemacht haben, haben heute eine Stellung. Aber ein sehr gutes Zeugnis ist nötig und man muß sich die Firmen sehr sorgfältig aussuchen, weil es Firmen gibt, die einen dann ein Jahr nur Rechnungen oder Stücklisten tippen lassen. Es gibt genug Stellenangebote. Zum Teil wenden sich die Firmen auch direkt an die Schulen, wenn sie Bedarf haben, oder die Schüler bewerben sich direkt. Über das Arbeitsamt läuft das wenigste. Es hat zum Beispiel keinen Zweck, einen Job anzunehmen, bei dem man nur ein Jahr in der Registratur arbeitet, weil man innerhalb eines Jahres sehr leicht die fremdsprachliche Phraseologie vergessen würde.

Hier im Ruhrgebiet sind die Aussichten recht gut, weil es hier viel Industrie gibt. Ich würde jedoch nicht *jedem* ruhigen Gewissens empfehlen, Fremdsprachenkorrespondent zu werden, so weit würde ich nicht gehen. Es kommt eben auch auf die Kombination an. Englisch/Französisch ist ziemlich überlaufen. Englisch/Italienisch oder sogar Englisch/Spanisch ist wesentlich besser. Ich würde empfehlen, diesen Job zu lernen, um in die Sprache einzudringen und es außerdem als Basis zu nehmen für andere Berufe, z. B. den der Reiseleiterin. Falls ich nicht als Dolmetscherin eine gute Stelle bekomme, würde ich auch Reiseleiterin machen. Oder mich auch an eine Sprachschule wenden und da als Lehrerin arbeiten. (Ich unterrichte jetzt schon Deutsch und Englisch für Anfänger an einer solchen privaten Sprachschule). Vorher hatte ich übrigens eine Ausbildung als Reiseverkehrskaufmann angefangen, aber ich habe dann aufgehört, weil mir die Chefin nicht gefiel.

Es ist schon ein Unterschied, ob man die Sprachen an der Uni lernt oder in einer Sprachenschule, die Studenten sind einem ein bißchen voraus. Ich habe nicht die passenden Vokabeln, um z. B. literarische Texte zu übersetzen. Das ist eben besonders schwierig für jemanden, der nur mit Wirtschaftsenglisch vollgestopft wird.

Der Tagesablauf eines Fremdsprachenkorrespondenten: sie machen Korrespondenz, Beantwortung in der Fremdsprache, Übersetzung in die eigene Sprache. Oft auch normale deutsche Korrespondenz, die sonst einer Sekretärin gegeben wird. Es kann auch vorkommen, daß sie plötzlich einen dicken Vertrag vorgelegt bekommen. Betreuung von Gästen. Einfache Diskussionen dolmetschen. Zusammenstellung von Exportdokumenten, eventuell Zolldokumente ausfüllen. Mit auf Messen fahren, um auch zu dolmetschen und die Kunden in der Landessprache mit Kaffee zu versorgen. Telefonieren. Reisedokumente für den lieben Chef zusammenstellen.

Kollegschule: Wenn es den Schülern nicht zu viel wird –ich weiß nicht, was noch in den anderen Fächern dazu kommt – finde ich das ganz gut. Es ist ja oft schwer, eine Lehrstelle zu finden und da hat man den Abschluß der Schule und die Berufsausbildung gleichzeitig. Wenn es für mich die Möglichkeit gegeben hätte, hätte ich das bestimmt gemacht, weil es doch eben auch eine große Zeitersparnis bedeutet. Die Kollegschule scheint mir eine echte Alternative zu Schule und Fachoberschule und zu privaten Institutionen zu sein.

Auch bei einer Interpretation dieser beiden Interviews sind Generalisierungen unzulässig. Jedoch ist die Konfrontation mit den Alternativen, nämlich dem traditionellen Fremdsprachenunterricht in der differenzierten gymnasialen Oberstufe und dem Integrationskonzept des Kollegschulversuchs naheliegend.

Die zweite Schülerin, Karin F., hat das subjektive Gefühl, daß ihre Ausbildung nicht so gut sei wie die an der Universität. Wenn dabei gerade die Fähigkeit, literarische Texte zu verarbeiten, als Kriterium für diesen Qualitätsunterschied angeführt wird, verweist dies auf die alte Tradition, literarische Bildung als allgemeinbildend-höherwertig zu verstehen und berufliche Bildung abzuwerten. Eine Höherwertigkeit konnte der Literaturunterricht aber nur beanspruchen, solange *er allein* wissenschaftspropädeutisch konzipiert war – im Gegensatz zur Unterweisung für die pragmatische Fremdsprachenverwendung in Handel und Industrie. In dem Umfang, in dem nun auch Themen aus dem Bereichen Handel, Industrie und Verwaltung wissenschaftspropädeutisch (hier mit Bezug auf die Wirtschaftswissenschaft, die Übersetzungswissenschaft usw.) unterrichtet werden können, muß die Stichhaltigkeit der Argumentation für den Vorrang des Literaturunterrichts brüchig werden. Eben dies wird im Kollegschulversuch zur Probe gestellt. Die Behandlung von Literatur im Unterricht bedarf – ebenso wie die Behandlung der anderen Themen – ihrer expliziten wissenschaftspropädeutischen und zugleich berufsorientierten Legitimation (vgl. dazu RÜCK in diesem Band).

Daß diese Idee einer inhaltliche Konkretion des Anspruchs der Doppelqualifikation, d. h. die wissenschaftspropädeutische Auslegung berufspragmatisch verwertbarer Fremdsprachenkenntnisse, bei den interviewten Fremdsprachenkorrespondentinnen und Schülerinnen fehlt, ist verständlich, widerspricht sie doch den festgefügten Erwartungen an das Gymnasium auf der einen Seite und die Sprachenschule auf der anderen Seite. Die Befragten stellen sich deshalb die Doppelqualifikation quasi automatisch *additiv*, nicht aber integrativ vor.

Dies ist bei dem nun folgenden Interview mit einem Prüfer an einer Industrie- und Handelskammer so nicht der Fall, obwohl das Bewußtsein für die große reale Diskrepanz zwischen den Anforderungen der Korrespondentenprüfung und den Abituranforderungen vorhanden ist. Diese Diskrepanz wird aber nicht so sehr als eine des Niveaus empfunden, zumal in letzter Zeit die Bewerber mit Abitur gegenüber den Bewerbern mit Realschulabschluß zugenommen haben. Vielmehr ist das entscheidende Problem das der fachsprachlichen Kommunikation.

211

(7) D. Wessels, Universität Bochum, IHK-Prüfer und Mitverfasser des Buches Hamblock/Wessels: „Englisch in Wirtschaft und Handel"

Der Bildungshintergrund der Prüflinge bei der Industrie- und Handelskammer ist seit einiger Zeit in der Veränderung begriffen. Noch vor wenigen Jahren wiesen die meisten Prüflinge bei der Meldung zur Fremdsprachenkorrespondentenprüfung vor der Industrie- und Handelskammer die mittlere Reife nach, der sich in aller Regel einige Jahre Berufspraxis anschlossen, häufig eine Lehrzeit als Industriekaufmann o. ä. Inzwischen zeichnet sich ab, daß, zumindest im Bereich der IHK Düsseldorf, der weitaus überwiegende Teil der Prüfungskandidaten das Abitur gemacht hat. Im Anschluß an das Abitur haben sie meistens für einen längeren Zeitraum, d. h. von 6 Monaten bis zu ca. 2 Jahren eine private Sprachschule zur Vorbereitung auf die Fremdsprachenkorrespondenzprüfung besucht.

Insbesondere bei weiblichen Kandidaten läßt sich beobachten, daß diese eine Sekretärinnenausbildung mit einer fremdsprachlichen Ausbildung verbinden in der Hoffnung, nach den abgelegten Prüfungen größere Berufschancen zu haben.

Die Folgen dieser Entwicklung sind ambivalent. Während einerseits die allgemein-sprachlichen Fertigkeiten deutlich angestiegen sind, fallen Kenntnisse und Fertigkeiten im kaufmännisch-fachsprachlichen Bereich zurück. Auf die skizzierte Entwicklung gilt es seitens aller Verantwortlichen zu reagieren. Die Schule und insbesondere das Gymnasium kann sich nicht mehr allein darauf versteifen, Schüler auf den Hochschulzugang vorzubereiten in einer Zeit, wo das Hochschulstudium, insbesondere im Bereich der Fremdsprachen, an Attraktivität eingebüßt hat. Bei der Entwicklung von Schulcurricula müßte daher noch stärker als bisher bei dem Versuch mit der Kollegstufe berücksichtigt werden, daß nunmehr ein erheblicher Anteil von Schülern unmittelbar nach dem Abitur eine berufliche Ausbildung beginnt. Auf diese kann und sollte die Schule bereits vorbereiten.

Die Koppelung einer Vorbereitung auf die Fremdsprachenkorrespondentenprüfung bei einer Industrie- und Handelskammer mit einem Leistungskurs in einer modernen Fremdsprache scheint mir ein erster Schritt in die richtige Richtung. Es muß jedoch auch gesehen werden, daß die Parallelität der Ausbildung in einer Fachsprache – hier des Wirtschaftsenglischen – und der allgemeinen Sprache gerade für Schüler an allgemeinbildenden Schulen zu gewissen Konflikten führt. Diese liegen besonders in der fehlenden beruflichen Erfahrung. Hier wäre nach Mitteln und Wegen zu suchen, den Schülern einen Einblick in den Bereich von Wirtschaft und Handel zu geben, insbesondere in Betrieben, wo der Umgang mit Fachsprachen eine erhebliche Rolle spielt. Ferner sollte man bei dieser ambivalenten sprachlichen Ausbildung nicht verzichten auf einen Grundkurs in Betriebs- und Volkswirtschaft, um die Verhältnisse und Situationen, die der Schüler fachsprachlich bewältigen soll, muttersprachlich überhaupt erst einmal zur Kenntnis zu bringen.

Die Tatsache, daß die fachsprachliche Ausbildung im Rahmen des Versuchs mit der Kollegstufe zusätzlich zum normalen Unterricht stattfindet, scheint mir bei einem Modellversuch vielleicht noch vertretbar, jedoch auf Dauer für die Schüler nicht zumutbar. Einer solchen Doppelbelastung sind Schüler auf lange Sicht gewiß nicht gewachsen. Somit wäre zu überlegen, ob nicht im Bereich der sogenannten Nebenfächer Kürzungen oder gar Streichungen möglich sind.

Was die praktische Ausbildung der Schüler im Bereich der Fachsprache und die Vorbereitung auf die Prüfung der Industrie- und Handelskammern anlangt, so lassen sich aus den Prüfungsordnungen der Kammern nur verhältnismäßig wenige Hinweise entnehmen. Es bedarf wohl nicht der Erörterung, daß das Lernen einer Fachsprache wie des Wirtschaftsenglischen sich nicht allein auf die sprachliche Komponente beschränkt. Grundlegende Kenntnisse in vielfältigen Bereichen von Wirtschaft und Handel sowie der wirtschaftlichen Strukturen erscheinen mir als eine Grundvoraussetzung für ein erfolgreiches Arbeiten im sprachlichen Bereich. Dabei sind Kenntnisse über die inländischen Gegebenheiten und Verfahrensweisen von elementarer Bedeutung. Im Rahmen einer fachsprachlichen Ausbildung von Schülern an allgemeinbildenden Schulen erscheint es mir daher als angebracht, ein betriebliches Praktikum von zwei bis drei Wochen vorzusehen, in denen die Schüler Gelegenheit erhalten, Einblick in den möglichen zukünftigen Tätigkeitsbereich eines Fremdsprachenkorrespondenten zu nehmen. Es versteht sich von selbst, daß solche Kenntnisse auf die Länder der Zielsprache hin ausgeweitet werden müssen. Aus diesem Grunde empfiehlt sich auch ein längerer Aufenthalt in den entsprechenden Ländern, der insbesondere dazu benutzt werden sollte, sozioökonomische Hintergrundinformationen zu vermitteln. Selbstverständlich bedarf es der Ergänzung dieser Informationen durch ausgiebige Benutzung von Dokumenten, wie sie im Handelsverkehr zwischen den Ländern immer wieder benutzt werden. Nur durch den permanenten Praxisbezug wird es dem Lehrer an den allgemeinbildenden Schulen gelingen, den Zusammenhang herzustellen zwischen der fachsprachlichen Terminologie und den tatsächlichen Vorgängen in Wirtschaft und Handel.

Hier werden selbstverständlich an den Fremdsprachenlehrer Anforderungen gestellt, die er mit einem normalen Philologiestudium in der Regel nicht bewältigen kann. Daß es auch auf dieser Ebene eines engen Austausches zwischen den Lehrern und der Wirtschaft bedarf, steht außer Frage. Für den Bereich der Lehrerausbildung bedeutet dies ein Umschwenken von der bisherigen Konzeption der Ausbildung für eine Altersstufe hin zu einer Spezialisierung. Von einem Normalphilologen kann man schlechterdings nicht erwarten, daß er in der Lage ist, einen guten fachsprachlichen Unterricht durchzuführen. Hier gilt es m. E. anzuknüpfen an die Tradition der Ausbildung für das Lehramt berufsbildende Schulen, im Rahmen derer es möglich war, ein Studium der Wirtschaftswissenschaften mit der Anglistik zu verbinden. Daß natürlich auch ein Studiengang für eine solche Fächerkombination erarbeitet wird, in dem fachsprachliche Ausbildung ein besonderes Gewicht hat, ist m. E. selbstverständlich. Völlig unzureichend ist es, Lehrer, die selbst nur die Fremdsprachenkorrespondentenprüfung abgelegt haben, mit der Ausbildung von Fremdsprachenkorrespondenten zu betrauen.

Zur Vorbereitung auf die IHK-Prüfungen mögen die Benutzung der gegenwärtig verfügbaren Lehrmaterialien sowie aktueller Texte aus den Wirtschaftsteilen von Zeitungen und Zeitschriften hinreichen, zumal die abgeprüften SKILLS in den schriftlichen Prüfungen mit entsprechender Intensität und Anleitung durch den Lehrer antrainierbar sind. Ohne die sachliche Hintergrundinformation jedoch wird die sprachliche Kompetenz eines solchen Schülers immer mangelhaft bleiben, da ihm die Sachkenntnis fehlt, um sich in Vorgänge und Verfahrensweisen hineinzudenken. Im übrigen verlangt die Tätigkeit eines Fremdsprachenkorrespondenten nicht lediglich ein Nachschöpfen in einer anderen Sprache, sondern im Normalfall eine erhebliche Selbständigkeit in der Bewältigung von Korrespondenzaufgaben, zu der eben auch Verhandlungen, Verhandlungsdolmetschen, Telefonate, Betriebsführung usw. gehören.

Wenn diese Überlegungen insbesondere für den Bereich der allgemeinbildenden Schulen angestellt werden, so bedeutet das nicht, daß im Bereich der privaten Sprachschulen alles zum besten bestellt ist. Die Erfahrungen aus vielen Prüfungen geben eher zu Pessimismus Anlaß. Der oft zu beobachtende häufige Wechsel von Lehrkräften, der Einsatz von fachlich und pädagogisch nicht immer qualifizierten Lehrkräften sowie das Fehlen einer festen Unterrichtskonzeption und schließlich gar Unkenntnis über Anforderungen und Verlauf der Kammerprüfungen beeinträchtigen doch oft die Qualität der Ausbildung der Prüfungskandidaten. Hinzu kommt, daß es immer noch an geeigneten Unterrichtsmaterialien fehlt. Letzteres veranlaßt viele Lehrkräfte, sich mit der Zufälligkeit der Auswahl von Texten aus der Tagespresse zu begnügen, was natürlich zur Folge hat, daß die Prüflinge nur selten in der Lage sind, sich in die betriebliche Praxis einzufügen.

Das nun folgende Interview mit dem Engländer Martin B. ist in den Text aufgenommen worden, weil sein Beruf als Pressesprecher beim Rat der Europäischen Gemeinschaften zu dem weiten Feld von Berufen gehört, in denen die fremdsprachlichen Anforderungen sehr hoch sein können, ohne daß man diese Berufe deshalb als fremdsprachliche Berufe im engeren Sinne kennzeichnen darf. Das Interview zeigt zugleich, daß die Fremdsprachenanforderungen für gehobene Positionen quantitativ wie qualitativ sehr anspruchsvoll sein können.

(8) Martin B., Administrator in the Private Office of the Secretary General of the Council of the European Communities (Chargé des Affaires de Presse), Brussels

The Secretariat of the Council of the European Communities has round about 1.300 employees. 175 of them are administrators, people with university degrees, 250 are linguists/translators. The rest of the staff are secretaries, messengers, print-shop people, etc..

As you work up the tree in this institution, people are expected to know French and English equally, and when you get to the administrator group (the top 175), it is at least quite normal to work socially in three languages.

I studied French and German; for one year I lived in Hamburg, that gave me practical language knowledge. I passed the exams for an administrative career in the Community in 1972. The exams contained a language element, but of course more than that. I had to write an essay in English (three hours) on international affairs, an administrative *précis* out of a longer text, translations out of two foreign languages; fairly simple interviews, partly general and partly specific on the Community.

I had a very literary university training – I knew all about Goethe but nothing about the Common Market –, though my post-graduate work had more to do with sociology and broadcasting; and that somehow brought me into the real, the modern world.

Basically, here at Brussels in the General Secretariat of the Council, I have to see that what happens inside the Council of Ministers is given a fair reflection in the international press. There is no formal description of my work. To a very large extent I have to define it myself. There are two administrators and two secretaries in our office. The other administrator is a German, the secretaries are Dutch and French. We try to cover as many languages as possible.

What do I do each day? – I go in the morning and read the newspapers: the F.A.Z. DIE WELT, Financial Times, The Guardian, Le Monde, Le Figaro. I look them through quickly; one hour or so. Mostly, I can identify the journalists who write particular articles on Community problems, but of course, not the authors of editorials. If I feel that the Council has been badly presented in a particular case, then I know I have more work to do in that direction next time. To make a formal comment to the journalist or to the newspaper would be foolish. In addition to the newspapers I read, we have a press cutting service. By the end of the day they will send me copies of articles in all the major newspapers of the Community: 30, 40, 50 articles. I check them through (some of them I already read in the morning). Also we have commercial telex machines for world news: the English („Reuter"), the French („Agence France Presse"), the German („dpa"), and the Belgian („Belga", repeating a lot of the French).

We get scores of telephone calls each day, mostly in French or English. But those who know that we speak German, will ring us up in German. Dutch and Italian are rare; Danish virtually never occurs.

I read the preparatory papers and participate in the preparatory meeting of the Brussels representatives of the member countries. Then I sit in and listen, so that when the ministers or other delegates meet I am prepared on the subjects on which I have to write the press release. That is what I am there for. I draft it in French, though English is my mother tongue, basically, because it is the tradition. And the translation machinery has to work from one first language, otherwise there would be chaos in the organisation. Besides, inside my office, this is fair: French is neither my nor my German colleague's mother tongue. The journalists normally want the press release in French or English; many Germans, for instance, also want it in German because they then can quote it without bearing the responsibility for the translation. So I inform the journalists in French, often late at night, about what the ministers agred upon. The press release is then translated into the other working languages of the Community.

If the problem discussed is not politically charged, I write my press release and nobody needs to check it. If the problem ist politically sensitive, I ask the senior administrator in the Secretariat who is in charge of the particular problem to approve the text. On pretty rare occasions I ask the chairman himself. But of course, part of the job is to know how far you can go with the release. The minister in charge gives the press conference; I give the press release.

Each delegation of the Community is very interested in influencing public opinion in its own country. And each delegate tries to get the news first to the journalists of his country. In practice, each national minister's press officer will see to it that he speaks first to his national journalists in his own language and gives them the most favourable possible view of his minister's role in the Council, the French for the French, the German for the German, the English for the English. Each one records a victory on each occasion. The Council's statement, i. e., my press release, then speaks perhaps more objectively of a unanimous decision, which really means that there was an acceptable compromise. The release is used as a point of reference then, as a text against which to check the first information.

If we get a good press conference, there are 200 journalists or so. (250/300 are accredited.) If it is a poor one, there may be only 10 or 20. The press release of the Council is quoted quite extensively: in the news agencies' reports, in the journals, in the Community (internal bulletins); by journalists and diplomats from third countries, not belonging to the European Community.

When drafting the press release, I try to use an exact terminology, with appropriate variations from one release to another. The agricultural ministers, e. g., are concerned with the price for pig meat; it is above all an economic decision. The environment ministers, on the other hand, were recently concerned with a resolution to encourage the member states of the Community to protect the habitat of certain wild birds. This sort of resolution is quite different from the agricultural-economic ones. If ist not just the difference between a clear and an unclear decision I have to report on: there is less economic impact, greater moral concern; the public reaction is probably quite different.

But working in the second language restricts the choice of grammar and vocabulary. It is harder to break out of the everyday formulae of a press release, if you do not use your mother-tongue.

The press office of the General Secretariat has a particular problem. If the sessions last, e. g., to 5 o'clock in the morning, we sit in, but many journalists won't wait that long, they will ring us up at 8 or 9 or 10 that day to get the news. So it's sometimes a real ,round-the-clock' job.

Of course, there are the good sides to the job as well. A wide range of people to know, cocktails, dinner invitations; I travel a lot. There is some *esprit de corps* of belonging to the European civil service.

Our European identity is encouraged by the education of our children. The European School here at Brussels is very good. The children do sport, art, craft in mixed language classes right from the start; as they get older, the part of mixed courses increases. They have extensive foreign language training. If any at all, then they will become real Europeans.

TEIL 5

Evaluation

Hagen Kordes

Entwicklungsaufgaben für die Evaluation fremdsprachlicher Bildung im Kollegschulversuch

Curriculum-Forschung besteht herkömmlicherweise im wesentlichen aus einer umfassenden Problemanalyse der entwicklungspsychologischen, schulfachlichen, bildungspolitischen und politökonomischen Bedingungen des Unterrichts, *Evaluation* ist darüber hinaus als Normanalyse der diesen Bedingungen zugrunde liegenden Regelsysteme, ihrer Entstehung, aktuellen Geltung und ihrer latenten Veränderungen gekennzeichnet. Evaluation als *handlungsorientierte Begleitforschung* muß weiterhin dasjenige dynamische Konzept darstellen, welches diese beiden analytischen erziehungswissenschaftlichen Tätigkeiten nicht nur zusammenfaßt, sondern auch in einer historisch-dynamischen Schulwirklichkeit zur Geltung bringt. Auf der Ebene der Curriculum-Konstruktion bedeutet handlungsorientierte Begleitforschung die im Lichte der Curriculum-Forschung und -Evaluation strukturierte Einführung der Lehrer, Administratoren, Eltern und Politiker in pädagogische Diskurse, in denen um die Adäquatheit von Zielen und Maßnahmen sowie der ihnen zugrundeliegenden Normen gerungen wird. Die wissenschaftliche Begleitung des Kollegschulversuchs strebt in diesem Sinne der Handlungsorientierung eine Evaluation der Bildungsgänge der Kollegschule an.

Um einen Bildungsgang zu untersuchen, müssen diejenigen seiner Eigenschaften (Variabeln) bestimmt werden, die für ihn konstitutiv sind. Konstitutiv sind für den hier infrage stehenden Bildungsgang „Fremdsprachenkorrespondent/Allgemeine Hochschulreife" folgende Merkmale:

(a) Das Merkmal der Entwicklung: untersucht werden muß nicht nur irgendwann einmal (z. B. am Anfang und am Ende) irgendein Fremdsprachenerwerb, vielmehr muß kontinuierlich begleitend der Prozeß des Lernfortschritts beim Fremdsprachenerwerb untersucht werden.

(b) Das Merkmal der Integration: kontrolliert werden muß nicht nur irgendeine fremdsprachliche Fähigkeit, sondern zusammenhängend auch die Struktur des Lerngewinns für die größtmögliche Zahl der Oberstufenschüler, damit insbesondere die Struktur einer optimalen Verbindung beruflicher und allgemeiner Fremdsprachenbildung.

Somit steht die Variablenbestimmung vor zwei unkonventionellen Forschungsproblemen. Eine Evaluation muß hier Prozeß- und Strukturmerkmale gleichzeitig explizieren; und diese Explikation muß gleichzeitig eine operationale Definition und eine normative Begründung beinhalten. Das methodologische Vorgehen einer solchen begründungsorientierten Variablenbestimmung kann im wesentlichen mit der Erkenntnistätigkeit der ‚Genese' bewerkstelligt werden, und zwar in zweierlei Sinn:

(a) Sowohl im epistemologischen Sinn der genetischen Erfahrungswissenschaften, die nicht zufällig in den Sprachwissenschaften bzw. in der Sprachentwicklungspsychologie ihre Vorreiter hat (Piaget, Wygotsky, Lurija, Jakobovits, Mac Niell und Miller), sofern sie Entstehung, Funktionsweise und Veränderung der sprachlichen Kompetenzentwicklung und des Fremdsprachenerwerbs erklärt,

(b) als auch im diskursiven Sinn einer genetischen Begründungswissenschaft, die ebenfalls nicht zufällig in der sprachlichen Universalpragmatik einige ihrer Führungsfiguren hat (Habermas, Lorenzen, Kohlberg, Mittelstraß), sofern sie die wissenschaftliche Möglichkeit der Begründung von Normen (Werturteilen, Entscheidungen) rekonstruiert.

In diesem Vorgehen verbinden sich somit faktische und normative Genese (vgl. LORENZEN 1974, S. 52). Faktische Genese erklärt tatsächlich abgelaufene Entwicklungen und rekonstruiert ihre Stufung und ihr erreichtes ‚Optimum'; normative Genese liefert darüber hinaus eine ‚begründete Entwicklung', indem sie das Wirkliche mit dem möglichen Optimum einer Entwicklung vergleicht und kritisch beurteilt.

Wie in der nachfolgenden Tafel verdeutlicht werden soll, stelle ich Stufen sprachlicher Kompetenzentwicklung in Interdependenz zu den bekannteren Entwicklungsstadien kognitiver und moralischer Entwicklung dar. Mit dieser Darstellung nehme ich an, daß die Entwicklung der Heranwachsenden Resultat eines selbst-konstruktiven Prozesses ist, innerhalb dessen sich kognitive Stile, moralische Strukturen und sprachliche Schemata verändern. Diese Veränderungen verlaufen entwicklungsmäßig, d. h. der Heranwachsende durchläuft in verschiedenen Stufen Wandlungen seiner Lernfähigkeit, die ihn in zunehmender Differenziertheit und Komplexität als fähig erweisen, seine Erfahrungen in der Interaktion mit den kognitiven, sozialen und sprachlichen Umwelten zu machen und diese in bestimmten Stilen und Schemata zu verarbeiten. Sprachentwicklung im engeren Sinne ist in dieser Tafel charakterisiert als eine Bewegung, welche von einem präkommunikativen Stadium durch ein kommunikatives Stadium hindurch zu einem metakommunikativen Stadium führt. Weiter nehme ich an, daß die fremdsprachliche Kompetenzentwicklung die Heranwachsenden zwingt, zunächst wieder in ihrer Kommunikation auf Stufen zurückzugehen, die denen der Entwicklung in der Muttersprache analog sind. Ich gehe also davon aus, daß die Stadien der kommunikativ-sozial-kognitiven Entwicklung fremdsprachlich „wiederholt" werden. (Tafel auf S. 220)

Auf der ersten, *präkommunikativen Stufe* ist die sprachliche Kompetenzentwicklung durch die soziale Schwierigkeit begrenzt, sich und andere

kognitive Entwicklung	moralische Entwicklung	fremdsprachliche Entwicklung
I präoperationale Phase	I präkonventionelle Phase	I präkommunikative Phase
Unterstufe 1: Abziehen von Begriffen aus der Erfahrung	Unterstufe 1: Strafe-Gehorsam-Orientierung	Unterstufe 1: fremdsprachliche Fremdorientierung (pattern drill)
Unterstufe 2: intuitive Verwendung von Begriffen	Unterstufe 2: instrumenteller Relativismus	Unterstufe 2: operative Anwendung von patterns
II konkret-operationale Phase	II konventionelle Phase	II kommunikative Phase
Unterstufe 3: kategoriale Klassifikation	Unterstufe 3: Bravheit-Orientierung	Unterstufe 3: referentiell-phatische Informationsentnahme und -weitergabe
Unterstufe 4: reversibles Denken	Unterstufe 4: Law-Order-Orientierung	Unterstufe 4: konativ-appellative (bereits subjektive) Sprachtönung und emotiv-poetische Sprachbildung (wirklicher Sprachaustausch)
III formal-operationale Phase	III postkonventionelle Phase	III metakommunikative Phase
Unterstufe 5: kombinatorisches System von Gruppierungen	Unterstufe 5: sozialer Kontrakt	Unterstufe 5: reflexiv-transaktionale Gesprächs- und Textkonstitution
Unterstufe 6: transformatorisches System von Gruppierungen	Unterstufe 6: Gewissens- und Prinzipienorientierung	Unterstufe 6: prospektiv-diskursive Gesprächs- und Textkonstitutionen

sprachlich wirklich zu verstehen bzw. sich zu verständigen. Dies drückt sich auf der kognitiven Ebene durch vorbegriffliche verbale Schemata aus, die durch Merkmale wie Situationsabhängigkeit, Wiederholungen, halb differenzierte Sätze, nicht-autonome Planung/Regulierung künftigen Sprachverhaltens charakterisiert sind. Auf der moralischen Ebene erweist sich die Sprache als präkooperativ, was sich in Form kollektiver Monologe und primitiver (vom Handeln begleiteter) Diskussionen ausdrückt. Der Gebrauch sprachlicher Normen folgt teils eigenen, teils von außen aufgezwungenen, in jedem Falle jedoch rituellen Regeln (HARTEN 1977, S. 61). Sie werden mechanisch-imitativ übernommen, wodurch es zu den bekannten Deformationen der Sprachverwendung (durch Übergeneralisierung oder Vereinfachung von Regeln) kommt.

Im zweiten, *kommunikativen Stadium* ist die Entwicklung der sprachlichen Kompetenz durch ein Paradox gekennzeichnet. Auf der einen Seite ist der Heranwachsende kommunikativ, d. h. er vermag sich nun auch sprachlich auf den Standpunkt eines anderen zu stellen und seine Ansichten in der Diskussion an die des anderen anzupassen; auf der anderen Seite ist er aber egozentrisch, d. h. diese Reziprozität des Sprachhandelns ist noch ohne allgemeinen Charakter, sie ist systematisch begrenzt durch die Unfähigkeit, sich selbst aus der Perspektive des anderen zu erkennen. Erst im sprachlich-kognitiven Aufbau dieses Perspektivenwechsels entsteht die Fähigkeit zur Dezentrierung und damit zum Abbau des Egozentrismus. Das heißt, aus der Implikation zwischen Kognition und Sprache resultiert die Ausformung einer zunehmend subjektiven Sprechweise, welche auch erste Ansätze eines Sprechens über Sprache (metalinguale Aspekte) einschließt. Ein fundamentaler Wandel in der Entwicklung sprachlicher Kompetenz in diesem Stadium stellt sich darüber hinaus im Regelverhalten ein. Der Heranwachsende beginnt nunmehr einen Begriff und ein Bewußtsein von sprachlichen Regeln zu haben, hat ihre Anwendung weitgehend unter kognitiver Kontrolle, versteht – zumindest potentiell – ein präkommunikatives (vorbegriffliches und präkooperatives) Regelverhalten und wird fähig, Sprachnormen nunmehr nicht auf Zwang oder naturwüchsige Sprachordnung zurückzuführen, sondern auf ihren historischen und konventionellen Charakter. Die allgemeine Sprachentwicklungsforschung – einschließlich derjenigen Piagets und Wygotskys – ist sich bis heute darin einig, daß der subjektive, egozentrische Gebrauch der Sprache das genetisch notwendige Vorstadium für ihren objektiven, intersubjektiven Gebrauch ist. Die Entwicklung subjektiven Sprechhandelns ist Voraussetzung für jene parallele Entwicklung von formal-operationaler Intelligenz und postkonventioneller Urteilsfähigkeit, die ihrerseits wiederum erst durch die egozentrischen Aktivitäten des Subjekts hindurch dessen Sprache sozialisieren und eine reflexive Einstellung in der Sprachverwendung möglich machen.

Dies geschieht – in idealisierter Rekonstruktion – im dritten Stadium, dem des *metakommunikativen Sprachhandelns*. Die an die egozentrischen Aktivitäten gebundenen sprachlichen Symbole werden befreit von ihrem subjektiven Erfahrungsgehalt und in objektive Zeichen mit definierten (gesellschaftlich verbindlich gemachten) Inhalten verwandelt. In dem Maße, wie sich der Sprachgebrauch dabei formalen Operationen unterwirft, ermöglicht er Metakommunikation, d. h. die normative Regelung von Diskursen (HARTEN 1977, S. 61). Mit der kognitiven Entwicklung zur formalen Operation (analog zum Modell des Systems propostionaler Logik) kann erst die Generalisierung und Universalisierung von Aussagen moralischer Reziprozität und Kooperation beginnen. Und mit der moralischen Entwicklung zu postkonventionellen, prinzipienorientierten Urteilen (analog zum Modell der Systeme universalpragmatischer Ethik) wird ein signifikant neues Regelbewußtsein möglich. Der Jugendliche wird potentiell zu einem autonomen Subjekt, das die Regeln des Sprachgebrauchs und der Kommunikation nicht nur wahrnimmt und bewußt anwendet, sondern sich gegenüber diesen auch in einer Weise distanzierend-identifizierend verhält, die der Konstitution seiner persönlichen Identität entspricht. In dem Maße, wie ein Jugendlicher Regeln der Sprache und der Kommunikation selbst adaptiv verändert, konstituiert sich seine potentielle Sprachkompetenz.

Es versteht sich nun aber, daß für den *Fremdsprachenerwerb* besondere Bedingungen gelten. Die Entwicklung der muttersprachlichen Kompetenz kann noch als eine mehr oder weniger kontinuierlich aufeinander aufbauende Wandlung der Sprachhandlungsfähigkeit, als Funktion altersspezifischer Bildungsprozesse beschrieben werden. Diese Möglichkeit ist im Prozeß des Fremdsprachenerwerbs verbaut. Denn bis auf die wenigen Ausnahmen der bilingual aufwachsenden Kinder bzw. der Bilingualität offerierenden Milieus (Familien: Diplomaten, Zirkusleute; Regionen: Schweiz, Belgien, Entwicklungsländer) stellt sich Fremdsprachenerwerb generell dar als ein extrem von formalen Trainingsprozessen gesteuerter Aufbau einer im wahrsten Sinne des Wortes fremden und von außen an den Lerner herangetragenen Zweitsprache. Daher resultiert der vielfach anzutreffende differenzierende Sprachgebrauch von der Muttersprachen*entwicklung* und dem Fremdsprachen*erwerb*. Der Fremdsprachenerwerb läßt sich linguistisch-kommunikativ wie sozio-kulturell als eine Transferleistung beschreiben. Der Schüler muß im Erwerbsprozeß diejenige zwischensprachliche Interferenz überwinden, die sich aus der dominierenden Einwirkung der bislang ausgebildeten Muttersprachenstruktur auf die zu erlernende Fremdsprachenstruktur ergibt. Und er muß die ‚soziokulturelle Konfusion' (GIRARD in PELZ 1976, S. 38) überwinden, die sich dadurch ergibt, daß Worte und Äußerungen in der fremden Sprachkultur nicht immer die gleiche Bedeutung und Wirkung wie in der eigenen haben; ihrer angemessenen Situierung und normativen Bewertung stehen oft die eingeschliffenen Selbstverständlichkeiten und Habitualisierungen der eigenen kulturellen Überlieferung entgegen.

Die Bewältigung der mit diesen Interferenzen verbundenen Probleme interlingualer Kommunikation gehört zu den konstitutiven Merkmalen fremdsprachlicher Kompetenzentwicklung. Hierbei wird – das sei neben-her vermerkt – die Unhaltbarkeit jener Position deutlich, die das Konstrukt der ‚kommunikativen Kompetenz' am liebsten aus dem Fremdsprachener-werbsprozeß bzw. dem Fremdsprachenunterricht heraushalten möchte (MELENK, 1979). Die Unhaltbarkeit dieser Position ergibt sich nicht so sehr aus der Vagheit des Begriffs der kommunikativen Kompetenz. Viel-mehr ergibt sie sich aus der Absehung einer entwicklungslogischen Rekon-struktion der Relevanz kommunikativer Kompetenz in der faktischen so-wohl wie in der normativen Genese eines jeden Fremdsprachenerwerbs. Ein Fremdsprachenerwerb besteht eben nicht nur aus der Entwicklung ei-ner Sprachkompetenz (durch Bereitstellung/Aneignung fremdsprachlicher Mittel), sondern zugleich aus dem Prozeß des Herauslösens aus ausgangs-sprachlichen Zwängen und der zunehmend autonomen und kompetenten Auslegung fremdsprachlicher Mittel für den Ausdruck eigener (entwick-lungsspezifischer, der eigenen Altersstufe angemessener) kommunikativer Absichten. Eben daher löst der Fremdsprachenerwerb die soziolinguisti-schen Interferenzprobleme nicht einfach mit der Entwicklung einer ‚Fach-kompetenz' (Bereitstellung/Aneignung der Bedeutungen und Kontexte ei-ner fremden Kultur). Fremdsprachenerwerb ist vielmehr ein Prozeß des Herauslösens aus ethnozentrischen Stereotypen und damit ein Prozeß der zunehmend komptetenteren Vermittlung zwischen verschiedenen Zei-chen- und Kulturträgern sowie deren Werten und Normen.

Genau in diesem Sinne suchen neuere genetische Ansätze zur Fremd-sprachenerwerbsforschung (Jacobovits, Selinker, Corder, Coulther) die Entwicklung einer fremdsprachlichen Kompetenz so zu beschreiben, als wäre sie charakterisiert von einem schrittweisen und gleichzeitigen Über-gang durch mehrere von Muttersprache und Fremdsprache unterschiedlich durchmischte Zwischensprachen *(interlanguages)* und durch mehrere zwi-schen Eigen- und Fremdkultur vermittelnden ‚Zwischenverständnissen' *(intercultures)*.

Entwicklungsaufgaben haben nun die Funktion, den Erwerb fremd-sprachlich-kommunikativer Kompetenz erfaßbar und einschätzbar zu ma-chen. Sie sind für die Evaluation eines fremdsprachlichen Bildungsgangs notwendig Kommunikationsaufgaben. Während aber eine Untersuchung kognitiver Entwicklung über das Vehikel von Problemlösungs-Aufgaben erfolgen kann und die Untersuchung moralischer Entwicklung über die Form von Dilemma-Aufgaben sinnvoll realisierbar ist, hat eine Untersu-chung sprachlicher Entwicklung die Schüler daraufhin zu untersuchen, wie sie in zeitlicher Variation solche Situationen mit fremdsprachlichen Mitteln bewältigen, welche für die internationale Kommunikation zwischen *for-eign speakers* und *native speakers* relevant sind. Entwicklungsaufgaben sind also Kommunikationsaufgaben in dem Sinne, daß sie Schüler mit solchen interlingualen und -kulturellen Kommunikationsschwierigkeiten und -störungen konfrontieren, die wesentlich über den vernünftigen und pragmatischen Gebrauch fremdsprachlicher Mittel zu bewältigen sind. Solche Schwierigkeiten und Störungen resultieren aus der grundlegenden Konstellation einer fremdsprachlichen Beziehung, nämlich der Konstellation einer „Begegnung zwischen Fremden".

Die folgenden Aufgaben verdeutlichen für den Bereich der mündlichen Kommunikation, wie zunehmend anspruchsvollere Stufen der Kommunikation abgefragt werden können. (Stufe A ist locker assoziiert mit Jahrgangsstufe 1, B mit 12 und C mit 13).

Stufe A: *Vermittlung direkter Kommunikation zwischen Einheimischen und Fremden*

In dieser ersten, für den Schüler leichter zu bewältigenden Kommunikation sprechen sich die Kommunikationspartner direkt an, der jeweilige Schüler überträgt als Vermittler die Inhalte ohne Modifizierung. Dabei wird aber vom Schüler zunehmend verlangt, zwischen unterschiedlichen Wortbedeutungen, also meistens sozio-kulturellen Konnotationen zu vermitteln, da sonst die Kommunikation zwischen einem Einheimischen und einem Fremden paradox wird oder ganz abbricht.

Beispiel (Auszug aus Entwicklungsaufgabe A – mündlich)

Französischer Besucher (einer deutschen Schule, spricht kein Deutsch): Expliquez-moi s'il vous plaît, cet emploi du temps. Par exemple aujourd'hui le mercredi ...

Schüler: (als Sprachmittler) ...

Deutscher Gastgeber (Lehrer, der wenig Französisch spricht) Am heutigen Mittwoch beginnt dieser Schüler seinen Unterricht im Kunst-Kurs; dem folgt dann eine Doppelstunde Biologie. Die vierte Stunde ist frei.

Schüler: ...

Französischer Besucher: Libre? les élèves sont donc en étude?

Schüler: (muß zwischen den zwei Bedeutungen von ‚étude' vermitteln): ...

Deutscher Gastgeber: Nein, die Schüler können machen, was sie wollen. Einige gehen in die Cafeteria, andere gehen spazieren; wenige machen Schulaufgaben.

Schüler: ...

Französichicher Gastgeber: N'y a-t-il pas de surveillants?

Schüler (muß französische Bedeutung des ‚surveillants' in ein deutsches Äquivalent übertragen, sonst induziert er Mißverständnisse, wie:)

Deutscher Gastgeber: Aufseher? Wir sind doch nicht im Gefängnis!

Schüler: (merkt oder merkt nicht die Mißdeutungen, die sich auftun; versucht oder versucht nicht, das durch die Übersetzung nahegelegte Mißverständnis direkt oder indirekt zu überwinden) ...

Stufe B: *Vermittlung indirekter Kommunikation zwischen Einheimischen und Fremden*

In dieser zweiten Grundart der Kommunikation verkehren die eigentlichen

Gesprächspartner nur indirekt über den Vermittler. Sie erscheint als die natürlichere, ist aber strukturell schwieriger, da der Vermittler indirekte Rede in der einen Sprache, zum Beispiel „Sagen Sie es ihm, daß hier nachmittags prinzipiell kein Unterricht stattfindet und daß es besser ist, er besucht die Kurse zwischen 8.00 Uhr und 13.00 Uhr" in direkte Rede in der anderen Sprache umwandeln muß, etwa in: „Les écoles allemandes ne connaissent guère des classes d'après midi. Il est donc nécessaire que vous alliez visiter des cours entre 8 h et 13 h dans la matinée." Hinzu kommen Mischformen, in denen teils direkt, teils indirekt kommuniziert wird. Die Situationen können dabei sowohl in einem fremdsprachigen Land als auch in Deutschland angesiedelt werden. In den Fällen, in denen keine direkte Kommunikation stattfindet, tritt für den Vermittler ein zusätzliches, erschwerendes Phänomen hinzu – man drückt sich abrupter aus, wird unbeherrschter und unhöflicher. Der Vermittler wird dann einen eigenen persönlichen Beitrag in das Gespräch hineinbringen – er wird gegebenenfalls unhöfliche Anmerkungen in höfliche Fragen umwandeln, Informationen hinzufügen, bzw. weglassen, zum Beispiel:
Französicher Besucher (steht beim deutschen Hausmeister der Schule und wartet auf den Direktor, der ihn empfangen soll): „Dîtes-lui donc qu'il appelle le directeur. Ça me pompe d'attendre ici aussi longtemps.
Schüler (zu Hausmeister): Ist der Direktor wohl in der Lage, M. Ducas jetzt zu empfangen? Er wird ein wenig verunsichert durch das lange Warten.

Stufe C: *Konstitution der Kommunikation zwischen Einheimischen und Fremden*
In dieser Stufe vermittelt der Schüler nicht nur eine Kommunikation zwischen Fremden; vielmehr schafft er sie nunmehr auch nach eigenen Motiven und Prinzipien; im Idealfall unterlegt er der von ihm geführten Kommunikation eine bestimmte Perspektive gelungener oder mißlungener Begegnung.
Beispiele hierfür sind Hearings, Vorstellungsgespräche, Debatten und Konferenzen, die der Schüler selbst organisiert und zu einem bestimmten sprachlichen und inhaltlichen Ergebnis zu führen sucht:
Schüler (zu einer Gruppe französischer Assistenten und deutscher Schüler, die beraten sollen, wie das Sprachtraining in der Schule angelegt werden könnte):
„Je propose, que nous, élèves allemands, avançions nos intérêts et besoins, que nous dressions, en quelque sorte, une liste. Et vous, assistants français, vous nous dîtes par la suite quelles idées cela vous donne. Est-ce que vous êtes d'accord avec ce processus? Hans, si tu veux bien commencer.
Hans: . . .
Schüler: Merci, Hans. Et maintenant à toi, Peter.
Peter: . . .
Schüler: Si j'ai bien compris, notre liste comporte 5 thèmes principaux . . . Qu'en pensez-vous, M. Ribault?
M. Ribault: . . .
Parallel zu den Entwicklungsaufgaben im mündlichen Bereich lassen sich Aufgaben

zunehmend höherer Stufung für den schriftlichen Bereich fixieren, was hier nur angedeutet sei.

Stufe A: *Textübertragung* – Vermittlung eines Schriftverkehrs um eine Einladung
z. B. der Schulklasse in die französische Partnerschule

Stufe B: *Textvermittlung* – z. B. um ein kontroverses Thema wie die zentrale Abiturprüfung in Frankreich

Stufe C: *Textkonstitution* – Reflexion und Rekonstruktion der eigenen Fähigkeiten
zur fremdsprachlichen Kommunkation, Textverarbeitung und -intepreta-
tion.

Die Entwicklungsaufgaben müsssen so angelegt sein, daß nicht nur die
Kollegschüler, vielmehr auch die Schüler des berufsbildenden Bereichs und
der gymnasialen Oberstufe sie bewältigen können oder zumindest zeigen
können, welcherart ihre spezifischen fremdsprachlichen Qualifikationen
sind. Ich stelle deshalb die These auf, daß eine Entwicklungsaufgabe, welche die Integration beruflicher und allgemeiner Fremdsprachenbildung untersuchen soll, dann am adäquatesten formuliert ist, wenn sie die Lernenden
zum Vergleich, zum Wechsel und zur Reflexion professioneller wie wis-
senschaftspropädeutisch-reflexiver Qualifikationen fremdsprachlich-
kommunikativer Kompetenz herausfordert. Es ist zu evaluieren, wie weit
die Schüler ihr Kommunikationsrepertoire von einer „berufstechnischen"
Rede- und Textproduktion zu einer analytisch-reflexiven Rede-, Text- und
Themaentfaltung wechseln können, und zwar nicht etwa in einem beliebigen Wechsel sondern in Entsprechung zu den Anforderungen der jeweiligen kommunikativen Zielsituation.

Umfassende (normative) Evaluationsperspektive ist dann das Konzept
einer *fremdsprachlichen Bildung* über einen schulisch gesteuerten Ent-
wicklungsprozeß, der für die Schüler als zunehmende Aufhebung derjenigen kommunikativen Einschränkungen erfahren werden kann, die sie aufgrund der linguistischen wie kulturellen Differenzen zwischen Fremdsprache und Muttersprache im Fremdsprachenunterricht durchlaufen. Der
Prozeß der fremdsprachlichen Kompetenzentwicklung ist dann ein Prozeß
der zunehmenden Befreiung von der Ausgangssprache und von muttersprachlichen Interferenzen, damit zugleich aber auch ein Prozeß, durch den
die Eigentümlichkeit der Muttersprache als Kommunikationsinstrument
bewußt wird.

Anmerkungen

1 Dieser Abschnitt des Beitrags bezieht sich auf das PROFILKONZEPT (1978) für den Bildungsgang „Fremdsprachenkorrespondent/Allgemeine Hochschulreife". Das Profilkonzept wurde von der Wissenschaftlichen Begleitung Kollegstufe NW (M. A. Meyer) in Zusammenarbeit mit der Assoziierten Wissenschaftler-Gruppe „Neuere Fremdsprachen" des Kollegschulversuchs (K.-R. Bausch, U. Bliesener, H. Christ, K. Schröder, U. Weisbrod) und in Mitarbeit der überregionalen Fachgruppe Fremdsprachen des Landesinstituts für Curriculumentwicklung, Lehrerfortbildung und Weiterbildung erstellt. Soweit mein Beitrag über dieses Profilkonzept hinausgeht, liegt er in meiner Eigenverantwortung.

2 Eine ausführlichere Diskussion des Kommunikationsbegriffs findet sich bei M. A. MEYER 1976.

3 Entnommen aus: PROFILKONZEPT „Neue Fremdsprachen (AHR)/Fremdsprachenkorrespondent (VZ)". Düsseldorff 1978.

4 Vgl. den Auszug aus der Prüfungsordnung im Anhang zu diesem Kurskonzept.

5 Die Textbeispiele ARPEGE DE LANVIN, L'INSTALLATION DE M. GISCARD D'ESTAING A L'ELYSEE und AFFICHES sind den NOUVEAUX TEXTES FRANÇAIS, Dortmund 1973–1979, Jg. 2 und Jg. 6, entnommen. Dort findet sich auch eine ausführliche methodisch-didaktische Ausarbeitung.

6 Goethe nach der Schlacht von Valmy, am Abend des 19.September 1872. Campagne in Frankreich. In: GOETHE, Hamburger Ausgabe, Hamburg ²1963, Bd. 10, S. 235.

7 Der erste ausländische Staatsgast bei Valery Giscard d'Estaing war der deutsche Bundeskanzler Helmut Schmidt.

8 Ein Blick in die meisten, von Schulverlagen angebotenen Grammatiken, Stillehren und Idiomatiken bestätigt diese Feststellung. Eine positive Ausnahme bilden die Übungen in *Structures in Situations*, Dortmund 1972 (Lensing – Schroedel). Dieses Übungsbuch für die Oberstufe wird bezeichnenderweise *A Refresher Course* genannt.

9 Vgl. die Themenreihe „Neue Wege der Grammatik". In: Der fremdsprachliche Unterricht, Heft 6 (1968), 11 (1969), 18 (1971), 30 (1974).

10 Vgl. H. ARNDT (1969) sowie den Beitrag von H. PETERSEN: „Überlegungen zur Anwendung der generativen Transformationsgrammatik im Englischunterricht an deutschen Schulen." In: Der fremdsprachliche Unterricht, Heft 18. (1971), S. 25–49; ferner E. ROTH: Transformationsgrammatik in der englischen Unterrichtspraxis, Frankfurt 1971.

11 Zur Frage der Übersetzung im Fremdsprachenunterricht vgl. das Themenheft 40, Der fremdsprachliche Unterricht, hrsg. v. E. MEYER, 1976, und E. MEYER in diesem Band.

12 Aus der Zahl der in Arbeit befindlichen Kursmaterialien zum Thema Grammatik soll hier auf ein Beispiel des Kollegschulversuchs verwiesen werden: J. GÖTZ u. a.: The English Language: What it is like, why and how to learn it. Leistungs-

kurs 13. 1 Englisch im Schwerpunkt 16 des Kollegschulversuchs, Düsseldorf 1979 (hektographiert).

13 Der Abschnitt 4 stellt eine veränderte und gekürzte Fassung dar von J. BE-NEKE: Der fachsprachliche Anteil an der nachschulischen Kommunikation und die Anforderungen der Wirtschaft an die Fremdsprachenausbildung. In: K.-R. BAUSCH u. a. (Hg.) 1978.

Literaturverzeichnis

Andersson, Th.: The Optimum Age for Beginning the Study of Modern Languages. In: International Review of Education 6 (1960), S. 298–306.

Arndt, H.: Grammatik, Semantik, Discourse Analysis. In: Der fremdsprachliche Unterricht, Heft 11 (1969), S. 9–18.

Bär, H.: Pagaille, pagaye, pagaie . . . ou comment? In: französisch heute 9 (1978), S. 201–205.

Bartenstein, W.: Arbeit mit französischen Sachtexten, Stuttgart 1976.

Bausch, K.-R.: Zur Übertragbarkeit der ‚Übersetzung als Fertigkeit‘ auf die ‚Übersetzung als Übungsform‘. In: Die Neueren Sprachen Heft 5/6 (1977), S. 517–535.

Bausch, K.-R.: Sprachmittlung: Übersetzen und Dolmetschen. In: *Althaus, H. P.* u. a. (Hg.): Lexikon der germanistischen Linguistik. Tübingen 1979/80 (im Druck).

Bausch, K.-R./Bliesener, U./Christ, H./Schröder, K./Weisbrod, U. (Hg.): Beiträge zum Verhältnis von Fachsprache und Gemeinsprache im Fremdsprachenunterricht der Sekundarstufe II. Bochum 1978 (Manuskripte zur Sprachlehrforschung Nr. 12/13).

B. E. L. C. (Hg.): Douze dossiers pour la classe, série langue et civilisation, Paris 1971.

Beneke, J.: Betriebsinterner Fremdsprachenunterricht – eine didaktische Skizze. In: Die Neueren Sprachen 3/4 (1976), S. 298–305.

ders.: Der fachsprachliche Anteil an der nachschulischen fremdsprachlichen Kommunikation und die Anforderungen der Wirtschaft an die Fremdsprachenausbildung. In: *Bausch, K.-R.* u. a. (Hg.) 1978, S. 112–146.

ders.: Welchen Fremdsprachenunterricht braucht der Fremdsprachenanwender? Englischunterricht aus der Sicht der beruflichen Praxis. In: *Heuer, H./Kleineidam, H./Obendiek, E./Sauer, H.* (Hg.): Dortmunder Diskussionen zur Fremdsprachendidaktik. Kongreßdokumentation der 8. Arbeitstagung der Fremdsprachendidaktiker Dortmund 1978. Dortmund 1979, S. 61–65.

ders.: Fremdsprachenanwendung in real life situations. In: Linguistik und Didaktik 39, (1979), S. 238–265.

ders.: „Mister, what mean this?“ – Überlegungen zu einem fachsprachlich profilierten Englischunterricht. In: Neusprachl. Mitteilungen 4, (1979), S. 222–228.

Benjamin, W.: Die Aufgabe des Übersetzers. In: *Baudelaire, Ch.:* Tableaux Parisiens, Frankfurt 1963, S. 5–24.

Bergner, H. u. a.: Informationsblatt der Justus-Liebig-Universität Gießen zu den Studiengängen „Diplom-Fachsprachenexperte“ und „Diplom-Sprachenlehrer“. Gießen 1979 (hektographiert).

Berke, R.: Überblick über die Geschichte der kaufmännischen Schulen. In: *Blättner, F.* u. a. (Hg.): Handbuch für das Berufsschulwesen, Heidelberg 1960, S. 138 ff.

Bierwisch, M.: Strukturalismus. Geschichte. Probleme und Methoden. In: Kursbuch 5 (1966), S. 77 ff.

230

Blancpain, M.: Situation de la Langue Française dans le Monde. In: Die Neueren Sprachen 74 (1975), S. 487–495.

Blankertz, H.: Bildung im Zeitalter der großen Industrie. Hannover 1969.

ders.: Die fachdidaktisch orientierte Curriculumforschung und die Entwicklung von Strukturgittern. In: *Blankertz, H.* (Hg.): Fachdidaktische Curriculumforschung – Strukturansätze für Geschichte, Deutsch, Biologie. Essen 1973, S. 9–27.

Bliesener, U./Schröder, K.: Elemente einer Didaktik des Fremdsprachenunterrichts in der Sekundarstufe II. Frankfurt a. M. 1977.

Bönig, G. u. a.: Kommentierte Auswahlbibliographie zur Fremdsprachenpolitik. In: Die Neueren Sprachen Heft 3/4 (1976), S. 236–399.

Bruchhäuser, H.-P.: Zur mittelalterlichen Auslandslehre deutscher Kaufmannssöhne in Novgorod. In: Die Deutsche Berufs- und Fachschule, Band 75, Heft 9 (1979), S. 657 ff.

Bundesanstalt für Arbeit (Hg.): Blätter zur Berufskunde, Band 2: Dolmetscher, Übersetzer und andere Fremdsprachenberufe, 5. Aufl., Bielefeld 1971.

Christ, H./Liebe, E./Schröder, K.: Fremdsprachen in Handel und Industrie. Eine Untersuchung in den IHK-Bezirken Düsseldorf und Köln. Augsburg 1979 (Augsburger I & I-Schriften 9).

Coste, D.: Quel français enseigner. In: *Reboullet, A.* (Hg.): Guide pédagogique pour le professeur de français langue étrangère, Paris 1971.

Curriculum Gymnasiale Oberstufe: Französisch. Hg.: Der Kultusminister des Landes Nordrhein-Westfalen. Köln, 2. Aufl. 1973.

Deutscher Bildungsrat: Strukturplan für das Bildungswesen. (Empfehlungen der Bildungskommission) Stuttgart 1970.

ders.: Zur Neuordnung der Sekundarstufe II. Konzept für eine Verbindung von allgemeinem und beruflichem Lernen. (Empfehlungen der Bildungskommission) Stuttgart 1974.

Dietze, G.: Aus der Praxis des Dolmetschens im Rahmen einer Europäischen Behörde. In: Die Neueren Sprachen, Heft 3/4 (1976), S. 319–326.

Dilthey, W.: Schulreform (1900), in: *Dilthey, W.:* Über die Möglichkeit einer allgemein gültigen pädagogischen Wissenschaft, hrsg. von *H. Nohl*, Weinheim o. J.

Drozd, L.: Die Fachsprache als Gegenstand des Fremdsprachenunterrichts. In: Deutsch als Fremdsprache, Heft 3 (1966), S. 23 ff.

Eckersley, C. E./Kaufmann, W.: A Commercial Course for Foreign Students, Vol. 1 and 2, Longman, London 1971.

ELTDU. The English Language Teaching Development Unit: The Visit. A course in social English. O. O. 1978.

Fénelon: Lettre à l'Académie (1714), Ausgabe Paris 1946 (Classiques Larousse)

Freese, P.: Trivialliteratur im Englischunterricht: E. Segals Love Story als Herausforderung an die Literaturdidaktik. In: *Hunfeld, H./Schröder, G.* (Hg.): Literatur im Englischunterricht, Königstein/Ts. 1978, S. 37 ff.

Fouché, P.: Traité de prononciation française, Paris 1956

Garin, E.: Der italienische Humanismus. Bern 1947.

Gartside, L.: Der englische Geschäftsbrief. Bearbeitet von *F. Sester.* Macdonald & Evans Ltd., Estover, Plymouth, 1977 (German Edition).

Gilow, H.: Das Berliner Handelsschulwesen des 18. Jahrhunderts im Zusammenhange mit den pädagogischen Bestrebungen seiner Zeit dargestellt, Berlin 1906.

Götz, J. u. a.: The English language: What it is like, why and how to learn it. Düsseldorf 1979 (hektographiert).

Grevisse, M.: Le bon usage, Gembloux 1964.

Grüner, G.: Das berufliche Schulwesen in der Bundesrepublik Deutschland – Tatbestände und Entwicklungstrends. In: Die berufsbildende Schule 32, Heft 1 (1980), S. 42–58.

Gruss-Koch, G./Heursen, G./Kopp, N./Kordes, H./Meyer, M. A./Reisner, H.-P.: Grundbildung im Schwerpunkt: Sprache und Literatur. In: Schenk, *B./Kell, A.* (Hg.): Grundbildung. Schwerpunktbezogene Vorbereitung auf Studium und Beruf in der Kollegschule. Kronberg/Ts. 1978, S. 222–254.

Gülich, E.: Überlegungen zur Anwendung von Methoden und Ergebnissen textlinguistischer Forschungen im Französischunterricht der Sekundarstufe II. In: Die Neueren Sprachen, Heft 4 (1974), S.285–315.

Hamblock, D./Wessels, D.: Englisch in Wirtschaft und Handel. Bd. 1 und 2, Essen 1977.

Hanisch, Th./Meyer, M. A./Terhart, E.: Probleme der Transformation neuer didaktischer Konzeptionen in den Schulalltag. In: *Geißler, H.* (Hg.): Unterrichtsplanung zwischen Theorie und Praxis. Stuttgart 1979, S. 180–192.

Harris, Z. S.: Discourse Analysis. In: Language 28 (1952), S. 1–30; 474–494.

Harten, H.-C.: Kognitive Sozialisation und politische Erkenntnis. Weinheim 1977.

Havránek, B.: Die Theorie der Schriftsprache. In: *Beneš, E.* u. *Vachek, J.* (Hg.): Stilistik und Soziolinguistik. Berlin 1971, S.19–37.

Heinen, E.: Einführung in die Betriebwirtschaftslehre, Wiesbaden 1968.

Heinen, E.: Entscheidungsorientierte Betriebswirtschaftslehre und Wirtschaftsdidaktik. In: *Neugebauer, W.* (Hg.): Wirtschaftslehre 3. Lehrerbildung für Wirtschafts- und Arbeitslehre, München 1979, S. 126ff.

Von Hentig, H.: Die Fremdsprache als Anlaß zur Menschenbildung. In: Neue Sammlung 19, Heft 3 und 4 (1979), S. 248ff.

Heydorn,H. J.: Uber den Widerspruch von Bildung und Herrschaft. Frankfurt 1970.

Hoffmann, H. G.: Englisch für Sie – Aufbaukurs Wirtschaft. München 1976.

Hüllen, W.: Zum Problem des berufsorientierten Fremdsprachenunterrichts in der Sekundarstufe II. In: *H. Mainusch* u. a. (Hg.): Lehrerfortbildung und Lehrerweiterbildung in der Bundesrepublik Deutschland: Modell Anglistik. Frankfurt a. M. 1976, S. 172–204.

Humboldt, W. v.: Gesammelte Schriften. Ausgabe der Preußischen Akademie der Wissenschaften, Band I bis XVII, Berlin 1903–1935; Werke in fünf Bänden, *Flitner, A., u. Giel, K.* (Hg.), 2. Aufl. Darmstadt 1969.

Ihwe, J. (Hg.): Literaturwissenschaft und Linguistik. 2 Bände, Frankfurt a. M. 1972, 1973.

232

Ionesco, E.: Présent passé – passé présent, Paris 1968.

Iser, W.: Die Appellstruktur der Texte. In: *Warning, R.* (Hg.): Rezeptionsästhetik. Theorie und Praxis. München 1975 (UTB 303).

Jaeger, W.: Paideia. Die Formung des griechischen Menschen. 3 Bände, Leipzig 1936–1947.

*Jakobson, R.:*Linguistik und Poetik. In: *Blumensath, H.* (Hg.): Strukturalismus in der Literaturwissenschaft, Köln 1972, S. 118 ff.; und in: *Ihwe, J.* (Hg.) 1972.

Jasper, H.-H.: Der berufsbezogene Englisch-Unterricht. In: Die berufsbildende Schule 29 (1977), S. 491–498.

ders.: Zur Frage des Berufsbezugs im Englischunterricht an berufsbildenden Schulen. In: Die Neueren Sprachen, Heft 6 (1978), S. 581–588.

Kallmeyer, W./Klein, W./Meyer-Hermann, R./Netzer, K./Siebert H. J.: Lektürekolleg zur Textlinguistik, Bd. 1: Einführung; Bd. 2: Reader. Frankfurt a. M. 1974.

Kell, A./Kutscha, G.: Kritische Theorie der ökonomischen Bildung und das Problem der didaktischen Reduktion. In: Zeitschrift für Pädagogik, Band 23, Heft 3 (1977), S. 345 ff.

Kielhöfer, B.: Fehlerlinguistik des Fremdsprachenerwerbs. Kronberg 1975.

Klein, H.-W.: Schwierigkeiten des deutsch-französischen Wortschatzes. Germanismen-Faux Amis. Stuttgart 1968.

Klemperer, V.: „Lingua Tertii Imperii". Die unbewältigte Sprache. Aus dem Notizbuch eines Philologen. München 1969 (dtv 575).

Kloepfer, R.: Poetik und Linguistik. München 1975 (UTB 366).

Kollegstufe NW. Heft 17 der vom Kultusminister des Landes Nordrhein-Westfalen herausgegebenen Schriftenreihe: Strukturförderung im Bildungswesen des Landes Nordrhein-Westfalen. Köln 1972.

Köller, W.: Einführung in die Übersetzungswissenschaft. Heidelberg 1979.

Kutscha, G.: Das politisch-ökonomische Curriculum. Kronberg 1976.

ders./*Reinhold, H./Thoma, G.:* Die wirtschaftswissenschaftlich-kaufmännische Grundbildung im Schwerpunkt „Wirtschaftswissenschaften" der Kollegschule NW. In *B. Schenk/A. Kell* (Hg.): Grundbildung: Schwerpunktbezogene Vorbereitung auf Studium und Beruf in der Kollegschule. Königstein/Ts. 1978, S. 164–194.

ders./*Loss, W./Sadowski, D.:* ‚Entscheidungsfähigkeit' als Lernzielkonstrukt der wirtschaftswissenschaftlich-kaufmännischen Grundbildung in der Kollegschule. In: Die Deutsche Berufs- und Fachschule, Band 75, Heft 2 (1979), S. 83 ff.

Leech, G./Svartvik, J.: A Communicative Grammar of English. München 1978.

Lichtenstein, E.: Der Ursprung der Pädagogik im griechischen Denken. Hannover 1970.

Lorenzen, P.: Scientismus versus Dialektik. In: Kambartel, S. (Hg.): Praktische Philosophie und konstruktive Wissenschaftstheorie. Frankfurt 1974, S. 34–53.

Lotman, J. M.: Die Struktur literarischer Texte. München 1972 (UTB 103).

Lynch, M.: North Sea Challenge. London. Second edition 1979 (The British Petroleum Company and Bath University).

Malblanc, A.: Stylistique Comparée du Français et de L'Allemand, Paris 1968.

Marrou, H. I.: Histoire de l'éducation dans l'antiquité. Paris 1955³ Übersetzung: Geschichte der Erziehung im klassischen Altertum. Freiburg 1957.

Meffert, H.: Informationssysteme. Grundbegriffe der EDV und Systemanalyse. Tübingen-Düsseldorf 1975.

Melenk, H.: Der didaktische Begriff der ‚kommunikativen Kompetenz'. In: Praxis des neusprachlichen Unterrichts, Heft 1 (1978) S. 3 ff.

Menze, C.: Wilhelm von Humboldts Lehre und Bild vom Menschen. Ratingen 1965.

ders.: Die Bildungsform Wilhelm von Humboldts. Hannover 1975.

Meyer, E.: Übersetzung als Lernziel? In: Der fremdsprachliche Unterricht, Heft 40 (1976), S. 3 ff.

Meyer, M. A.: Formale und handlungstheoretische Sprachbetrachtung. Stuttgart 1976.

ders.: Die Bedeutung der Normenbücher Englisch und Französisch für die integrierte Sekundarstufe II. In: Flitner, A./Lenzen, D. (Hg.): Abitur-Normen gefährden die Schule. München 1977, S. 175–193.

ders.: Allgemeinbildung und berufliche Orientierung im Fremdsprachenunterricht. Zum Bildungsgang ‚Neue Fremdsprachen (AHR) /Fremdsprachenkorrespondent' im Kollegschulversuch Nordrhein-Westfalen. In: *Heuer, H.* u. a. (Hg.): Dortmunder Diskussionen zur Fremdsprachendidaktik. Dortmund 1979, S. 56 ff.

ders.: Möglichkeiten und Grenzen einer beruflichen Orientierung des Fremdsprachenunterrichts in der Sekundarstufe II. In: *Tschauder, G./Weigand, E.* (Hg.): Akten des 14. Linguistischen Kolloquiums. Tübingen 1980 (im Druck).

ders.: Neusprachlicher Unterricht. In: *H. Blankertz* u. a. (Hg.): Band VIII/IX der Enzyklopädie Erziehungswissenschaft (EE): Sekundarstufe II. Stuttgart 1981 (im Druck).

Mindt, D.: Probleme des pragmalinguistischen Ansatzes in der Fremdsprachendidaktik. In: Die Neueren Sprachen, Heft 3/4 (1978), S. 340–357.

Molière: Le Bourgeois Gentilhomme, II, 4. In: *Walter, H.* (Hg.): 1979, S. 10.

Mounin, G.: Die Übersetzung. Geschichte, Theorie, Anwendung. München 1967.

Müller, R. M.: Was ist *situational teaching?* Ein Vorschlag zur Systematisierung. In: Praxis des neusprachlichen Unterrichts 18 (1971), S. 229–239.

Neuner, G. et al.: Allgemeinbildung. Lehrplanwerk, Unterricht. Eine Interpretation des Lehrplanwerks der sozialistischen Schule der DDR unter dem Gesichtspunkt der Gestaltung eines wissenschaftlichen und parteilichen Unterrichts. Berlin (DDR) 1973.

Niethammer, F. I.: Der Streit des Philantrophinismus und Humanismus in der Theorie des Erziehungsunterrichtes unserer Zeit. Jena 1808. Neudruck: Weinheim 1968.

Nohl, H.: Der Bildungswert fremder Kulturen (1928), und: Lebende Sprachen (1947), beide Aufsätze in: *Nohl, H.:* Pädagogik aus 30 Jahren. Frankfurt a. M. 1949, S. 50–59 und 60–61.

Nouveaux Textes Français. Sammlung Lensing 3, Jg. 1–7. Dortmund 1973–1979.

234

Olivieri, C.: Apprendre à débattre. In: Le Français dans le Monde, 136, avril 1978, S. 35 ff.

Parsons, C. J./Hughes, S. J.: Written Communication for Business Students. London, 2. Aufl. 1972.

Paulsen, F.: Geschichte des gelehrten Unterrichts auf den deutschen Schulen und Universitäten vom Ausgang des Mittelalters bis zur Gegenwart, Bd. 2: Der gelehrte Unterricht im Zeichen des Neuhumanismus. Leipzig 1885, 1921³, Neudruck: Berlin 1960.

Pelz, M.: Einführung in die Didaktik des Französischen. Heidelberg 1975.

Peytard, J./Genouvrier, E.: Linguistique et enseignement du français, Paris 1970.

Phal, A./Deschamps, H.-L.: La recherche linguistique au service de l'enseignement des langues de spécialité. In: Le Français dans le Monde, 61, 1968, S. 12 ff.

Piepho, H. E.: Kommunikative Kompetenz, Pragmalinguistik und Ansätze zur Neubesinnung in der Lernzielbestimmung im Fremdsprachenunterricht. Düsseldorf 1974a.

ders.: Kommunikative Kompetenz als übergeordnetes Lernziel im Englischunterricht. Dornburg-Frickhofen 1974b.

ders.: Englisch für leistungsschwache Schüler. Gutachten (Sonderdruck des Kultusministers des Landes Nordrhein-Westfalen), Köln 1979.

Pinkerneil, D. (Hg.): Alternativen. Die Berufsaussichten des Geisteswissenschaftlers außerhalb der Schule. Kronberg/Ts. 1973.

Pönisch, H.: Entwicklungstendenzen der innerbetrieblichen Fremdsprachenausbildung. In: Zielsprache Englisch, Heft 1 (1975), S. 37–39.

Pott, K. F. (Hg.): Über kaufmännische Erziehung. Ein Quellen- und Lesebuch mit Texten aus Zeitschriften, Broschüren und (Lehr)Büchern des 18. Jahrhunderts. Rinteln 1977.

Prévert, J.: Gedichte und Chansons. Französisch und Deutsch. Nachdichtungen von Kurt Kusenberg. Reinbek bei Hamburg 1971.

Profilkonzept „Neue Fremdsprachen (AHR)/Fremdsprachenkorrespondent (VZ)". Landesinstitut für Curriculumentwicklung, Lehrerfortbildung und Weiterbildung (Hg.): *K.-R. Bausch, M. A. Meyer, H.-P. Reisner* u. a., Düsseldorf 1978 (hektographiert).

Queneau, R.: Exercises de style, Paris 1947.

ders.: Bâtons, chiffres et lettres, Paris 1973.

Quirk, R. u. a.: A Grammar of contemporary English. München 1978.

Rahner, H.: Abendländischer Humanismus und katholische Theologie. Innsbruck 1946.

Raible, W.: Skizze eines anwendungsbezogenen, makrostrukturellen Textmodells In: Praxis des neusprachlichen Unterrichts, Heft 5 (1974), S. 410–429.

Rattunde, E.: Sprachnorm und Fehlerkorrektur. Zur Relevanz der neuen tolérances grammaticales ou orthographiques (déc. 1976). In: *Rattunde, E.* (Hg.): Sprachnorm(en) im Fremdsprachenunterricht, Frankfurt 1979, 62 ff.

Redicker, C. H.: Ein neuer Studiengang in der Anglistik – Diplom-Fachsprachler für Wirtschaftsenglisch – eine interdisziplinäre Aufgabe. In: Die Neueren Sprachen, Heft 1 (1979), S. 17–32.

Reiss, K.: Texttyp und Übersetzungsmethode. Der operative Text. Kronberg 1976.

Rotter, W./Bendl, H.: Your Companion to English Texts. Comprehension. Analysis. Appreciation. Production. München 1978.

Rigault, A.: La grammaire du français parlé, Paris 1971.

Rivarol, . . . : Discours sur l'universalité de la langue française. (1784), Paris 1936 (Classiques Larousse).

Rück, H.: Poetische Texte im Unterricht der Sekundarstufe II. In: Praxis des neusprachlichen Unterrichts, Heft 2 (1974), S. 168 ff.

ders.: Textsynthese als Vorstufe zur Textanalyse. In: Praxis des neusprachlichen Unterrichts, Heft 4 (1977), S. 386 ff.

ders.: Textlinguistik und Französischunterricht. Dortmund 1978.

Sauvageot, A.: Français écrit – français parlé, Paris 1962.

ders.: Analyse du français parlé, Paris 1972.

Schenk, B.: Das Gesamtsystem curricularer Schwerpunkte für eine integrierte Sekundarstufe II. In: *H. Blankertz* u. a. (Hg.): Band VIII/IX der Enzyklopädie Erziehungswissenschaft (EE): Sekundarstufe II. Stuttgart 1981 (im Druck).

Schmidt, S. J.: Alltagssprache und Gedichtsprache. Versuch einer Bestimmung von Differenzqualität. In: Poetica, Heft 2 (1968), S. 285 ff.

Schröder, K.: Fremdsprachenunterricht in der Sekundarstufe II. Bd. 4 der Gutachten und Studien der Bildungskommission des Deutschen Bildungsrates. Stuttgart 1975.

ders.: Referat auf der Vortrags- und Podiumsveranstaltung des Landeskuratoriums Rheinland-Pfalz/Saarland im Stifterverband für die Deutsche Wissenschaft am 10. Oktober 1978 in Mainz zum Thema „Kein sprachloses Europa! Fremdsprachenbedarf und Vorschläge für mehr Qualität im Fremdsprachenunterricht". Materialien zur Bildungspolitik 6, Stifterverband für die Deutsche Wissenschaft (Hg.), Essen-Bredeney 1979.

ders./*Langheld, D./Macht, K.:* Fremdsprachen in Handel und Industrie unter besonderer Berücksichtigung mittlerer Betriebe in Schwaben und im Raum München. Dokumentation und Auswertung einer Umfrage. Augsburg 1978 (Augsburger I & I-Schriften 5); das gleiche Königstein/Ts. 1979.

Schulversuch Kollegschule NW. Heft 31 der vom Kultusminister des Landes Nordrhein-Westfalen herausgegebenen Schriftenreihe: Strukturförderung im Bildungswesen des Landes Nordrhein-Westfalen. Köln 1976.

Schwerdtfeger, I. Chr.: Gruppenarbeit im Fremdsprachenunterricht. Heidelberg 1977.

Searle, J. R.: Speech Acts. Cambridge 1969.

Steele, R.: Françoise Giroud, Jean-Jacques Servan-Schreiber dans L'Express, Paris 1977.

Stourdzé, C.: Les niveaux de langue. In: *Reboullet, A.* (Hg.): Guide pédagogique pour le professeur de français langue étrangère, Paris 1971.

Strukturvorgabe für den Schwerpunkt „Sprache und Literatur". Hg. Koordinierungsstelle Sekundarstufe II. ÜFG Deutsche Sprache/ÜFG Fremdsprachen. (M. A. Meyer, H. Reick, H.-P. Reisner u. a.), Düsseldorf 1977 (hektographiert)

Terkel, S.: Working. People talk about what they do all day and how they feel about what they do. Penguin Books, Harmondsworth 1975 (first printing New York 1972)

Ungerer, F.: Überlegungen zu einer didaktischen Grammatik für den Englischunterricht. In: Der fremdsprachliche Unterricht 8, Heft 30 (1974), S. 21–36.

Walter, H. (Hg.): Aspects de la langue. Arbeitsdossier für die Sekundarstufe II, Frankfurt 1979.

Wandruszka, M.: Interlinguistik. München 1971.

Weber, H.: Sprechhandlungen im Literaturunterricht. In: *Christ, H./Piepho, H.-E.* (Hg.): Kongreßdokumentation der 7. Arbeitstagung der Fremdsprachendidaktiker Gießen 1976. Limburg 1977, S. 230 ff.

Werlich, E.: Typologie der Texte. Heidelberg 1974.

ders.: A Text Grammar of English. Heidelberg 1976.

Whorf, B. L.: Sprache, Denken, Wirklichkeit. Hamburg 1963.

Wilkins, D. A.: The Linguistic and situational Content of the Common Core in a Unit/Credit System. Council of Europe (Hg.), 1973, S. 129–146.

Wilss, W.: Diplom-Dolmetscher, Diplom-Übersetzer. Zur Berufssituation in der gewerblichen Wirtschaft. In: Informationen für die Beratungs- und Vermittlungsdienste der Bundesanstalt für Arbeit, 26 (1972), S. 1047–1058.

ders.: Die Bedeutung des Übersetzens und Dolmetschens in der Gegenwart. In: *Kapp, V.* (Hg.): Übersetzer und Dolmetscher. Heidelberg 1974, S. 13 ff.

ders.: Übersetzungswissenschaft. Probleme und Methoden. Stuttgart 1977.

Wissenschaftsrat: Empfehlungen zu Umfang und Struktur des Tertiären Bereichs. Köln und Bonn 1976.

Zabeck, J.: Die Reform der Handelslehrerausbildung unter dem Anspruch curricularer Funktionalität. In: Die Deutsche Berufs- und Fachschule, Band 72, Heft 2 (1976), S. 83 ff.

ders.: Vom königlichen Kaufmann zum kaufmännischen Angestellten. Die Idee der kaufmännischen Berufsbildung im Wandel der Zeit. Kiel 1978.

Autorenverzeichnis

(ÜFG Fremdsprachen = Überregionale Fachgruppe Fremdsprachen des Kollegschulversuchs Nordrhein-Westfalen im Landesinstitut für Curriculumentwicklung,
Lehrerfortbildung und Weiterbildung, Neuss)

OStR Klaus Bahners, St.-Ursula-Schule, Düsseldorf, Mitglied der ÜFG Fremdsprachen.

Akad. Rat Dr.Jürgen Beneke, Englisches Seminar der Westfälischen Wilhelms-Universität Münster.

Prof. Dr. Herwig Blankertz, Institut für Erziehungswissenschaft der Westfälischen
Wilhelms-Universität Münster; Leiter der Wissenschaftlichen Begleitung Kollegstufe NW.

OStR Dietrich Bleckmann, Lessing-Gymnasium Düsseldorf; Mitglied der ÜFG
Fremdsprachen.

StR' Birgitta Drosdol, Städtische Kollegschule Kikweg, Düsseldorf; Mitglied der
ÜFG Fremdsprachen.

StDJoachim Götz, B. M. V.-Schule Essen, Fachleiter und Mitglied der ÜFG-Fremd-
sprachen.

Birgit Hitzke, Studentische Hilfskraft der Wissenschaftlichen Begleitung Kollegstufe NW, Studentin der Westf. Wilhelms-Universität Münster, Fremdsprachenkorrespondentin.

Prof. Dr. Hagen Kordes, Institut für Erziehungswissenschaft der Westf. Wilhelms-
Universität Münster; Mitglied der Wissenschaftlichen Begleitung Kollegstufe
NW.

Prof. Dr. Günter Kutscha, Lehrstuhl für Wirtschafts- und Berufspädagogik im Fach-
bereich Gesellschaftswissenschaften der Universität Oldenburg; Mitglied der
Assoziierten Wissenschaftler-Gruppe Berufs-und Wirtschaftspädagogik des
Kollegschulversuchs.

StR' Dr. Jutta Lilienthal, Gesamtschule Köln-Rodenkirchen; Mitglied der ÜFG
Fremdsprachen.

Dr. Edeltraud Meyer, Bad Soden, Lehrbeauftrage an der Johann-Wolfgang-Goe-
the-Universität Frankfurt a. M.

Akad. Rat Dr. Meinert Arnd Meyer, Institut für Erziehungswissenschaft der Westf.
Wilhelms-Universität Münster; Mitglied der Wissenschaftlichen Begleitung
Kollegstufe NW.

StD Dr. Horst Mühlmann, Helmholtz-Gymnasium Bonn; Mitglied der ÜFG
Fremdsprachen.

OStR Dr. Klaus Netzer, Kollegschule der v. Bodelschwinghschen Anstalten, Be-
thel; Mitglied der ÜFG Fremdsprachen.

OStR Rainer Nölken, Kaufmännische Schulen der Stadt Essen – Schule Nord –, Mitglied der ÜFG Fremdsprachen.

MR Ludwig Petry, Kultusministerium von Nordrhein-Westfalen, Düsseldorf; Leiter des Referates Rahmen- und Strukturplanung im Sekundarbereich II und Schulaufsicht über Kollegschulen.

StR' Ivika Rehbein-Ots, Goethe-Gymnasium Düsseldorf; Mitglied der ÜFG Fremdsprachen.

Prof. Dr. Heribert Rück, Johannes Gutenberg-Universität Mainz, Fachbereich Angewandte Sprachwissenschaft (Germersheim)

OStR Ulrich Seidel, Lessing-Gymnasium Düsseldorf, Leiter der ÜFG Fremdsprachen.

Prof. Dr. Konrad Schröder, Lehrstuhl für Didaktik des Englischen der Universität Augsburg; Mitglied der Assoziierten Wissenschaftler-Gruppe „Neuere Fremdsprachen" des Kollegschulversuchs.

ATHENÄUM

Studien zur Kollegschule

Arnulf Bojanowski/Ulrich Günther (Hrsg.)
Musikunterricht in der Sekundarstufe II
Beiträge zur Musikdidaktik. Mit Notenbeispielen und Abbildungen.
Athenäum Taschenbuch 3154. 1979.
136 Seiten, DM 17,50

In kaum einem anderen Fach laufen Erwartungen der Schüler und die Kompetenz der Lehrer mehr auseinander als in der Musik. Die Beiträge geben Antworten, skizzieren Auswege und bieten konkrete Hilfen an. Sie beschäftigen sich u. a. mit musikalischem Virtuosentum, Kinderlied, Filmmusik, musikbezogener Physik.

Hilbert Meyer
Trainingsprogramm zur Lernzielanalyse
1974. 9. Auflage 1979. 188 Seiten, kart. DM 7,80
ISBN 3–7610–3101–7
Athenäum Taschenbücher Erziehungswissenschaft, AT 3101

Ein methodisch aufgelockerter, halbprogrammierter Lehrgang zur Einführung in die Lernzielanalyse. Der Text, mittlerweile ein Standardwerk in der Lehrerausbildung, befähigt seine Leser, mit lernzielorientierten Richtlinien und Lehrplänen sinnvoll umzugehen.

Barbara Schenk/Adolf Kell (Hrsg.)
Grundbildung: Schwerpunktbezogene Vorbereitung auf Studium und Beruf in der Kollegschule
Athenäum Taschenbuch 3149.
1978. 300 Seiten, DM 22,–
ISBN 3–7610–3149–1

Die Autoren dieses Bandes behandeln die Ansätze zur Grundausbildung in den Teilsystemen der gegenwärtigen Sekundarstufe II (berufliche Schulen, betriebliche Berufsausbildung, gymnasiale Oberstufe) und untersuchen die Prinzipien der curricularen Planung an ausgesuchten Beispielen (Mathematik/Philosophie, Naturwissenschaften, Maschinenbautechnik, Wirtschaftswissenschaften, Erziehung und Soziales, Sprache und Literatur).

Verlagsgruppe Athenäum/Hain/Scriptor/Hanstein
Postfach 1220, D–6240 Königstein/Ts.

SCRIPTOR

Fremdsprachen

Theorie und Praxis ihrer Didaktik
Herausgegeben von Hans Hunfeld und Konrad Schröder

Horst Groene/Berthold Schik (Hrsg.)
Das moderne Drama im Englischunterricht der Sekundarstufe II
Grundlegungen – Interpretationen – Kursprojekte
1980. Ca. 184 Seiten, kt. ca. DM 24,80
ISBN 3–589–20743–4 (S 152)

Hans Hunfeld/Konrad Schröder (Hrsg.)
Grundkurs Didaktik Englisch
1979. 216 Seiten, kt. DM 19,80
ISBN 3–589–20719–1 (S 149)

Gertrud Walter
Englisch für Hauptschüler
1979. 208 Seiten, kt. DM 19,80
ISBN 3–589–20668–3 (S 138)

Hermann J. Weiand
Film und Fernsehen im Englischunterricht
Theorie, Praxis und kritische Dokumentation
1978. 216 Seiten, kt. DM 19,80
ISBN 3–589–20645–4 (S 134)

Detlef und Margaret von Ziegesar
How to Analyse and Teach British Mass Fiction
1980. Ca. 176 Seiten, kt. ca. DM 22,80
ISBN 3–589–20744–2 (S 153)

Detlef und Margaret von Ziegesar
How to Analyse and Teach Non-Literary Texts
1979. 164 Seiten, kt. DM 32,–
ISBN 3–589–20647–0 (S 135)

Verlagsgruppe Athenäum/Hain/Scriptor/Hanstein
Postfach 1220, D–6240 Königstein/Ts.